기분의 기술

모든 성공은
좋은 기분에서
시작된다

알리 압달 지음 | 김고명 옮김

위즈덤하우스

추천의 말

"일과 삶을 동일시하는 허슬 문화에 꼭 필요한 해독제."

· 마크 맨슨, 《신경 끄기의 기술》 저자 ·

"눈이 번쩍 뜨일 만큼 중요한 책.
생산성에 관한 틀에 박힌 이야기를 뒤집는다."

· 칼 뉴포트, 《슬로우 워크》《딥 워크》 저자 ·

"이제껏 꿈꿨던 것보다 더 많은 것을
더 즐겁고 더 보람차게 성취할 방법을 안내해주는 책."

· 제이 셰티, 《수도자처럼 생각하기》 저자 ·

"이 책을 읽고 나면 생산성과 성공에 관한 생각이 바뀔 것이다.
깊은 통찰의 결과를 재미있게 풀어냈다."

· 루이스 하우즈, 《그레이트 마인드셋》 저자 ·

미미와 나니의
사랑, 응원, 희생에 감사하며

차례

| 한국 독자들에게

《기분 리셋》을 한국에도 소개할 수 있어 기쁩니다. 이 책을 쓰면서 과연 여기 실린 원리들을 다른 문화권에서는 어떻게 받아들일지 궁금했습니다. 제 이야기와 예시는 서양의 시각에서 출발했지만 생산성과 행복을 함께 추구해야 한다는 기본 원리는 전 세계에서 통용되리라고 믿습니다.

오래전부터 우리는 생산성의 관건이 수고와 극기discipline라고 배웠습니다. 하지만 항상 수고하는 인생은 불행할 뿐 아니라 오히려 생산성도 떨어집니다. 그래서 이 책은 다른 관점을 제시합니다. 해야 할 일을 하면서도 스트레스, 권태, 번아웃은 피하고 더 행복해질 수 있는 길을 소개합니다.

처음으로 이런 생각을 한 건 수련의 시절이었습니다. 크리스마스 당직을 서며 쩔쩔매다가 의료용품이 든 트레이를 떨어트린 일이 아직도 생생히 기억납니다. 그 심란한 순간에 이대로는 안 되겠다고 생각했습니다. 행복을 포기하지 않고도 생산성을 도모할 길을 찾아야 했습니다.

그런 탐구의 결과로 아주 중요한 깨달음을 얻었습니다. 기분 좋게 일할 수만 있다면 생산성은 저절로 따라온다는 것입니다. 생산성을 위해 스스로를 한계까지 몰아붙이지 않아도 되고, 성공을 위해 행복을 포기하지 않아도 됩니다. 생산성의 비결은 자신에게 에너지를 일으키는 일과 자신에게 중요한 일에 부합하는 행동을 하는 것입니다.

한국은 근면한 노동과 탁월함의 추구를 중요시하는 문화로 유명합니다. 하지만 또 한편으로는 워라밸, 즉 일과 생활의 균형과 정신 건강의 중요성에도 점점 관심이 모이고 있습니다. 이처럼 성공과 행복을 동시에 추구하는 문제에 관한 한국 사회의 논의에 이 책에 실린 개념들이 부디 도움이 되면 좋겠습니다.

특히 생산성과 자기 계발에 관심이 많은 한국 청년들에게 전하고 싶은 말이 있습니다. 성공과 행복을 따로 떼어놓고 생각하지 마세요. 성공과 행복은 함께 갈 수 있고, 또 함께 가야만 합니다. 이 책은 자신에게 중요한 일을 더 많이 성취하면서도 더 기분 좋게 살기 위한 간단하고도 과학적으로 검증된 방법을 소개합니다.

사실 생산성은 그저 무언가를 많이 한다고 발휘되지 않습니다. 생산성은 중요한 일을 기분 좋게 할 때 발휘됩니다. 이렇게 말하면 수고를 강조하는 전통 관념과 충돌할지 모르지만, 저는 행복을 추구하는 것이 성실과 탁월을 저버리는 것이라고 생각하지 않습니다.

열린 마음으로 이 책을 읽으시길 권합니다. 어떤 부분은 일과 성공에 관한 기존 생각과 충돌할지도 모릅니다. 반대로 즉시 공감 가는 부분도 있을 겁니다. 자신에게 잘 맞는 것을 취해서 삶에 접목하면 됩니다. 모든 상황과 사람에게 통하는 해법은 없습니다. 그러니까 무엇이 자신에게 효과가 있는지 직접 시험해보시길 바랍니다.

문제의 크리스마스 당직 이후로 저는 예전과 다른 방식으로 생산성에 접근하게 됐습니다. 놀이를 활용하고, 자율성을 발휘하고, 의미있는 관계를 형성함으로써 우리는 번아웃에 빠지지 않고 놀라운 것을 성취할 수 있습니다. 이 새로운 접근법 덕분에 저의 직업 생활이 달라졌고 좋아하는 일을 하면서 사업을 번창시킬 수 있었습니다.

그 방법들을 한국 독자 여러분과 나눌 수 있어 감사할 따름입니다. 여러분도 이 책에서 영감을 받아 기분을 리셋하며 자기만의 '기분 좋은 생산성Feel-Good Productivity' 시스템을 찾기를, 그래서 충만한 에너지로 자신에게 진짜로 중요한 일을 하면서 위대한 성취를 이뤄내기를 희망합니다. 과로가 흔하게 미화되는 세상에서 행복과 재미를 추구하며 번아웃을 거부하는 것은 대담한 결심으로 느껴질지도 모릅니다.

저는 가장 많은 에너지가 느껴지는 일을 하면서 살면 어디든 갈 수 있다고, 인생이라는 여정을 즐길 수 있다고 진심으로 믿습니다. 여러분의 모험이 또 어디로 이어질지 사뭇 기대됩니다.

2024년 11월,
알리 압달

ALi xx

"메리 크리스마스, 알리. 아무도 죽이지 마."

전문의 선생님은 농담조로 전화를 끊으며 병동 전체를 내게 맡겼다. 신입 수련의인 나는 3주 전에 초보적인 실수를 저질렀다. 크리스마스 휴가 내는 걸 깜빡한 것이다. 그 바람에 다른 날도 아니고 크리스마스에 달랑 혼자서 병동을 떠맡는 신세가 되고 말았다. (영국은 의대를 졸업한 후 수련의junior doctor가 되어 한국의 인턴 과정에 해당하는 2년간의 기초 수련 과정foundation programme을 밟는다. 이후 한국의 레지던트 과정과 유사하게 3년간 수련해 일반의GP가 되거나 과별로 5~8년을 수련해 전문의consultant가 된다. 전문의는 한국의 의대 교수처럼 진료 외에도 수련의를 교육, 지도할 책임이 있다.— 옮긴이)

처음부터 일진이 사납더니 순식간에 상황이 악화됐다. 출근하자마자 환자들의 병력과 진단 결과, 당직 방사선과 의사보다는 숙련된 고고학자가 더 잘 알아들을 것 같은 해괴한 이름의 촬영 요청이 산

13

더미처럼 몰려들었다. 몇 분 지나지 않아 첫 응급 환자가 이송됐다. 심정지로 쓰러진 50대 남성이었다. 잠시 후 간호사 한 명이 긴급하게 수지 배변 유도가 필요한 환자가 있다고 전했다(여기서 수지란 손가락으로…).

오전 10시 30분, 병동을 둘러봤다. A구역에서 재니스 간호사가 주사 세트와 투약 지시서를 한 아름 안고 허둥지둥 뛰어다녔다. B구역에서는 괴팍한 노인 환자가 틀니를 찾아내라고 고래고래 소리를 질렀다. C구역은 응급실에서 탈출한 주취자에게 점거되었고 그는 "올리브! 올리브!"를 외치며 돌아다녔다(올리브가 누구인지는 끝내 알 수 없었다). 그리고 수시로 "알리 선생님, 존슨 환자 열 체크 좀 부탁해요", "알리 선생님, 싱 환자 칼륨 수치가 올라서 좀 봐주세요" 하는 요청이 들어왔다.

나는 어쩔 줄 몰랐다. 의대에서는 이런 상황에 대처하는 방법을 가르쳐주지 않았다. 학창 시절에 나는 꽤 유능한 학생이었다. 힘들 때 대응 전략은 간단했다. 더 열심히 할 것. 그 덕에 7년 전에 의대에 입학했다. 그 덕에 학술지에 논문도 몇 편 발표했다. 그 덕에 졸업 전에 사업까지 시작했다. 극기는 내가 아는 유일한 생산성 향상법이었다. 원래는 잘 통했다.

그런데 이제는 아니었다. 몇 달 전에 의사가 된 후로 계속 물속에서 허우적대는 기분이었다. 야근을 해도 환자를 다 못 보고 서류를 다 처리하지 못했다. 기분도 말이 아니었다. 의대에 다닐 때까진 좋았는데 실제로 의사가 되고 보니 매일같이 혹시라도 내 실수로 누가 죽진 않을까 전전긍긍했다. 잠을 못 자고, 친구를 못 만나고, 집에 안부도 전하지 못했다. 더, 더, 더 열심히 일만 했다.

그런데 이게 뭔가. 크리스마스에 병동에 혼자 남아서 쩔쩔매고 있는 꼴이라니.

나도 모르게 의료용품 트레이를 떨어트려서 주사기들이 리놀륨 바닥 위를 마구 날아다니는 순간, 정신이 번쩍 들었다. 축축해진 수술복을 허탈하게 내려다보며 뭐든 방법을 찾지 않으면 외과 전문의가 되겠다는 꿈이 물거품이 되고 말 거라고 생각했다.

그날 밤, 청진기를 걸어놓고 민스파이(다진 고기로 만든 크리스마스 음식—옮긴이)를 한입 문 채 노트북을 열었다. 한때는 나도 생산성이 무척 좋았는데 그사이에 뭘 잊어버린 거지? 의대 1학년 때 나는 생산성의 비밀을 열심히 탐구했다. 매일 밤늦게까지 최선의 성과를 내는 비결을 운운하는 기사, 블로그 게시물, 동영상을 보고 또 보며 메모했다. 생산성의 대가라는 이들은 하나같이 생고생을 강조했다. 특히 "매 순간 지긋지긋한 훈련 속에서 '포기하지 마. 지금 고생하고 평생 챔피언으로 사는 거야'라고 되뇌었다"라는 무하마드 알리의 말이 자주 인용됐다.

크리스마스 자정을 넘긴 시각까지 뜬눈으로 예전에 썼던 메모를 뒤지며 정말로 내가 고생을 안 해서 문제인지 생각했다. 그냥 다시 옛날처럼 열심히 하면 되는 걸까? 하지만 이튿날 더 열심히 하자는 각오로 업무에 복귀했는데도 달라지는 게 없었다. 자정까지 병동에 붙어 있었지만, 그리고 화장실에 갈 때마다 무하마드 알리의 명언을 되새겼지만 서류 처리 속도는 조금도 빨라지지 않았다. 환자들이 만나는 건 여전히 지치고 무력한 알리였다. 나는 여전히 크리스마스의 활기가 심각하게 결핍된 상태였다.

내 생애 최악의 날이 지났을 때 완전히 물속에 잠긴 느낌이 들었다. 문득 의대 지도 교수였던 바클리 교수님에게 들은 조언이 떠올랐다. "치료법이 안 들으면 진단을 의심해라."

그러자 그때까지 추종했던 생산성에 관한 조언이 과연 진실인가 하는 의구심이 서서히, 이윽고 벌떡 고개를 쳐들었다. 성공하려면 고생이 필수인가? 아니, 애초에 '성공'이 뭐지? 고생이란 게 지속 가능하긴 한가? 무리한다는 중압감이 들어야만 일을 잘 처리할 수 있다는 게 말이 되나? 과연 건강과 행복을 바치면서까지 얻어야 할 뭔가가 존재하는가?

그 의문이 단박에 해소되진 않았다. 그래도 비틀비틀 깨달음으로 나아갔다. 내가 들은 성공에 관한 말이 모두 틀렸다는 깨달음이었다. 죽어라 고생한다고 좋은 의사가 되는 게 아니었다. 더 열심히 일한다고 행복해지는 게 아니었다. 성취에 이르는 또 다른 길이 있었다. 그 길은 그치지 않는 불안, 잠 못 이루는 밤, 심각한 카페인 의존증과 상관이 없었다.

물론 내가 모든 답을 알 수는 없었다. 하지만 처음으로, 또 다른 길의 실마리를 찾았다. 그 길에서 중요한 점은 진 빠지도록 고생하는 게 아니라 고생스러운 일도 더 즐겁게 하는 것이었다. 그 길에서는 행복이 우선이고 행복이 집중력과 의욕을 불렀다. 이후에 나는 그 길에 기분 좋은 생산성이란 이름을 붙였다.

기분 좋은 생산성의 놀라운 비밀

의대 시절에 나는 생산성에 집착한 나머지 심리학 학위를 받으

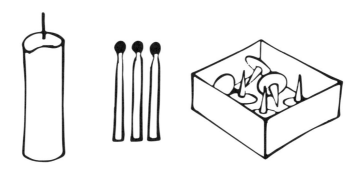

려고 학교를 1년 더 다니기까지 했다. 그래서 기분 좋은 생산성을 탐구하기 시작했을 때 내가 피험자로 참가했던 연구가 생각났다. 참가자들은 양초 한 자루, 성냥 한 갑, 압정 한 통을 받았다.

자, 지금 당신 앞에 그 물건들이 놓여 있다고 상상해보자. 이제부터 벽에 걸린 코르크판에 양초를 고정하되 불을 붙였을 때 촛농이 아래쪽 탁자에 떨어지지 않게 해야 한다. 당신은 물건들을 이리저리 만져보며 여러 방법을 궁리할 것이다. 해법을 찾을 수 있겠는가?

이 문제를 풀 때 대부분의 사람은 양초, 성냥, 압정만 생각한다. 하지만 더 창의적인 사람은 압정 통의 쓸모를 알아차린다. 최적의 해법을 찾으려면 압정 통을 그냥 상자가 아니라 양초 받침으로 봐야 한다.

이 '양초 문제'는 고전적인 창의력 검사다. 독일 심리학자 카를 둥커Karl Duncker가 창안하고 그의 사후인 1945년에 발표된 후, 수많은 연구에서 인지 유연성, 스트레스의 심리적 여파 등 다양한 요소를 테스트하는 수단으로 활용된다. 1970년대 말에는 미국 심리학자 앨리스 아이센Alice Isen이 이 검사를 토대로 기분과 창의성의 관계를 연

구해 학계에 큰 영향을 미쳤다.[1]

아이센은 참가자들을 두 집단으로 나눴다. 한 집단에는 양초 문제를 풀기 전에 작은 선물(사탕 한 봉지)을 주었다. 다른 집단은 선물을 안 받고 바로 문제를 풀었다. 아이센은 사탕을 받은 사람들이 더 긍정적인 기분으로 문제를 풀리라고 생각했다. 결과는 흥미로웠다. 선물을 받고 기분이 약간 좋아진 사람들이 양초 문제의 해법을 훨씬 잘 찾아낸 것이다.

심리학을 공부하며 아이센의 실험을 처음 접했을 땐 흥미롭긴 해도 대단하다고 생각하지 않았다. 나는 양초를 굳이 벽에 고정하고 싶은 충동을 느껴본 적이 없었다. 하지만 수련의가 돼서 다시 생각해보니 아이센의 발견에 중대한 의미가 있었다. 기분이 좋으면 그걸로 끝이 아니었다. 기분이 좋으면 생각과 행동의 패턴이 바뀐다.

알고 보니 아이센의 연구를 시초로 긍정적 감정이 다양한 인지 과정에 미치는 영향을 탐색하는 연구가 줄줄이 이어졌다. 그래서 우리가 기분이 좋을 때 더 다양한 행동을 고려하고, 새로운 경험을 더 잘 받아들이고, 더 효과적으로 정보를 통합한다는 사실이 밝혀졌다. 다시 말해 기분이 좋으면 창의성이, 그리고 생산성이 향상된다.

그 원리를 선구적으로 탐구한 사람 중 한 명이 바버라 프레드릭슨Barbara Fredrickson이다. 프레드릭슨은 노스캐롤라이나대학교 채플힐캠퍼스의 교수로, 행복의 특성과 증진법을 연구하는 비교적 신진 학문인 긍정 심리학의 권위자다. 1990년대 말에 프레드릭슨은 긍정적 감정의 '확장 및 구축broaden-and-build' 이론을 발표했다.[2]

확장 및 구축 이론에 따르면 긍정적 감정은 우리의 지각을 '확장'하고 인지적, 사회적 자원을 '구축'한다. 여기서 확장은 긍정적 감정의 즉각적 효과다. 우리는 기분이 좋을 때 마음이 열려서 더 많은 정보를 수용하고 더 폭넓게 가능성을 모색한다. 양초 문제를 생각해보자. 기분 좋은 사람들이 더 넓은 시야로 해법을 탐색했다.

구축은 긍정적 감정의 장기적 효과다. 기분이 좋으면 미래에 쓸 정신적, 정서적 자원의 비축량이 늘어난다. 그 자원이란 예를 들면 회복 탄력성, 창의성, 문제 해결력, 대인 관계, 신체 건강 등이다. 시간이 갈수록 확장과 구축은 서로 맞물려 긍정, 성장, 성공의 상승 소용돌이를 일으킨다.

○ 긍정적 감정은
   번영하는 삶의 연료다.

이 이론은 긍정적 감정이 우리 삶에 미치는 영향을 완전히 새로운 시각에서 보게 한다. 긍정적 감정은 아무 흔적도 남기지 않고 스쳐 지나가는 감정이 아니다. 긍정적 감정은 우리의 인지 작용, 대인 관계, 전반적 안녕감(몸과 마음이 모두 건강하다는 느낌―옮긴이)과 밀접한 관련이 있다. 긍정적 감정은 번영하는 삶의 연료다.

기분 좋은 생산성이 효과적인 이유

확장 및 구축 이론을 처음 접한 후 나는 인생을 보는 새로운 관점에 어렴풋이 눈을 떴다. 그때까지는 그냥 더 열심히만 하면 원하는 것을 이룰 수 있다고 생각했다. 좋은 의사가 되고 싶으면 앞으로 죽어라 일할 날만 남은 줄 알았다.

하지만 이제는 다른 길이 보였다. 프레드릭슨의 이론에 따르면 긍정적 감정은 우리 뇌가 작동하는 방식을 바꾼다. 1단계, 기분이 좋아진다. 2단계, 중요한 일을 더 많이 하게 된다.

그 이유가 궁금했다. 자료를 찾아보니 다양한 해석이 존재하고 다소 불분명한 부분도 있었다. 그래도 과학자들은 몇몇 답을 찾았다.

첫째, **기분이 좋으면 에너지가 증가한다.** 우리가 느끼는 에너지는 신체적, 생물학적 에너지만 있는 게 아니다. 에너지는 당분이나 탄수화물에서만 나오지 않고 의욕, 집중력, 영감의 혼합물에서도 나온다. 그런 에너지는 어떤 일에 몰두할 때나 다른 누군가에게 영감을 받을 때 느껴진다. 그 이름도 다양하다. 심리학자들은 '정서적', '정신적', '동기 부여적' 에너지라 부르고, 신경 과학자들은 '열의', '활력', '활동적 환기'라고 칭한다. 이렇게 명칭은 분분해도 그 에너지가 집중력, 영감, 의욕을 불러일으켜 목표에 매진하게 한다는 점에는 이견이 없다.

그렇다면 이 신비한 에너지의 근원은 무엇일까? 한마디로 좋은 기분이다. 긍정적 감정은 네 가지 호르몬과 관련이 깊다.[3] 바로 엔도르핀, 세로토닌, 도파민, 옥시토신으로 흔히 '기분 좋은 호르몬'으로 불린다. 이 호르몬들은 우리가 더 많은 것을 성취하게 한다. 엔도르핀은 주로 신체 활동을 할 때나 스트레스나 통증을 느낄 때 분비되어 행복감을 유발하고 불편감을 감소시키며 그 분비량이 늘어나면 대체로 에너지와 의욕이 증진된다. 세로토닌은 감정 조절, 수면, 식욕, 전반적 안녕감과 연관되어 있다. 만족감을 일으키고 에너지를 발생시켜 더 효율적으로 일을 처리하게 한다. 일명 '보상' 호르몬인 도파민은 의욕 및 쾌감과 관련되어 있고 도파민이 분비되면 만족감이 생기면서 집중력이 더 오래 지속된다. '사랑' 호르몬으로 알려진 옥시토신은 유대감, 신뢰, 관계 형성에 영향을 미친다. 옥시토신이 분비되면 타인과 친밀하게 소통하는 능력이 향상되고 기분이 좋아져서 결과적으로 생산성이 향상된다.

그러니까 이 기분 좋은 호르몬들이 선순환의 출발점이다. 기분이 좋으면 에너지가 발생하여 생산성이 향상된다. 그리고 생산성이 성취감으로 이어져 다시 기분이 좋아진다.

둘째, **기분이 좋으면 스트레스가 감소한다.** 확장 및 구축 이론 외에도 바버라 프레드릭슨은 심리학계에서 말하는 '취소 가설undoing hypothesis'을 제시했다. 프레드릭슨과 동료들은 이미 수십 년 전부터 부정적 감정이 아드레날린과 코르티솔 같은 스트레스 호르몬을 분비시킨다고 밝혀진[4] 데 주목했다. 이는 단기적으로 보면 문제가 되지 않는다. 오히려 우리가 위험을 피하게 하는 기제로 작용한다. 하지만

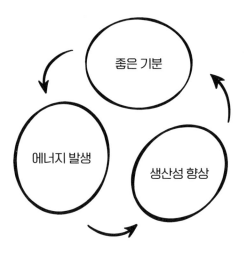

자꾸만 부정적 감정을 경험하면 불안감이 커지고 신체 건강이 나빠진다. 스트레스 호르몬이 지속적으로 분비되면 심장 질환과 고혈압이 생길 위험성도 높아진다. 당연히 좋을 리 없다.

프레드릭슨은 역으로 생각했다. 부정적 감정이 생리학적으로 악영향을 미친다면 혹시 긍정적 감정은 그 반대가 아닐까? 기분이 좋으면 신경계가 '리셋'되고 몸이 더 편안한 상태가 되지 않을까?

이를 검증하기 위해 프레드릭슨은 다소 짓궂은 실험을 고안했다. 연구진은 참가자들에게 각자 1분간 연습한 후 공개 발표를 할 것이고 그 발표는 영상으로 촬영되며 다른 참가자들에게 평가를 받을 것이라고 말했다. 공개 발표에 대한 공포는 사실상 보편적인 감정이므로 프레드릭슨은 참가자들의 불안감과 스트레스가 증가하리라 봤다. 실제로 그랬다. 사람들은 불안감이 커졌다고 보고했고 심박수와 혈압이 높아졌다. 다음으로 연구진은 참가자들에게 무작위로 네 편의 영화 중 한 편을 보여줬다. 그중에서 두 편은 약간 긍정적인 감정을 유발하고 나머지는 각각 중립적 감정과 슬픈 감정을 유발했다. 이후 연구진은 참가자가 스트레스에서 '회복'되는 시간을 측정했다.

그 결과는 흥미로웠다. 긍정적 감정을 유발하는 영화를 본 사람들은 심박수와 혈압이 기준치로 돌아오는 데 걸린 시간이 훨씬 짧았다. 슬픔을 유발하는 영화를 본 사람들은 기준치로 돌아오기까지 가장 오랜 시간이 소요됐다.

이를 '취소 가설'이라 부른다. 긍정적 감정이 스트레스 같은 부정적 감정의 효과를 '취소'할 수 있다는 것이다. 다시 말해 스트레스가 문제라면 좋은 기분이 그 해법이 될 수 있다.

하지만 기분 좋은 생산성의 마지막 시사점, 그야말로 눈이 번쩍 뜨일 시사점은 어떤 단일한 행위의 차원을 아득히 넘어섰다. 왜냐하면 셋째, **기분이 좋으면 인생이 윤택해지기 때문이다.** 2005년에 일단의 심리학자가 행복과 성공의 복잡한 관계에 관한 논문을 최대한 입수해서 분석했다.[5] 총 225편의 논문에 총 27만 5000명 이상을 연구한 데이터가 수록되어 있었다. 그들의 의문은 다음과 같았다. 흔히 말하듯 성공이 행복을 부르는가, 아니면 혹시 행복이 성공을 부르는 것은 아닌가?

이 연구로 우리가 대체로 행복을 오해한다는 증거가 드러났다. 긍정적 감정을 자주 경험하는 사람들은 더 사회성이 좋고, 더 낙천적이고, 더 창의적이기만 한 게 아니다. 그들은 더 많은 것을 성취한다. 그리고 주변에 에너지를 확산시키기 때문에 대체로 대인 관계가 더 좋고 더 높은 급여를 받으며 업무상으로 주목받는다. 일할 때 긍정적 감정을 느끼면 문제 해결력, 기획력, 창의적 사고력, 불굴의 추진력이 더 좋아진다. 그런 사람은 스트레스를 덜 받고, 상사에게 더 좋

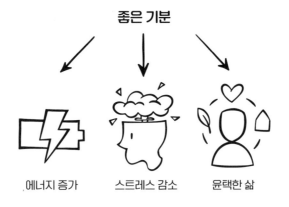

좋은 기분

에너지 증가　　　스트레스 감소　　　윤택한 삶

은 평가를 받으며, 조직에 애정이 더 깊다.

○　성공이 좋은 기분을 부르는 게 아니다.
　　좋은 기분이 성공을 부른다.

간단히 말해서 성공이 좋은 기분을 부르는 게 아니다. 좋은 기분
이 성공을 부른다.

이 책의 활용법

1년 차 의사로 괴로운 시간을 보낼 때 위와 같은 사실을 다 깨닫
기는 무리였다. 교대 근무가 끝없이 이어졌고 환자를 보다 짬이 날
때에만 간신히 생산성 연구를 이어갈 수 있었다.
하지만 기본적인 통찰만 얻었는데도 일에 임하는 태도가 극적으

로 바뀌었다. 이를 악물고 버텨야 한다는 마음을 버리고 기분 좋게 일하는 데 초점을 맞추자 고달픈 근무 시간이 점점 편해졌다. 이윽고 기분도 나아지기 시작했다. 기분 좋은 생산성을 발견하고 나서 몇 달이 지났을 때 어떤 할머니 환자에게 이런 말을 들었다. "여기서 일주일 내내 생글생글 웃고 다니는 사람은 선생님이 처음이에요."

새로운 관점을 알아차린 후 바뀐 것은 의사로서 삶만이 아니었다. 내 인생의 방향이 송두리째 바뀌었다. 그때 나는 처음으로 일의 테두리 밖에 있는 기회에 눈을 떴다. 친구, 가족, 그 외에도 그동안 내가 옆으로 치워놓았던 좋은 것들이 수년 만에 처음으로 눈에 들어오기 시작했다. 그러자 내가 알게 된 것을 다른 사람들에게 알려주고 싶었다. 그러잖아도 몇 년 전부터 공부법을 소개하고 전자 기기를 리뷰하는 유튜브 채널을 운영 중이었다. 그래서 그 채널을 통해 내가 심리학과 신경 과학에서 배운 현실적이고 유익한 내용을 알리기 시작했다. 그것은 내가 뭔가를 배우거나 좋은 전략이 떠올랐을 때 나를 모르모트 삼아 직접 효과를 검증한 결과물이기도 했다.

고생이 성공의 필수 요소가 아니라는 나의 급진적 주장이 관심을 끌자 점점 많은 시청자가 메일을 보내왔다. 내가 소개하는 전략으로 고등학생들이 시험에서 우수한 성적을 거두고, 사업가들이 수입을 두 배로 늘리고, 부모들이 일과 가정의 균형을 더 잘 잡게 됐다고 했다. 심지어는 경험 많은 전문직 종사자들도 고된 회사 생활에 지쳐 있던 중에 에너지와 의욕이 되살아나고 새로운 방향을 찾았다고 전했다.

나도 마찬가지였다. 관련 자료를 읽어나갈수록 내 철학이 더욱 발전했다. 그렇게 배운 원칙과 전략을 직접 실천하다 보니 급기야는 의사 일을 좀 쉬면서 새로운 일을 시도하고 싶다는 내면의 바람을 알아차렸다.

그래서 이 책을 쓰기로 했다. 여기 실린 내용은 더 많은 것을 완수하기 위해 더 많은 것을 희생해야 한다고 말하는 뻔한 생산성 증진법이 아니다. 이 책은 자신에게 정말 중요한 일을 더 많이 하는 방법을 이야기한다. 그래서 스스로를 더 잘 파악하고 자신이 무엇을 사랑하고 무엇에 진정으로 의욕을 느끼는지 알 수 있도록 돕는다.

내 기법은 크게 세 부분으로 나뉘고, 각각 기분 좋은 생산성의 한 측면을 다룬다. 1부에서는 기분 좋은 생산성의 원리를 이용해 에너지를 충전하는 방법을 설명한다. 3대 '에너지원'인 놀이, 힘, 사람이 어떻게 긍정적 감정을 유발하는지 살펴보고 그 원리를 일상에 접목하는 방법을 소개한다.

다음으로 2부에서는 기분 좋은 생산성으로 미루기를 극복하는 방법을 설명한다. 기분을 나쁘게 만드는 3대 '장애물', 곧 불확실성, 두려움, 관성이 무엇이고 어떻게 이겨낼 수 있는지 알아본다. 이 장애물들을 제거하면 미루기에서 벗어나는 것은 물론이고 기분도 더 좋아진다.

끝으로 3부에서는 기분 좋은 생산성을 통해 장기적으로 생산적인 삶을 지속하는 방법을 살펴본다. 과부하 번아웃overexertion burnout, 고갈 번아웃depletion burnout, 불일치 번아웃misalignment burnout이라는 세 종류의 번아웃을 분석한다. 그리고 며칠, 몇 주는 물론이고 몇 달, 몇 년 동안 더 좋은 기분을 유지시켜주는 간단한 '지속기sustainer' 세 가지, 곧 보전, 재충전, 일치를 활용하는 방법을 알아볼 것이다.

각 장에는 실생활에 도움이 되는 여러 가지 기법과 조언이 담겨 있다. 하지만 이 책의 목적은 길고 긴 할 일 목록을 제시하는 게 아니다. 이 책을 쓴 이유는 철학을 제시하기 위해서다. 다시 말해 독자가 생산성을 보는 새로운 관점을 발견하고 직접 삶에 적용할 수 있게 하는 것이다. 이 책을 다 읽고 나면 아마추어 '생산성 과학자'가 되어 무엇이 자신을 기분 좋게 만들어서 더 많은 것을 성취하게 하는지 알아내기 위해 예리하게 연구하며 자신에게 맞는 기법을 찾고 안 맞는 기법은 버릴 수 있기를 희망한다. 그래서 각 장에 과학적으로 검증된 간단한 아이디어를 세 개씩 실어 생산성에 대해 다시 생각할 기회를 제공하는 동시에 실생활에 적용할 수 있는 '실험'을 여섯 개씩 소개한다. 어떤 실험이 효과가 있다면 좋은 일이고, 효과가 없더라도 깨닫는 부분이 있을 것이다. 어쨌든 이 책을 끝까지 읽은 후에는 기분 좋은 생산성을 일, 관계, 삶에 적용하기 위한 도구들이 확보될 것이다.

그 도구들이 내게 그랬듯 독자에게도 효과가 있기를 바랄 따름이다. 이렇게 말하는 이유는 내가 기분 좋은 생산성의 과학에 심취해 배운 것을 딱 한 가지만 꼽는다면 인생의 모든 방면에서 기분 좋은 생산성을 발휘할 수 있다는 사실이기 때문이다. 기분 좋은 생산성은 버거운 일을 흥미로운 도전으로 바꾼다. 주변 사람들과 더 깊이 결속되게 한다. 매일 하는 일에서 의미 있는 상호 작용을 일으킨다.

무엇이 자신을 기분 좋게 만드는지 알고 활용할 때 달라지는 것은 일뿐만이 아니다. 인생이 바뀐다.

기분 좋은 생산성의 원리는 단순하다. 하지만 그로 인해 모든 것이 바뀐다. 혹시 물속에서 허우적대는 기분을 느낀 적 있다면 이제는 그냥 물 밖으로 코를 빼고 숨을 쉬는 정도에 만족하지 않아도 된다. 기분 좋은 생산성을 안다는 것은 헤엄치는 법을 안다는 뜻이기 때문이다.

그러면 이제 물속으로 뛰어들어보자.

1부
충전해라

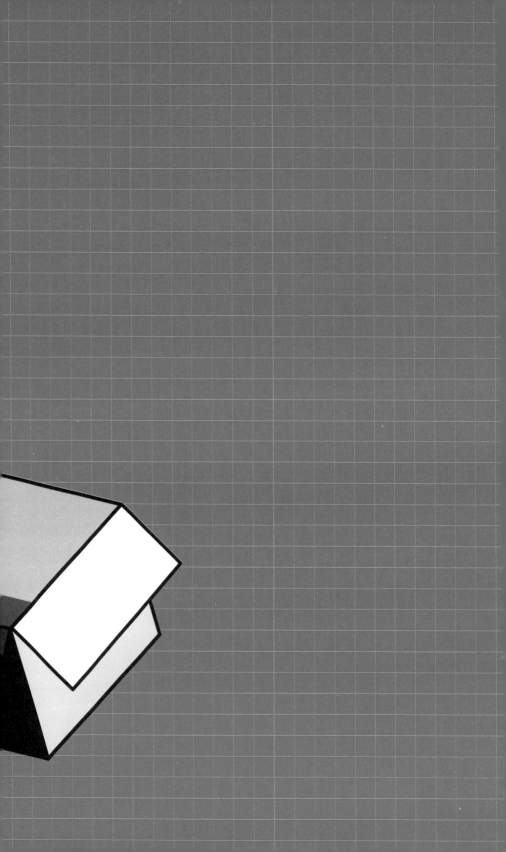

리처드 파인만 교수의 서류상 이력은 완벽 그 자체였다.[1] 불과 스물 일곱 살에 원자력의 잠재력을 활용할 길을 밝힐 인물로 촉망받으며 이미 최고의 차세대 물리학자 중 한 명으로 꼽혔다. 게다가 뉴욕주 북부에 소재한 코넬대학교에 최연소 교수로도 부임했다.

딱 한 가지 문제가 있다면 파인만이 물리학에 싫증이 났다는 것이 었다.

1940년대 중반부터였다. 생각 좀 하려고 앉으면 이내 신물이 났 다. 미국이 제2차 세계 대전을 끝내기 몇 달 전인 1945년 6월에 아내 알린이 결핵으로 사망한 후 줄곧 그랬다. 아내와 사별한 후 이 젊은 교수의 삶에서 음악이 사라졌다. 박사 과정 중에 열정적으로 탐구했 던 아이디어들도 시시하게만 느껴졌다. 가르치는 데 소질이 있었지 만 그 역시 지겹고 따분했다. 훗날 그는 "번아웃이 온 거였다"라고 회고했다.

"수시로 도서관을 드나들며 《아라비안 나이트》를 완독했다. 하지만 연구는 손에 잡히지 않았다. 흥미가 안 생겼다."

아무것도 안 하니까 의외로 편했다. 학부생들을 가르치고, 도서관에서 책을 읽고, 캠퍼스를 거니는 것은 좋았다. 일하기가 싫었을 뿐이다. 너무 편했다. 1940년대 말에 파인만은 새로운 정체성을 받아들였다. 물리학을 연구하지 않는 물리학 교수라는.

그러던 어느 날 모든 것이 바뀌었다. 문제가 발생하고 몇 년이 지났을 때였다. 구내식당에서 혼자 밥을 먹는데 맞은편에 앉은 학생 중 하나가 연신 접시를 허공으로 던졌다. 그런데 뭔가가 이상했다. 접시가 공중에서 흔들릴 때 그 위에 인쇄된 대학교 로고가 접시보다 더 빨리 흔들리는 것처럼 보였다.

파인만은 흥미로운 현상이라고 생각했다. 그러나 노벨상을 받을 만한 발견은 아니었다. 그는 핵분열의 비밀을 밝히는 데 기여했지만 비행하는 접시의 특성을 규명할 계획은 없었다. 하지만 호기심을 느낀 순간 사소한 깨달음이 번뜩 스쳐 갔다. 자신이 애초에 물리학에 끌린 이유가 떠올랐다. 회고록에 따르면 그것은 "물리학이 재미있었기" 때문이었다.

"왜 재미있었을까? 나는 물리학을 가지고 놀았다. 마음이 내키는 대로 했다. 핵물리학 발전에 도움이 되고 말고를 떠나서 내가 흥미를 느끼고 재미있으면 그만이었다."

식당을 나서며 파인만은 10대 시절에 세상을 어떻게 봤는지 생각했다. 고등학생 때 그는 남들이 뻔하게 여기는 현상에 흥분했다. 수도꼭지에서 멀어질수록 물줄기가 가늘어지는 현상을 보고 왜 그런 곡선이 생기는지 알아내고 싶었다. "굳이 그럴 필요는 없었다. 과학의 미래가 달린 문제도 아니고 이미 누군가가 규명한 현상이었다. 그래도 상관없었다. 나는 순전히 재미로 뭔가를 만들거나 가지고 놀았다."

혹시 그 시절에 세상을 대하던 태도를 회복한다면 다시 물리학에 재미를 붙일 수 있지 않을까? 물리학을 일이 아니라 재미있는 놀이로 여긴다면? "그렇게 마음을 고쳐먹은" 그는 "재미로 《아라비안 나이트》를 읽듯이 물리학도 중요성 따위는 고민하지 않고 마음 내킬 때마다 가지고 놀기로" 했다.

바로 그 흔들리는 접시부터 시작하기로 했다. 파인만은 접시가 공중에서 보이는 움직임을 설명하는 방정식을 만들기 위해 몇 주간 매달렸다. 동료들은 어리둥절해서 왜 그러냐고 물었다. 파인만은 "중요하진 않아도 재미있잖아요"라고 쾌활하게 대답했다.

그런데 흔들리는 접시는 파고들수록 흥미진진했다. 급기야는 회전하는 접시의 진동이 원자 내 전자의 진동과 유사할 수도 있겠다는 생각이 들었다. 어쩌면 양자 전기 역학적 작용과 연관된 현상일 수도 있었다. "(아주 잠깐이었지만) 나도 모르게 예전에 내가 사랑했던 문제를 가지고 '놀고' 있었다. 물론 엄밀히 말하면 일이었지만 말이다." 단, 이번에는 그렇게 물리학자로서 하는 '일'이 번아웃을 일으키지 않았다.

파인만 교수가 회전하는 접시에 느낀 호기심은 훗날 노벨 물리학상 수상으로 이어진다. 그가 그 진동을 설명하기 위해 만든 모델이 양자 차원에서 빛과 소립자의 상호 작용을 규명하는 학문인 양자 전기 역학을 이해하는 데 도움이 됐다. 파인만은 그 작용을 시각적으로 이해하려면 빠르게 회전하는 접시를 상상해보라고 말했다.

이런 사람이 파인만만 있는 것은 아니다. 내가 알기로 노벨상 수상자 중 최소 여섯 명이 놀이를 성공 비결로 꼽았다. 1950년대에 DNA 구조를 발견한 제임스 왓슨과 프랜시스 크릭은 그 과정을 "여러 분자 모델을 만들고 논 것"이라고 표현했다. 페니실린 항생제를 발견한 알렉산더 플레밍은 자신이 하는 일이 "미생물을 갖고 노는 것"이라고 말했다.[2] 2018년 노벨 물리학상 수상자 도나 스트리클런드도 "고강도 레이저를 갖고 노는 것"이 자신의 연구라고 설명했다. 그래핀graphene(높은 강도와 열전도도로 주목받는 신소재—옮긴이)의 발견에 기여한 공로로 2010년 노벨 물리학상을 공동으로 수상한 콘스탄틴 노보셀로프는 "노벨상은 애쓴다고 받는 게 아니다"라며 "우리의 연구는 사실 즐거운 놀이였다"라고 말했다.[3]

이런 생각을 뒷받침하는 연구 결과가 점점 늘어나고 있다. 심리학계에서는 놀이가 진정한 생산성의 원천이라는 학설에 힘이 실리고 있고 그 이유 중 하나로 놀이가 주는 심리적 안정감이 꼽힌다. 최근 논문에 따르면 "놀이의 심리적 효과는 즐겁고 편안한 활동에 참여함으로써 지친 몸과 마음이 회복되는 것"이다.[4]

○ 인생은 스트레스다.
놀이는 인생에 재미를 불어넣는다.

놀이는 우리의 첫 번째 에너지원이다. 인생은 스트레스다. 놀이는 인생에 재미를 불어넣는다. 우리 삶에 놀이 정신을 접목하면 더 기분이 좋아지고 더 많은 것을 이룰 수 있다.

모험을 창조해라

일상에 놀이를 포함시키기가 어디 그렇게 쉽냐고 반문할지도 모른다. 많은 사람이 너무나 잘 알겠지만 성인이 되고 나면 노는 것도 쉽지 않다.

어릴 때는 매일이 모험의 연속이다. 정원을 구석구석 탐색하고, 쇼핑몰을 내달리고, 나무에 오르고, 나뭇가지에 매달린다. 굳이 목표를 달성하거나 스펙을 쌓으려고 노력하지 않는다. 결과를 걱정하지 않고 호기심이 이끄는 대로 즐긴다.

하지만 나이가 들면 이런 모험심이 점차 사라진다. 특별히 생각이 깨어 있는 부모 밑에서 자라지 않은 이상 아마도 어른이 되려면 그만 놀고 진지하게 인생을 대해야 한다고 배웠을 것이다. 그렇게 인생은 모험으로 시작해 시시하고 뻔한 생활로 전락한다.

그게 실수다. 모험이야말로 놀이에서 가장 중요한 요소이고 어쩌면 행복에도 꼭 필요한 요소일 수 있기 때문이다.

2020년에 뉴욕대학교와 마이애미대학교에서 모험심으로 세상을 탐색하는 자세의 효과를 수치화하기 위한 연구를 실시했다.[5] 연구진은 130여 명의 참가자를 모집해 휴대폰 GPS를 이용한 위치 추적을 승낙받았다. 그리고 몇 달간 참가자들에게 문자 메시지로 지금 얼마나 행복하거나 흥분되거나 편안한지 등 감정을 물었다.

결과는 놀라웠다. GPS 데이터와 문자 메시지의 답장을 수집하자 모험을 더 많이 하는 사람, 즉 매일 똑같은 출근길 대신 새로운 길을 선택하거나 매일 가는 커피숍이 아니라 새로운 커피숍에 들르는 등 더 다양한 장소를 더 변칙적으로 이용하는 사람이 행복, 흥분, 편안함을 더 강하게 느꼈다. 이로써 모험하는 삶이 긍정적 감정의 열쇠라는 결론이 도출됐다.

따라서 놀이의 잠재력을 이용하는 첫 번째 방법은 일상에 모험을 집어넣는 것이다. 그런데 어떻게? 적절한 수단만 있으면 어릴 때 쇼핑몰을 내달리고 나뭇가지에 매달릴 때 느꼈던 흥분감을 회복할 수 있다. 그 출발점은 캐릭터 선택이다.

실험 1: 캐릭터를 선택해라
—

고백하자면 나는 〈월드 오브 워크래프트World of Warcraft, WoW(와우)〉 중독자였다.

온라인 롤플레잉 게임인 〈와우〉는 덕후를 겨냥한 게임으로 유명하다. 플레이어는 흑마법사, 전사, 성기사 등 다양한 캐릭터 중 하나를 선택해 아제로스라는 가상의 세계를 탐험한다. 서로 팀을 짜서 세계 곳곳을 누비며 몬스터를 사냥하고 무기를 업그레이드하다 보면 시간 가는 줄 모른다.

〈와우〉는 강한 중독성으로도 유명하다. 나는 열네 살 때 〈와우〉를 접한 후 3년 동안 총 184일을 아제로스에서 보냈다. 도합 4416시간이다. 매일 세 시간씩, 그러니까 깨어 있는 시간의 25퍼센트를 쓴 셈이다. 많이도 했다.

〈와우〉에 왜 그렇게 빠졌을까? 열네 살 때는 몬스터를 처치하고 퀘스트를 수행하는 것보다 흥분되는 일이 없었다(사실 어른인 지금도 손이 근질거린다). 하지만 그 정도로는 처음 몇 시간 동안 게임이 재미있는 이유만 설명할 수 있을 뿐 이후로 또 몇천 시간을 재미있어하는 이유가 설명되진 않을 것 같다. 솔직히 말하자면 얼마간 시간이 지난 뒤에는 게임의 구성 자체에선 재미가 느껴지지 않는다. 마을 사람의 고양이를 구하는 임무가 재미있는 것도 한두 번이다.

아무래도 〈와우〉가 그렇게 재미있었던 이유는 게임의 기본 구성이 아니라 현실 도피에 있었던 것 같다. 〈와우〉는 마법으로 좀비 군단을 쓸어버리고 용을 길들여서 타고 다닐 수 있는 또 다른 세계를 생생하게 구현한다. 더군다나 그 세계에 우리는 캐릭터로 입장한다. 〈와우〉에서 나는 운동 신경이 둔하고 자신감이 부족하며 살짝 덕후기가 있는 알리 압달이 아니었다. 거기서는 언제나 훤칠하고 잘생긴 블러드 엘프족 흑마법사 세파로스로 보라색 로브를 펄럭이며 악마들을 호령했다.

놀이를 할 때 우리는 〈와우〉 속 캐릭터가 되거나 놀이터에서 친구들과 상상 속 장면을 연출하는 것처럼 현실과 다른 역할이나 인격을 선택한다. 그 캐릭터를 통해 자신의 다른 면을 표출하며 더 즐거운 시간을 보낸다. 즉 다른 인격체가 됨으로써 모험이 시작된다.

무슨 뚱딴지같은 소리인가 싶겠지만 알고 보면 그렇지 않다. '캐릭터'를 선택하는 것은 하루아침에 성격을 바꾸는 것(혹은 사람들 앞에서 고블린인 척하는 것)이 아니다. 자신에게 가장 잘 맞는 놀이 유형을 파악해서 어떤 플레이어가 될지 선택하는 것이다.

스튜어트 브라운Stuart Brown 박사는 놀이의 심리학을 평생 연구했다.[6] 임상 심리학자인 그는 놀이가 환자들에게 일으키는 변화를 목격한 후 놀이의 이점을 탐구하기 시작했다. 급기야 미국 놀이 연구소National Institute for Play를 설립하고 캘리포니아대학교 샌디에이고캠퍼스 정신 의학 부교수가 됐다. 그 시기에 그는 예술가, 화물차 기사,

여덟 가지 놀이 인격

| 수집가 | 경쟁자 | 탐험가 | 창작자 |
| 이야기꾼 | 장난꾸러기 | 연출자 | 운동 능력자 |

노벨상 수상자 등 각계각층의 사람 5000여 명에게 삶에서 놀이가 어떤 의미인지 물었다.

이들을 면담하는 과정에서 대부분의 사람이 한두 가지 유형의 캐릭터로 노는 것을 좋아한다는 사실이 드러났다. 그중에서 자신에게 가장 잘 맞는 유형을 찾으면 모험심을 해방해줄 '놀이 인격play person-ality'을 취할 수 있다.[7] 다음은 브라운 박사가 연구한 결과를 토대로 정리한 여덟 가지 '놀이 인격'이다.

1. **수집가**Collector는 모으고 정리하기를 좋아해서 희귀 식물 찾기, 기록실 뒤지기, 벼룩시장 탐방 같은 활동을 즐긴다.
2. **경쟁자**Competitor는 게임과 스포츠를 즐기고 최선을 다해서 승리하는 것을 좋아한다.
3. **탐험가**Explorer는 하이킹, 장거리 자동차 여행 같은 모험을 통해 이곳저곳을 돌아다니며 몰랐던 장소와 사물을 찾는 것을 좋아한다.

4. **창작자**Creator는 만드는 것을 좋아해서 매일 몇 시간씩 그림 그리기, 작곡, 원예 등에 몰두할 수 있다.

5. **이야기꾼**Storyteller은 풍부한 상상력으로 다른 사람들을 즐겁게 만들어준다. 글쓰기, 춤, 연극, 롤플레잉 게임 같은 활동에 매력을 느낀다.

6. **장난꾸러기**Joker는 남들을 웃기고 싶어서 스탠드업 코미디나 즉흥 코미디를 하거나 장난을 많이 친다.

7. **연출자**Director는 계획하고 준비하고 통솔하기를 좋아한다. 그래서 공연 감독, 경영자, 정치나 사회 운동가 같은 역할과 활동에 잘 맞는다.

8. **운동 능력자**Kinesthete는 곡예, 체조, 프리 러닝free running(벽을 타고 공중에서 건물과 건물 사이를 뛰어넘는 등 곡예를 부리며 도심을 달리는 운동—옮긴이) 같은 신체 활동을 좋아한다.

이제 일(과 삶)에서 유쾌한 모험심을 발휘하기 위한 첫 번째 걸음을 뗄 때가 됐다. 앞서 언급한 캐릭터 중에서 자신과 가장 비슷한 캐릭터를 고른 후 그 캐릭터가 됐다고 생각하며 일해보자. 예를 들어 당신이 '이야기꾼'이라면 따분한 업무(건조하고 논리적인 메일 작성하기)에서 놀이 감각을 살릴 방법(메일을 기승전결 있는 이야기로 만들고 혹시 가능하면 반전 넣기)을 찾을 수 있을 것이다. 만일 당신이 '창작자'라면 재미없는 업무(무미건조한 스프레드시트 작성하기)를 자기표현의 기회(눈길을 끌고 이해하기 쉬운 인포그래픽으로 만들기)로 바꿀 수 있을 것이다.

자신의 놀이 인격을 선택하고 탐색하면 어린 시절을 지배했던 모험을 되살릴 수 있다. 유년기는 기분 좋은 상태가 예외로 여겨지지 않고 당연시됐던 시기다. 우리 안에는 여전히 그때의 마음이 남아 있다. 그래서 스튜어트 브라운은 "놀이의 의의를 기억하고 놀이를 일상에 편입하는 것이 아마도 자아실현의 가장 중요한 요소일 것"이라고 말한다.

실험 2: 호기심을 수용해라
—

'공룡dinosaur'이라는 단어는 무슨 뜻인가?

비틀스의 곡 중에서 미국 빌보드 싱글 차트에 가장 오래 머무른 곡은 무엇인가?

엉클 샘(미국을 의인화한 캐릭터—옮긴이)이 처음으로 수염을 길렀을 때 대통령은 누구였는가?

퀴즈 대회에서 출제된 고난도 문제들이 아니다. 캘리포니아대학교 데이비스캠퍼스 신경 과학 센터University of California Davis Center for Neuroscience의 선구적 실험에 사용된 열아홉 개 문항 가운데 일부다.[8] 연구진은 참가자 스물네 명에게 이 문항들을 제시한 후 각 문항에 느낀 호기심을 '낮음'부터 '높음'으로 평가하게 했다. 그리고 그 질문들이 참가자들의 머릿속에서 적당히 소화될 때까지 기다렸다. (참고로 정답은 무서운 도마뱀, 〈헤이 주드Hey Jude〉, 에이브러햄 링컨이다.)

이 실험의 목적은 호기심이 인간의 정신에 끼치는 영향을 밝히는 것이었다. 연구진은 인간이 호기심을 느낄 때 정보를 더 잘 기억할 것이라고 예상했다. 과연 그랬다. 참가자들은 재미없다고 느낀 정보보다 재미있다고 느낀 정보를 무려 30퍼센트나 더 잘 기억했다.

하지만 더욱 놀라운 부분은 그런 정보를 기억할 때 뇌에서 일어나는 현상이었다. 뇌를 스캔해보니 호기심을 불러일으키는 질문을 받았을 때 신경계의 활동이 전혀 달랐다. 도파민을 한 잔 마신 것 같았다. 도파민은 기분 좋아지는 호르몬 중 하나로 뇌에서 학습과 기억을 담당하는 부위를 활성화한다. 따라서 참가자들은 호기심이 생기면서 기분이 좋아졌고, 기분이 좋아지자 정보를 더 잘 기억했다.

호기심을 살리는 것이 바로 삶에서 모험을 복원하는 두 번째 방법이다. 호기심이 있으면 삶이 더 재미있어지는 것은 물론이고 집중력도 더 오래 유지된다. 작가 월터 아이작슨은 레오나르도 다빈치, 스티브 잡스 등 누구보다 선구적이었던 인물들의 일생을 연구한 후 "만사에 호기심을 느끼면 더 창조적인 사람이 될 뿐 아니라 인생이 윤택해진다"라고 정리했다.[9]

○ 호기심이 있으면
삶이 더 재미있어지는 것은 물론이고
집중력도 더 오래 유지된다.

그렇다면 어떻게 호기심이 충만한 삶을 살 수 있을까? 한 가지 방법은 내 식으로 표현하자면 '사이드 퀘스트'를 찾는 것이다. 〈젤다의 전설〉〈더 위쳐〉〈엘든 링〉 같은 게임에는 수십 가지 사이드 퀘스트가 플레이어를 기다린다. 사이드 퀘스트는 게임의 메인 스토리에 영향을 미치지 않지만 플레이어의 호기심에서 시작되는 퀘스트다. 혹시 이 동굴에 들어가면, 이 지역에서 가장 높은 곳에 도달하면, 이 호수의 밑바닥까지 내려가면 어떻게 될까? 많은 비밀 요소가 기본 스토리만 따라가는 플레이어는 발견하지 못하는 동굴, 숲, 마을에 숨어 있다.

나는 내 인생에 다양한 사이드 퀘스트가 존재한다는 생각을 심심찮게 한다. 매일 앉아서 일을 시작하기 전에 일정표와 할 일 목록을 보고 '오늘은 어떤 사이드 퀘스트가 기다리고 있을까?' 질문한다. 그러면 내 앞에 놓인 뻔한 일이 나를 다른 어떤 길로 인도할 수 있을지 궁금해진다. 그래서 예를 들면 사무실을 나와서 근처 커피숍에서 몇 시간 동안 일한다. 혹은 고민 중인 문제를 해결하기 위해 새로운 소프트웨어를 써본다.

일상에 사이드 퀘스트를 추가하면 호기심, 탐험, 놀이의 여지가 생겨서 놀랍고도 예상외인 뭔가를 발견할 수 있다.

재미를 찾아라

1990년대 말의 별이 총총히 빛나던 밤, 오하이오주의 작은 대학교. 젊은 대학원생 연구 조교가 실험실에서 손바닥 위에 쥐를 올려놓고 서 있었다. 그는 마른 붓으로 쥐의 하얀 배를 살살 문지르면서 뭔가 흥미로운 현상이 나타나길 바랐다.

처음에는 아무 일도 없었다. 그러다 별안간 쥐가 소리를 질렀다. 괴로워서 그런 게 아니라 꼭 웃고 있는 것 같았다.

그 실험실의 연구자들은 재미로 쥐를 간지럽히지 않았다. 그들은 놀이가 인간의 뇌에 미치는 생물학적 영향을, 연구 책임자 야크 판크세프Jaak Panksepp의 표현을 빌리자면 '즐거움의 생물학'을 연구 중이었다.[10] 당시에는 오직 인간만 감정을 경험한다는 게 과학계의 중론이었다. 감정은 인간의 뇌에만 존재하는 대뇌 피질이라는 매우 복잡한 부위에서 발생한다고 여겼다. 하지만 판크세프의 연구로 설치류도 웃을 수 있다는 사실이 밝혀지자 감정이 편도체와 시상 하부처럼 뇌의 훨씬 원시적인 부위에서 발생한다고 보는 관점이 새로이 제시됐다. 판크세프는 즐거움이 매우 원시적인 경험임을 증명했다.

판크세프의 연구에서 중요하게 볼 부분은 쥐도 놀이를 좋아한다는 사실이었다. 그는 쥐들이 놀 때 내는 소리를 많이 녹음했다. 나중에 판크세프는 그 소리가 즐거워서 내는 소리라며 "마치 놀이터에 온 것처럼 들렸다"라고 말했다. 왜 그런 소리가 났을까? 놀이가 도파민을 분비시키기 때문이다. 쥐들도 기분이 좋아졌던 것이다.

우리가 이 쥐들에게서 배울 점이 있다. 판크세프의 쥐들은 우리가 어떤 일에서 즐거움을 느끼기 위해서는 뇌에서 대뇌 피질로 대표되는 가장 고차원적이고 복잡한 부위만 중요한 게 아니라는 사실을 알려준다. 즐거움은 우리 신경계에서 더 원시적이고 기초적인 부위와도 관련이 깊다. 쥐들도 기분 좋아지는 호르몬을 분비하지 않는가? 우리도 도파민을 한 잔씩 분비해 행복과 몰입을 유지할 수 있다.

그런데 어떻게? 그 답을 찾으려면 구체적으로 무엇이 도파민을 분비시키는지 알아야 한다. 하버드 의학전문대학원의 논문에 따르면 도파민은 "섹스, 쇼핑, 오븐에서 굽는 쿠키 냄새"에 의해, 즉 우리가 재미있어하는 활동에 의해 활성화된다.[11]

그러니까 놀이의 혁명적 효과를 발현하는 두 번째 단계는 어디에 가든 재미를 찾는 것이다. 그 방법을 알아보기 위해 먼저 디즈니가 재현한 영국 에드워드 7세 시대(1901~1910년) 런던으로 가보자.

실험 3: 마법의 포스트잇
—

고달픈 수련의 생활 중에 하우스메이트 몰리와 어릴 때 좋아했던 영화 〈메리 포핀스〉를 보기로 했다. 애니메이션으로 구현된 새들, 몹시 어설픈 코크니cockney 억양(런던에서 주로 노동자 계층이 사용하는 억양으로 작중 버트 역을 맡은 딕 밴 다이크Dick Van Dyke의 어색한 코크니 억양이 혹평 받은 것으로 유명하다—옮긴이), 여성 참정권을 부르짖는 유명한 뮤지컬 곡을 다시 접하면 단 두 시간이나마 기분이 좀 나아질 것 같았다.

당시 수련의 중간 자격 시험을 준비 중이던 나는 공부에 의욕이 생기지 않아 고민이었다. 병원 일도 많은데 시한은 촉박하지, 내용은 복잡하지, 중압감이 상당했다. 근무를 마치고 또 교재를 들여다볼 생각만 해도 악몽 같았다.

그런데 〈메리 포핀스〉를 다시 보는 중에 뜻밖의 일이 벌어졌다. 〈메리 포핀스〉는 그냥 이상한 유모가 나와서 요술을 부리는 시시껄렁한 영화가 아니었다. 그 속에 심오한 진리가 담겨 있었다. 삽입곡 중에서 가장 유명한 〈설탕 한 스푼A Spoonful of Sugar〉은 정리가 싫다고 툴툴대는 아이들에게 메리가 불러주는 노래다. 내가 기억하는 가사는 "설탕 한 스푼이면 쓴 약도 넘어가지 (중략) 꿀떡 넘어가"라는 후렴구뿐이었다.

20여 년이 지나 그간 잊고 있었지만 익숙한 장면을 다시 보는데 그 노래는 다음과 같이 시작했다.

꼭 해야 하는 일에는
반드시 재미있는 부분이 있어.

재미있는 것을 찾아서 손가락을 딱!

그러면 놀이가 되지.

이어지는 가사는 종달새, 울새, 꿀벌이 노래를 불러서 지겨운 일을 재미있게 한다는 이야기다. (종달새는 '흥겨운 노래'를 불러서 '일이 빨리 처리되게' 한다는데, 나중에 안 사실이지만 유감스럽게도 학술적으로는 틀린 이야기다.)

나는 그 방법을 내 삶에도 적용해보기로 했다. 야밤에 벅찬 영감을 받아서 포스트잇에 만일 이게 재미있는 일이라면 어떤 식일까?라고 짧게 적었다.

포스트잇을 내 컴퓨터 모니터에 붙여놓고 자러 갔다.

다음 날은 포스트잇에 대해 까맣게 잊고 있었다. 시험을 대비해 생화학 경로를 복습하려고 퇴근 후 책상 앞에 앉았다. 평소처럼 씁쓸한 표정으로. 바로 그때 포스트잇이 보였다. 그래서 생각했다. 만일 이게 재미있는 일이라면 어떤 식일까?

즉시 첫 번째 답이 떠올랐다. 만일 이게 재미있는 일이라면 음악이 있겠지. 재미없는 생화학 경로를 외울 때 헤드폰으로 영화 〈반지의 제왕〉 삽입곡을 들으니까 신기하게도 훨씬 재미있었다. 순식간에 음악이 더 즐겁게 일하기 위해 가장 중요한 요소가 됐다.

직장에서도 그 방법을 쓰기 시작했다. 당시 나는 노인 보건 의료 센터에서 실습 중이었고 병동 한구석의 작고 썰렁한 방을 의국으로 썼다. 산더미 같은 일을 안고 의국에 앉아 유독 힘든 오후를 보내고 있을 때 문득 '음악적 재미' 기법을 적용해봐야겠다는 생각이 들었다. 따로 스피커가 없었기 때문에 식당에서 우묵한 그릇을 가져와서 휴대폰을 집어넣고 임시 스피커로 썼다. 스포티파이를 켜고 퇴근할 때까지 작은 소리로 영화 〈캐리비안의 해적〉 삽입곡을 들으며 일했다. 효과가 대단했다. 훨씬 재미있었다.

'만일 이게 재미있는 일이라면 어떤 식일까?'는 이제 내 삶의 등불 같은 질문이 됐다. 활용하기도 정말 쉽다. 만약에 지금 하기 싫은 일이 재미있는 일이라면 어떤 식일지 생각해보자. 혹시 다른 방식으로 처리할 수 있을까? 음악이나 유머를 섞거나 창의성을 발휘할 수 있을까? 만일 친구와 같이 하거나, 일을 끝내고 자신에게 선물을 주기로 하면 어떨까?

그 기운 빠지는 일을 조금 더 재미있게 만들 방법이 있는가?

실험 4: 결과가 아닌 과정을 즐겨라

—

모든 일에서 재미를 찾는 방법이 또 하나 있다. 이번에는 20세기 중반에 개봉한 어린이 영화를 다시 볼 필요가 없다. 그 대신 키 170센티미터에 머리를 탈색한 열아홉 살 스페인 청년을 보자.

2021년 8월, 알베르토 히녜스 로페스Alberto Ginés López가 도쿄 올림픽 스포츠 클라이밍 부문에서 초대 금메달리스트로 시상대에 올랐다. 지난 몇 주간 전 세계인은 로페스가 도쿄 아오미 어번 스포츠 파크의 알록달록한 벽에서 연이어 놀라운 육체적 위업을 달성하는 모습에 감탄했다. 가장 인상적인 경기는 거미처럼 최대한 빠르게 벽을 타고 오르는 스피드 종목이었다. 로페스는 무려 6.42초 만에 정상에 도달했다.

그런데 로페스를 비롯한 선수들이 눈부신 속도로 벽을 오르는 동안 관중은 클라이밍이 다소 특이한 스포츠임을 알아차렸다. 단순히 선수들이 머리를 화려하게 염색하고 화사한 보호 장구를 착용해서 육상 선수라기보다는 자유로운 예술가에 더 가깝게 보였기 때문만은 아니었다. 선수들이 더 여유로워 보였기 때문이었다. 그들은 긴장된 얼굴로 일부러 시선을 피하며 다른 선수가 벽을 타는 모습을 지켜보는 게 아니라 아래에서 명랑하게 이야기하며 서로 조언도 아끼지 않았다. 벽을 오를 때에도 대부분의 육상 선수나 축구 선수처럼 애써 고통을 참는 표정이 아니었다. 오히려 그 순간을 긍정적으로 즐기는 것 같았다.

이 클라이밍 선수들에게서 재미를 찾기 위한 두 번째 방법의 힌트를 얻을 수 있다. 바로 결과가 아닌 과정에서 오는 즐거움에 집중하는 것이다.

헝가리계 미국인 심리학자 미하이 칙센트미하이에 따르면 클라이밍과 축구의 결정적 차이점은 클라이밍을 하는 사람들이 대체로 결과(경기 승리)보다 과정(벽 타기)에 집중한다는 것이다. 칙센트미하이는 10대 때 알프스산맥을 등반하는 사람들을 본 후 우리가 다른 모든 것을 잊어버릴 만큼 어떤 일에 열중하는 상태인 '몰입flow'을 선구적으로 연구하기 시작했다. 그에 따르면 결과 대신 과정에 집중하는 법을 터득하면 일을 즐길 가능성이 훨씬 커진다.

그런데 어떻게? 등반은 그 자체로 재미있으니까(적어도 누군가에게는 그렇다) 과정에 집중하기가 쉬울 수 있다. 하지만 그보다 훨씬 시시하거나 불쾌한 상황에서는 어떻게 해야 할까?

바로 그럴 때야말로 과정에 집중하는 자세가 더욱더 강력한 힘을 발휘한다. 그 일이 아무리 시시하다고 해도 조금만 창의적으로 생각하면 재미를 찾을 수 있기 때문이다.

현재 세계 최정상급 이야기꾼이며 베스트셀러 작가인 매슈 딕스Matthew Dicks가 좋은 예다. 딕스는 첫 책을 내기 한참 전에 맥도날드에서 일한 적이 있다. 그는 그 일이 싫었다. "하루가 영원 같았어요. 매일 똑같은 일의 반복이었어요. 주문받고 햄버거를 만들어서 감자튀김과 함께 내주는 게 전부였죠. 흥분, 영감, 도전과는 거리가 멀었어요"라고 내게 털어놓았다.

그래서 딕스는 그 일의 결과(화가 날 만큼 적은 급여)가 아닌 과정에서 뭐라도 즐거운 부분을 찾아보기로 했다. 그리하여 선택한 게 대표적 영업 기술인 업셀링upselling(또 다른 상품이나 더 비싼 상품의 구매를 유도하는 것—옮긴이)이었다. "한 번씩 바비큐 소스의 날을 정해서 주문을 받을 때마다 소소한 영업용 멘트를 썼어요. 예를 들어 손님이 빅맥과 감자튀김을 주문하면 필요한 소스가 있냐고 물었죠. 손님이 없다고 대답하면 웃으면서 '그럼 바비큐 소스 한번 드셔보세요. 진짜 끝내주거든요'라고 말했어요. 그러면 손님들은 대부분 당황해서 '예, 그러죠'라고 말해요. 혹시 거절하면 '알겠습니다. 그런데 아쉽네요. 방금 전 손님도 고민하다가 한번 드셔보시고는 안 먹었으면 후회할 뻔했다고 말씀하셨거든요'라고 응수했죠."

딕스는 그렇게 일과에 작은 변화를 준 게 예상외로 커다란 의미가 있었다고 말했다. 그 작은 변화란, 그의 말을 빌리자면 "손님의 하루를 조금 더 즐겁게 만드는 한편 질질 끌려가는 듯한 일상에서 나에게 한층 에너지를 불어넣는" 사소한 행동이었다. 그것은 정말로 효과가 있었다. 얼마나 많은 사람이 자신의 설득에 넘어가 바비큐 소스를 선택하는지 보려고 근무 시간이 기다려지기 시작했던 것이다.

햄버거를 파는 과정 자체가 재미있진 않았다. 그러나 딕스는 그것을 즐길 방법을 만들었다. 그래서 시시한 상황에서 재미를 찾았다.

부담을 덜어내라

모험과 재미가 우리의 놀이 능력을 향상하는 반면, 그만큼 강력하게 놀이 능력을 저하하는 요인도 존재한다. 바로 스트레스다. 스트레스가 어떻게 작용하는지 알기 위해 이 장에서 가장 불행한 피험자인 흰쥐 이야기를 다시 해야겠다.

이번에 쥐들을 기다리는 건 앞서 붓으로 간지럼을 탄 쥐들보다 힘든 오후 시간이었다. 컬럼비아대학교 연구진은 여러 발달 단계의 쥐들을 모아서 마음대로 움직이지 못하도록 그물망을 씌웠다.[12] 그 상태로 쥐들을 30분간 방치했다.

당연히 쥐들은 적잖이 스트레스를 받았다. 그물망을 씌우기 전에는 서로 장난삼아 싸우고 목덜미를 건드리면서 놀았다. 하지만 그물망을 씌웠다가 벗기자 놀이 행동이 완전히 사라졌다. 옹기종기 모여 있을 뿐 놀 생각을 안 했다. (다행히도 행동에 제약을 가하는 스트레스 상황에서 벗어난 지 한 시간쯤 지나자 놀이 행동이 기준치로 회복됐다.)

인간을 대상으로 한 연구에서도, 다행히 동물 연구 때만큼 가학적인 조건은 아니었으나, 비슷한 결과가 나왔다. 아이들은 위협 요소가 없고 편안한 환경에 있을 때 놀이를 할 확률이 더 높다.[13] 직장 내 성인을 대상으로 한 연구에서도 긴장이 풀렸을 때 놀이 행동이 더 잘 발생하고 창의성과 안녕감이 증진됐다.[14]

그 외에도 수많은 연구로 우리가 직감적으로 아는 사실이 입증됐다. 스트레스를 받으면 놀이를 할 확률이 낮아진다는 것이다. 그럴 때에는 창의성, 생산성, 안녕감도 같이 저하되는 경향이 있다.

여기서 우리가 살펴볼 놀이의 마지막 구성 요소를 알 수 있다. 잘 놀려면 모험과 재미만 찾아서는 안 된다. 부담이 적고 마음이 놓이는 환경을 만들어야 한다. 그러려면 먼저 실패에 대한 생각을 바꿔야 한다.

실험 5: 실패를 보는 관점을 바꿔라

—

2016년에 미국 항공우주국National Aeronautics and Space Administration, NASA(나사) 출신 공학자 마크 로버Mark Rober가 새로운 컴퓨터 프로젝트에 도전할 사람 5만 명을 모집했다.[15] 로버는 그 프로젝트의 목적이 누구나 코딩을 배울 수 있다고 증명하는 것이라고 말했다. 그래서 참가자들이 비교적 쉬운 코딩 과제를 차근차근 해결하게 했다.

하지만 실제로 그 프로젝트는 로버의 설명보다 복잡한 실험이었다. 결정적 차이는 참가자가 실수를 저질렀을 때 발생했다. 참가자 중 절반(1번 집단)은 바르게 실행되지 않는 코드를 작성했을 때 "실패. 다시 해보세요"라는 오류 메시지를 받았다. 나머지 절반(2번 집단)이 받은 메시지는 "실패. 5점 감점. 현재 점수 195점. 다시 해보세요"로 조금 달랐다. 그 외의 조건은 동일했다.

이 조그마한 차이가 놀라운 차이를 만들었다. 1번 집단은 코딩 문제를 해결하기 위해 평균 12회 시도해서 68퍼센트의 성공률을 보였다. 2번 집단은 시도 횟수가 평균 5회에 불과했고 성공률은 52퍼센트였다.

처음 그 이야기를 들었을 때 나는 깜짝 놀랐다. 실패 시 5점 감점이라는 자의적이고 무의미한 '불이익'을 줬을 뿐인데 2번 집단에 속한 전 세계의 2만 5000명이 평균적으로 1번 집단의 절반도 안 되는 시도에 그쳤다니 말이다.

짐작하다시피 로버의 관심사는 코딩 교육이 아니었다. 그는 실패에 대한 우리의 인식에 관심이 있었다. 설령 자의적이라 할지라도 부정적인 결과가 우리에게 말도 안 될 만큼 큰 영향을 끼친다는 사실을 증명하는 게 그의 목적이었다. 그런 결과는 우리가 실패를 두려워할 필요가 없을 때에도 두려워하게 만든다.

하지만 우리가 실패를 다른 시각에서 본다면 어떨까? 실패를 불가피한 것으로, 심지어는 재미있는 것으로 바라본다면? 로버도 그점에 착안했다. 그는 나사에 9년간 몸담고 애플에서 프로덕트 디자이너로 일한 후 이제 유튜브에서 과학 교육에 매진하고 있었다. 이실험으로 그가 직장 생활에서 느꼈던 현상이 사실로 입증됐다. 바로 성공은 실패 횟수와 무관하고, 실패를 보는 관점이 중요하다는 사실이다.

로버는 강연에서 이 실험 결과를 소개하며 "우리가 학습 과정에 대한 관점을 바꿔서 실패에 연연하지 않게 된다면 얼마나 더 많은 것을 배울 수 있을까요? 얼마나 더 많은 성공을 거둘 수 있을까요?"라고 묻는다. 로버는 제대로 작동하는 컴퓨터 프로그램을 만들려면 반드시 시도, 실패, 재시도의 과정이 필요하다는 사실을 알았다. 이 예정된 실패는 사실상 실패가 아니라 우리가 성공법을 찾기 위해 필요한 '데이터 포인트'(정보의 집합체인 데이터를 구성하는 개별 정보를 뜻하

51

는 말—옮긴이)다.

이 책을 쓰면서 나는 로버의 통찰에 여러 번 감탄했다. 그의 실험 결과에서 스트레스를 줄이는 법, 따라서 우리가 놀 수 있는 환경을 만드는 법에 대한 아이디어를 얻었다. 만약에 우리가 살면서 실패할 때마다 로버의 실험과 달리 5점을 실점하는 게 아니라 득점한다면 어떨지 생각해보자. 우리가 조금 삐끗했을 때 사람들이 비난하지 않고 응원한다면 어떻게 될까? 어떤 일을 할 때 그게 실험이라고 생각한다면, 그래서 실패도 성공만큼 중요하다고 생각한다면 우리의 태도가 어떻게 달라질지 상상해보자.

그러면 인생이라는 게임이 조금 다르게 보이지 않을까? 갑자기 부담이 줄어든다. 갑자기 놀이를 할 수 있는 여유가 조금 늘어난다.

만일 당신이 좋은 직업을 갖고 싶고 회사원이 좋은 직업이라는 가설을 세웠다면 인턴 활동을 통해 직업의 표본을 모집하는 게 데이터를 수집하는 과정이 될 수 있다. 이때 막상 인턴 생활을 해보니 못 견딜 것 같다면 실험자의 관점에서는 '실패'나 '시간 낭비'를 한 게 아니라 그 일이 자신에게 맞지 않는 일임을 알게 해주는 데이터 포인트를 하나 더 확보한 것이다.

만일 당신의 목표가 사업으로 성공하는 것이라면 다양한 사업 아이템, 상품, 서비스를 시험해보는 게 데이터를 수집하는 과정이 될 수 있다. 어떤 상품을 출시했으나 성과가 기대에 못 미칠 때 실험자의 관점에서는 실패나 참사가 아니라 전략을 개선하고 목표 시장을 더 잘 이해하기 위한 데이터 포인트를 하나 더 확보한 것이다.

○ 실패는 결코 실패에 불과하지 않다.
실패는 새로운 시도를 위한 초대장이다.

만일 당신의 목표가 의미 있는 관계를 형성하는 것이라면 데이터 수집 과정은 데이트를 하고 모임에 참석해 새로운 사람들을 사귀는 게 될 수 있다. 데이트가 다음 데이트로 이어지지 않거나 새롭게 알게 된 사람과 친구가 되지 못해도 실험자의 관점에서는 실패가 아니라 자신이 어떤 사람과 잘 어울리는지 이해하기 위한 데이터 포인트를 확보한 것이다.

실패는 결코 실패에 불과하지 않다. 실패는 새로운 시도를 위한 초대장이다.

실험 6: 진지 말고 진심
—

실패를 데이터 포인트로 보기 시작하면 놀이 감각으로 사는 데 방해가 되는 스트레스를 한결 쉽게 해소할 수 있다. 그리고 우리가 마지막으로 알아볼 기법 또한 그만큼 강력하다. 내가 의외의 불교 전문가에게 배운 기법이다.

영국 남부 켄트주의 평범한 교외 지역인 치즐허스트Chislehurst에서 태어난 앨런 와츠Alan Watts는 은행원이나 변호사가 될 운명 같았다. 하지만 어릴 때 고열에 시달리며 신비한 꿈을 꾼 후 동아시아 종교에 관심이 생겼다. 그래서 인생이 완전히 바뀌었다. 이후 50년간 그는 동양 철학의 대가가 되어 선종禪宗과 도교의 세계관을 설파하는 베스트셀러를 여러 권 출간했다.

이 책을 쓰기 시작하고 몇 달이 지났을 때 와츠의 강연을 처음으로 접한 나는 세계를 보는 그의 심오한 관점이 기분 좋은 생산성에 관한 내 이론과 너무나 잘 맞아떨어져서 깜짝 놀랐다. 특히 그의 명언으로 꼽히는 "진지 말고 진심Don't be serious. Be sincere"이라는 말에 감탄했다.

'개인과 세계The Individual and the World'라는 유명한 강연에서 와츠는 우리가 세계를 이해할 때 저지르는 커다란 실수를 지적했다. 그는 먼저 20세기 초 영국 작가 G. K. 체스터턴G. K. Chesterton을 인용했다. "경망함은 가벼워서 떠오를 수 있다. 그러나 진지함은 돌처럼 무거워서 가라앉는다." 그리고 이 말이 선종을 아는 사람에게는 진리라고 말했다. 그러면서 "진지와 진심은 다르다"라고 역설했다.

무슨 뜻일까? 보드게임 모노폴리를 생각해보자. 너무 진지하게 플레이하는 사람과는 아무도 게임을 같이 하고 싶어 하지 않는다. 겪어봐서 알 것이다. 진지한 사람은 승리에 집착해서 찬물을 끼얹는다. 자꾸만 규칙을 운운하며 '찬스' 카드로 '출발'을 지날 때 200파운드를 받아도 되는지 따져서 분위기를 망친다.

그렇다고 아예 건성인 사람도 별로다. 그런 사람은 게임에 집중하지 않고 최선을 다하지 않는다. 당신이 감옥에서 보석금 50파운드를 내지 않고 굳이 주사위로 더블을 만들어 빠져나왔을 때 축하해주지도 않는다. 역시 재미없는 사람이다.

가장 재미있는 상대는 진심으로 플레이하는 사람이다. 그런 사람은 적당히 진지하게 게임에 집중하면서도 승패에 집착할 만큼 진지해지진 않는다. 잘 웃고 농담도 잘하고 자신이 실수해도 그러려니 하면서 친구들과 함께하는 시간을 즐기지 승리(혹은 규칙)에 목숨 걸지 않는다.

이런 태도는 우리의 일과 삶에서도 큰 도움이 된다. 나는 일 때문에 스트레스를 받거나 불안하거나 지치면 진심이어야 한다는 생각을 잊고 너무 진지해지기 일쑤다. 그럴 때에는 부담감이 막심하다. 하지만 부담감을 줄일 방법이 있다. 간단하다. 일이 너무 힘들면 이렇게 생각해보는 것이다. '어떻게 하면 조금 덜 진지해지고 조금 더 진심으로 임할 수 있을까?'

직장에서 어려운 프로젝트를 맡았을 때 진지해지는 대신 진심으로 임하면 결과에 집착하지 않고 차근차근 각 단계를 완료하는 데 집중할 수 있다. 혼자서 다 해결하려 하지 않고 다른 사람의 의견과 협조를 구할 수도 있다. 그러면 놀이 정신을 발휘하기가 더 쉬워져서 집중력과 의욕이 더 오래 유지된다.

면접을 볼 때 진지해지지 않고 진심으로 임하면 당락에 대한 불안감으로 스트레스를 받지 않고 그 순간에 집중할 수 있다. 단순히 스펙으로 면접관에게 좋은 인상을 주려 하지 않고 인간적으로 교감할 수 있다. 그러면 한결 가볍고 편한 마음으로 면접에 임해서 면접장을 나설 때 더 강한 자신감과 만족감을 느낀다.

책을 쓸 때 진지해지지 말고 진심으로 임하면 1장에서 〈와우〉에 대한 애정을 한껏 드러내 미래의 독자에게 당신이 생애 첫 저서처럼 중요한 무언가를 만들 때조차 가벼운 마음일 수 있음을 보여줄 수 있다. 그러면 생산성의 과학을 설명하는데도 재미있는 글이 된다(제발!). 스트레스를 덜 받고 더 즐길 수 있다.

그렇게 생각하는 의사가 나 혼자만은 아니다. 의학 드라마 〈그레이 아나토미〉에서 패트릭 뎀프시Patrick Dempsey가 연기한 미남 신경 외과 의사 데릭 셰퍼드에게는 수술 전 의식이 있다.

그는 수술 팀에게 인사를 하고 기운을 북돋는 음악을 튼 후 말한다. "생명을 살리기 좋은 날이군요. 재미 좀 봅시다."

요약

★ 진지함은 과대평가되어 있다. 인생을 망치지 않고 더 많은 것을 이루고 싶다면 가장 먼저 할 일은 놀이 감각으로 접근하는 것이다.

★ 놀이 정신을 삶에 적용하는 방법은 세 가지다. 첫째, 모험심을 품고 다가가자. 적절한 '놀이 인격'을 찾으면 일상을 놀라움과 사이드 퀘스트가 가득한 게임으로 볼 기회가 넘칠 것이다.

★ 둘째, 재미를 찾자. 모든 일에는 분명히 드러나진 않아도 반드시 재미있는 부분이 있다는 메리 포핀스의 말을 기억하자. 뭔가가 재미있는 일이라면 어떤 식일지 생각해보고 그에 맞춰 변화를 주자.

★ 셋째, 부담을 덜어내자. 실패는 실패라고 생각할 때에만 실패가 된다. 모든 문제를 그렇게 정색하고 볼 필요 없다. 당신이 하는 일에 덜 진지하고 더 진심으로 임하려면 어떻게 하면 좋을까?

2장
힘

리드 헤이스팅스와 마크 랜돌프는 2000년 9월에 아직 신생 회사였던 넷플릭스를 블록버스터 비디오^{Blockbuster Video} CEO에게 사달라고 했다.[1] 하지만 결과는 최악이었다.

넷플릭스를 창업할 때만 해도 두 사람은 획기적인 비디오 대여 사업을 구상했다고 믿었다. 고객이 웹사이트에 로그인해서 DVD를 주문하면 우편으로 수령하고 반납하는 시스템이었다. 하지만 회사에 모든 것을 쏟아부었음에도 현금 출혈이 심했다. 직원은 100명이 넘는데 유료 회원은 고작 3000명에 불과했다. 이대로 가면 연말까지 5700만 달러의 손실이 날 판이었다.

퇴로가 필요했다. 그래서 몇 달 동안 전화와 메일로 공세를 펼친 끝에 블록버스터의 댈러스 본사에서 CEO 존 안티오코^{John Antioco}를 만날 수 있었다. 놓쳐서는 안 되는 기회였다. 미국 비디오 시장을 장악한 블록버스터는 전 세계에 9000곳 이상의 점포를 두고 시가 총

액 60억 달러를 자랑하는 기업이었다. 하지만 그들의 만남은 심각하게 잘 안 풀렸다. 처음에는 안티오코와 법무 팀장 에드 스테드Ed Stead가 호의적이고 정중했다. 그들이 경청하는 가운데 헤이스팅스와 랜돌프는 넷플릭스가 온라인 시대에 부합하는 새로운 비디오 대여 사업으로 유망한 기업이니 블록버스터가 매수해야 한다고 설득했다. 하지만 그때 안티오코가 중요한 질문을 던졌다.

"그래서 생각하는 금액이?"

"5000만 달럽니다."

일순간 정적이 흘렀다. 이윽고 안티오코가 폭소를 터트렸다.

그 후로 10년이 흘렀을 때 블록버스터 비디오는 파산을 신청했다. 대세가 온라인으로 전환되는 속도를 따라잡지 못하고 서서히 대부분의 점포를 닫더니 결국 망했다. 거기서 또 10년이 흐른 시점에 온라인 스트리밍 서비스로 입지를 공고히 다진 넷플릭스는 시가 총액이 3000억 달러에 이르고 누가 뭐래도 세계에서 가장 혁신적인 기업 중 하나로 꼽혔다.

블록버스터 CEO에게 면전에서 비웃음을 사는 수모를 당했던 넷플릭스가 세계에서 가장 비싼 회사가 될 줄이야. 그 비결은 과연 무엇일까? 몇 가지 해석이 존재한다. 혹자는 헤이스팅스 이하 경영진의 비전이 주효했다고 말한다. 혹은 운 좋게도 인터넷이 대중화되던 시기에 맞춰 사업을 시작한 덕분이라고 말하는 사람도 있다. 그러나 가장 널리 인정받는 넷플릭스의 성공 비결은 더 간단하다. 바로 문화다.

리드 헤이스팅스는 사업 초기에 패티 매코드Patty McCord를 최고 인재 책임자로 기용했다. 매코드는 이전에 몇몇 IT 기업 인사 팀에서 일했지만 기존의 인사 관리법에 불만이 많았다. 그는 직원들이 자주적으로 일하는 문화를 만들고 싶었다. 헤이스팅스는 매코드와 함께 자유와 책임을 중시하는 것을 포함해 조직 문화의 밑바탕이 될 원칙들을 정했다. 이 작은 변화가 큰 변화의 기틀이 됐다. 매코드의 주도로 회사가 직원을 대하는 태도가 완전히 바뀌었다. 매코드는 휴가, 근무 시간, 인사 고과에 대한 전통적인 규정을 폐지하고 직원의 자율성을 강화했다. 직원들은 목표만 달성할 수 있다면 무엇이든 하고 싶은 대로 할 수 있었다.

처음에는 이런 인사 관리법을 회의적으로 보는 시선도 존재했다. 하지만 회사가 성장하고 번창하자 그 효과를 부인할 수 없었다. 넷플릭스의 문화는 우수한 인재를 영입하고 지키는 토대가 됐을 뿐 아니라 더 좋은 아이디어를 끌어내는 발판이 됐다. 기존의 시장 조사법과 포커스 그룹focus group 인터뷰(소규모 집단 면담을 통해 소비자의 인식과 행동을 파악하는 기법—옮긴이)에 의존하지 않고 크리에이티브 팀이 주도적으로 새로운 시리즈와 영화를 기획, 제작하도록 재량권을 준 것이다. 그 결과 전 세계의 이목이 집중된 시리즈와 영화가 여러 편 탄생했다.

매코드는 자유와 책임을 중시하는 원칙을 한마디로 요약하면 '힘power'이라고 말했다.[2] 자칫하면 오해를 살 수 있는 말이다. 힘이라고 하면 독재자, 악덕 상사, 뒷골목의 협잡꾼 등 수단과 방법을 가리지 않고 타인을 휘두르려 하는 부정적 이미지가 떠오를 수 있다. '힘'이라는 말을 들으면 '나와는 상관없어'라고 생각할 사람도 있을 것이다.

그런 사람은 이제부터 힘에 관한 인식을 바꾸면 좋겠다. 매코드가 말하는 힘은 내 일이 내 손에 달렸고, 내 삶이 내 손에 달렸고, 내 미래가 오로지 내 손에 달렸다는 감각, 곧 자기 내면에서 느끼는 힘이다. 그 힘은 남에게 휘두르는 게 아니라 스스로 느끼는 것이고 옥상에서 "나는 할 수 있다!"라고 외치고 싶게 하는 에너지다.

힘은 우리의 두 번째 에너지원으로서 좋은 기분과 생산성의 필수 요소다. 더군다나 다른 사람에게서 뺏지 않고 스스로 만들 수 있다.

| 자신감을 향상해라

힘의 과학을 탐구하기 위해 먼저 찾아갈 곳은 운동을 기피하는 사람이 잔뜩 모인 실험실이다.

이들은 스물여덟 명의 여학생으로, 평소에 운동을 잘 안 하기 때문에 그 자리에 모였다.[3] 일리노이대학교 어배너샘페인캠퍼스University of Illinois Urbana-Champaign의 연구자들은 그렇게 운동을 소홀히 하는 습관이 연구 가치가 있다고 봤다. 〈국제 행동 의학 저널International Journal of Behavioral Medicine〉에 발표된 논문에 따르면 이 실험에서 연구진은 간단한 가설을 시험해보기로 했다. 바로 운동 능력에 대한 자신감이 실제 운동 능력에 막대한 영향을 미친다는 가설이었다.

연구진은 우선 스물여덟 명에게 일정한 시간 동안 실내 자전거를 타게 하고 심박수와 최대 산소 섭취량VO2 max(운동 중 신체가 섭취하고 사용할 수 있는 산소량)을 측정했다. 운동이 끝난 후 참가자들은 실내 자전거 운동 성과를 기준으로 두 집단으로 나뉘었다. 잠시 휴식을 취한 후 A 집단('고자신감' 집단)은 나이와 경험이 비슷한 여성들 중에서 가장 건강한 축에 속한다는 말을 들었다. 반대로 B 집단('저자신감' 집단)은 가장 건강하지 못하다는 통보를 받았다. 이후 연구진은 두 집단이 자연스럽게 그 결과를 생각하도록 며칠간 놔뒀다.

그런데 사실 연구진의 통보는 거짓이었다. 실제로는 '고자신감' 집단이 운동을 더 잘하지도, '저자신감' 집단이 더 못하지도 않았다. 그들은 무작위로 분류됐고 통보 내용도 운동 능력 검사 결과와 무관했다. 연구진의 진짜 관심사는 그다음 단계였다. 사흘 후 참가자들은 다시 실험실에 와서 약 30분간 운동한 후 그 시간이 얼마나 즐거웠는지 평가했다.

결과는 놀라웠다. '고자신감' 집단, 즉 매우 건강하다는 말을 들었던 사람들이 건강하지 않다는 말을 들었던 '저자신감' 집단보다 운동 시간을 훨씬 즐겁게 보냈다. 더 격하고 힘든 운동을 할 때에도 마찬가지였다. 더 높은 강도로 더 오래 자전거를 타게 하자 두 집단의 격차가 훨씬 크게 벌어졌다. 운동이 힘들어졌을 때 실제 능력과 상관없이 자신이 잘할 수 있다고 믿는 사람들은 정말로 잘해냈다. 결정적으로, 더 큰 자신감을 느끼도록 유도된 학생들이 그 격한 운동 시간 역시 훨씬 즐겁게 보냈다.

이 연구의 골자는 간단한 질문에 있었다. 자신감의 강도가 성과에 얼마나 영향을 미치는가? 그 답은 그 전과 후에 있었던 수많은 연구에서 밝혀진 대로다. 한마디로 '많은' 영향을 미친다. 우리는 어떤 일을 완수할 능력이 있다고 자신하면 그 일을 할 때 기분이 좋아져서 더 잘하게 된다.

이 놀라운 현상을 최초로 이론화한 사람은 캐나다계 미국인 심리학자 앨버트 밴듀라다. 1925년에 캐나다 앨버타주의 먼데어Mundare

라는 소도시에서 태어난 밴듀라는 2021년 사망 당시 역사상 가장 영향력 있는 심리학자 중 한 명으로 꼽혔다. 그런 평가를 받는 이유는 무엇보다도 그가 1977년에 제시해 명성을 얻는 계기가 된, 자기 효능감self-efficacy이라는 개념 때문이었다.[4] 당시 밴듀라는 약 10년간의 연구 결과를 토대로 실제 능력만이 아니라 그 능력에 대한 느낌도 성과와 행복에 중요한 영향을 미친다고 주장했다. 자기 효능감은 그런 느낌, 즉 자신이 목표를 달성할 수 있다는 믿음의 강도를 가리키는 말로 그가 만든 용어다.

○　할 수 있다고 믿는 것이
　　성취의 첫걸음이다.

조금 단순하게 말하자면 자기 효능감은 자신감을 뜻하는 심리학 용어다. 그리고 자기 효능감을 키우는 것이 바로 자신의 힘을 강하게 느끼기 위한 첫 번째 방법이다. 밴듀라가 자기 효능감이라는 개념을 제시하고 반세기가 지난 현재는 자신의 능력에 대한 믿음이 강할수록, 다시 말해 자기 효능감이 강할수록 실제 능력도 강해진다는 연구 결과가 수두룩하게 나와 있다. 1998년에 심리학자 알렉산데르 스타이코비츠Alexander Stajkovic와 프레드 루선스Fred Luthans는 (총 2만 2000명가량의 참가자를 대상으로 한 114건의 연구 결과를 토대로) 밴듀라의 주장이 옳다고 밝혔다.[5] 할 수 있다고 믿는 것이 성취의 첫걸음이다.

실험 1: 자신감 스위치

자기 효능감이라는 개념이 흥미롭긴 해도 별로 놀랍진 않을 것이다. 자신감이 능력에 영향을 끼치는 게 당연하다고 생각할 수 있다. 콧대 높은 사람이 순전히 자신의 재능에 대한 확고한 믿음으로 좌중의 마음을 휘어잡는 광경을 봤다면 그 증거를 본 셈이다.

하지만 자기 효능감은 놀랍게도 외부의 영향을 잘 받는다. 밴듀라는 자신감을 연구하기 시작했을 때부터 자기 효능감이 쉽게 교육된다는 의외의 사실을 발견했다. 그리고 수십 년에 걸친 연구 끝에 자신감은 타고나지 않고 학습된다고 결론 내렸다.

그처럼 혁명적 이론을 제시한 후 밴듀라는 간단하지만 자기 효능감을 크게 향상하는 방법을 몇 가지 찾았다. 그중 하나가 언어적 설득이다. 밴듀라는 어떤 말을 많이 하면 그대로 믿게 되는 게 자기 효능감에 관한 단순한 진실이라고 말하곤 했다. 그 연장선상에서 "넌 할 수 있어!"나 "거의 다 왔어!"와 같이 짧지만 긍정적인 개입intervention(심리학에서 대상의 변화를 일으키기 위해 행해지는 언행—옮긴이)을 들으면 자신감이 부쩍 강해질 수 있다.

보통은 그런 응원을 가족, 친구, 동료, 퍼스널 트레이너에게서 들을 수 있다고 생각한다. 하지만 흥미롭게도 자기 자신에게 하는 응원 역시 효과가 있다.

2014년에 영국 뱅거대학교Bangor University 연구진이 자기 대화self talk의 효력에 관한 연구 결과를 발표했다.[6] 참가자들은 자전거를 더는 탈 수 없을 것 같을 때까지 걸리는 시간을 측정하는 '탈진 소요 시간time to exhaustion' 검사를 받았다. 그리고 앞에서 만난 자전거 실험 참가자들처럼 자연스럽게 그 결과를 생각하며 2주를 보냈다. 그런데 이번 연구는 2단계가 달랐다. 2주 후에 다시 자전거를 타러 온 참가자들은 두 집단으로 나뉘었다. 한 집단은 긍정적 자기 대화 개입을 요구받았다. 연구진은 그들에게 "잘하고 있어!", "해낼 수 있어!" 같은 격려의 말을 제시하고 그중에서 네 가지를 골라 자전거를 타는 동안 스스로에게 말하게 했다. 다른 집단은 그런 말을 제시받지 않았다.

설마하니 그런 말로 스스로를 응원한다고 성과가 크게 달라지겠느냐고 연구진은 생각했다. 하지만 실제로는 커다란 차이가 발생했다. 구체적 '자기 대화 개입'을 받은 집단의 '운동 자각 인지도rate of perceived exertion', 즉 자전거 타기가 힘들게 느껴진 정도가 총 소요 시간 중 50퍼센트 구간에서 급감하고 자전거 탈 때의 탈진 소요 시간이 눈에 띄게 증가했다. 다른 집단은 이전과 전혀 차이가 없었다.

말인즉 자기 자신의 응원단이 되기만 해도 생산성이 부쩍 향상된다. 이 연구 결과를 접한 후 나는 당신도 따라 할 수 있는 구체적인 자기 응원법을 몇 가지 마련했다. 그중에서 가장 좋아하는 기법은 내가 '자신감 스위치 켜기'라고 부르는 것으로, 자신감이 없어도 일부러 자신만만한 척하는 것이다.

어렵게 생각할 것 없다. 다음번에 뭔가를 시도해야 하는데 기분이 좋지 않을 때 이렇게 생각해보자. '만약에 내가 이 일에 정말로 자신감이 넘친다면 어떻게 할까? 만약에 내가 이 일을 잘할 수 있다고 믿는다면 어떻게 할까?'

내가 이 기법을 특히 많이 썼던 때가 있다. 대학 시절에 교내 파티나 무도회에서 마술사 아르바이트를 할 때였다(자식, 좀 멋있었네!). 턱 시도를 차려입고 파티장을 돌며 몇 가지 마술을 보여주는 일이었다. 정말 죽어라 연습했지만(내 친구들이 증인이다) 낯선 사람들의 대화에 불쑥 끼어들어서 쭈뼛쭈뼛 내 특기인 카드 마술을 보여주겠다고 말할 생각을 하면 간이 오그라들었다. 그런 자기 의심의 순간마다 나는 심호흡 후 속으로 자신감 스위치를 켰다. 내가 자신만만한 마술사를 연기하고 있으니 설사 내심으로는 전혀 자신만만하지 않더라도 겉으로는 자신감과 실력을 겸비한 척해야 한다고 되뇌었다. 그렇게 마음가짐을 바꾸면 어김없이 큰 변화가 생겼다. 싱긋 웃는 얼굴에 살짝 거들먹거리기까지 하며 낯선 사람들에게 다가가서 열심히 연습한 멘트를 날리면 이번에도 내 전략이 통했다는 안도감을 느끼며 또 다른 사람들에게 발걸음을 옮길 수 있었다.

이 기법이 얼마나 효과적인지 깜짝깜짝 놀라곤 한다. 한순간에 아마추어 마술사가 프로 마술사로 변신한다. 서툰 아마추어 연주자가 기타의 신으로 변신하고, 소심한 발표자가 카리스마 넘치는 연설가로 변신한다.

다음번에 어떤 일이 유독 어렵게 느껴지면 '만약에 내가 이 일에 정말로 자신감이 넘친다면 어떻게 할까?'라고 생각해보자. 그렇게 묻기만 해도 자신이 당당히 그 일에 임하는 모습이 그려질 것이다. 그러면 이미 스위치는 켜졌다.

실험 2: 사회적 본보기 기법
—

밴듀라가 찾은 자신감 향상법이 언어적 설득만은 아니었다. 그는 우리가 주변 사람들에게서 자신감을 얻는 원리에도 관심이 많았다.

그 원리를 잘 보여주는 사례로 나는 미국 사우스캐롤라이나주에 소재한 클렘슨대학교 야외 실험실Clemson University Outdoor Lab의 연구 결과를 꼽는다.[7] 참고로 이곳은 흔히 생각하는 과학 실험실이 아니다. 삼면이 하트웰호수Lake Hartwell에 둘러싸인 숲에 조성된 이 실험실은 실험용 접시 대신 여러 채의 통나무집과 하이킹 코스, 수상 스포츠 시설을 자랑한다. 하지만 휴양지 같은 외양에 가려서 그렇지 실제로는 진지한 과학 연구 시설이다. 지금까지 이곳에서 선구적인 심리학 실험이 많이 진행됐다. 예를 들어 2007년에 6~18세 학생 서른여덟 명을 초청해 클라이밍을 시킨 실험이 그렇다.

학생들은 이 실험실에 도착한 후 당일 목표가 클라이밍용 벽(클렘슨대학교 야외 실험실의 주요 시설 중 하나)을 끝까지 오르는 것이라는 안내를 받았다. 그들에게는 벅찬 과제였다. 클라이밍용 벽이란 것을 그때 처음 본 학생이 대부분이었다. 연구진은 누가 과제를 완수하는지, 그리고 무엇이 그 가능성을 키우는지 알고 싶었다.

본인들은 몰랐지만 학생들은 도착 전에 이미 두 집단으로 분류됐다. 첫 번째 집단은 다른 사람이 그곳과 흡사한 벽을 오르는 짧은 영상을 보고 왔지만 두 번째 집단은 아무 영상도 보지 않았다. 그 외 조건은 동일했다.

놀랍게도 그 영상을 본 것만으로 엄청난 격차가 벌어졌다. 처음으로 벽 앞에 섰을 때 두 집단이 똑같은 설명을 들었는데도 '본보기' 등반자가 비슷한 벽을 오르는 모습을 본 집단이 훨씬 잘했다. 그들은 자신의 클라이밍 능력에 더 강한 자신감을 느꼈고, 클라이밍을 더 즐겼으며, 더 나은 성과를 냈다.

그처럼 작은 변화가 이토록 큰 차이를 만든 이유는 무엇일까? 만일 앨버트 밴듀라에게 물었다면 '대리 숙달 경험vicarious mastery experience' 때문이라고 대답했을 것이다. 대리 숙달 경험이란 자신이 할 일과 비슷한 일을 타인이 수행하는 것을 보거나 듣는 경험을 뜻한다. 타인의 사례를 보면 자신감이 커진다.

대부분 용어는 몰랐어도 대리 숙달을 경험해봤을 것이다. 이런 상황을 그려보자. 직장에서 대형 조사 프로젝트를 맡았다. 혼자 수행해야 하는 프로젝트라 중압감이 막심하다. 며칠간 도무지 진전이 없어 고민하던 끝에 그 프로젝트가 그냥 어려운 수준을 넘어 불가능하다는 생각이 들기 시작한다. 어차피 완수하지 못할 일을 시도하고 있다는 생각이 점점 확신으로 변하자 더욱더 집중이 안 된다.

이번에는 똑같은 프로젝트를 맡았지만 시작 전에 다른 사람이 비슷한 주제의 조사 결과를 발표하는 모습을 봤다고 해보자. 발표 내용은 당신이 조사하려는 내용과 전혀 다르다. 하지만 이번에는 그 프로젝트가 불가능하지 않다는 것을 안다. 다른 사람이 해내는 것을 봤기 때문이다. 그래서 그 일을 완수할 수 있다는 자신감이 커진다. 대리 경험의 효과다.

밴듀라는 끈기와 노력으로 난관을 극복하는 사람들이 주변에 있으면 그런 난관이 극복 가능하다는 것을 알 수 있기 때문에 자기 효능감이 커진다고 주장했다. "자신과 비슷한 사람이 지속된 노력으로 성공하는 것을 보면 관찰자는 자신도 유사한 행위를 숙달해 성공할 능력이 있다는 믿음이 강해진다."

대리 숙달 경험도 긍정적 자기 대화처럼 우리 삶의 일부로 만들 수 있다. 내가 즐겨 쓰는 방법은 롤 모델들이 만든 다양한 형태의 콘텐츠를 소비하는 것이다. 책이나 팟캐스트, 동영상으로 내가 더 강한 힘을 느끼고 싶은 분야에서 성공한 사람들의 이야기를 접할 때 자신감이 대폭 향상되는 것을 느낀다.

예를 들어 병원에서 일할 때 영국 왕립 의사 협회Royal College of Physicians에서 제작하는 〈RCP 메디신RCP Medicine〉 팟캐스트를 들으면서 출근했다. 여러 의사가 다양한 증상을 진단하고 치료하는 이야기를 들으면 더 강한 자신감으로 내 일에 임할 수 있었다.

처음으로 온라인 사업을 시작했을 때에는 골방에서 1인 온라인 사업을 시작해 엄청난 성공을 거둔 사람들을 인터뷰하는 〈인디 해커스Indie Hackers〉 팟캐스트를 많이 들었다. 출연자들이 어떤 난관을 어떻게 극복했는지 들으면 비슷한 난관에 봉착했을 때 더 자신 있게 대응할 수 있었다.

그리고 작가로서 새로운 삶을 시작한 지금은 무엇보다도 성공한 작가들의 이야기를 보고 듣는 것은 물론이고 그들을 직접 인터뷰할 때 '나도 할 수 있어'라는 믿음이 가장 강해진다.

○   그들이 했다면 당신도 할 수 있다.

이는 누구나 활용할 수 있는 기법이다. 당신과 똑같은 난관을 헤쳐 나가는 사람을 찾아서 같이 시간을 보내자. 혹은 그런 사람의 이야기를 들을 방법을 찾아보자. 대리 성공에 몰입하면 마음속에 강력한 믿음이 생긴다. 그들이 했다면 당신도 할 수 있다.

능력을 레벨 업 해라

아나킨 스카이워커의 여정은 여덟 살 때 타투인 행성에서 가족의 생계를 위해 비행선 경주에 나서는 것으로 시작된다. 이후 그는 〈스타워즈〉 시리즈 중 세 편에 걸쳐 포스와 광선 검 사용법을 훈련해 은하계 최강의 제다이로 등극한다.

캣니스 에버딘의 여정은 열여섯 살 때 12구역에서 어머니와 여동생을 위해 불법 사냥을 하는 것으로 시작된다. 캣니스는 살인 시합인 헝거 게임에 자원한 후 노련한 궁수이자 전략가로 성장하며 의외의 동맹을 결성하고 캐피톨의 압제에 맞서는 저항군의 선봉이 된다. 모든 역경을 극복하고 전 국민에게 희망과 저항의 상징인 전설의 모킹제이로 등극한다.

그리고 내가 좋아하는 애니메이션 〈아바타: 아앙의 전설Avatar:The Last Airbender〉에서 우리의 주인공 아앙은 작은 마을에서 공기 원소를 다루는 능력 때문에 고생하는 소년으로 여정을 시작한다. 아앙은 여러 시즌에 걸쳐 세계를 탐험한 끝에 4대 원소(흙, 공기, 물, 불)를 모두 능숙히 다루는 강력한 아바타로 등극한다. 끝에 가서는 불의 제왕 오자이와 결전을 벌여 마침내 세계의 멸망을 막는다.

이 세 가지 이야기는 물론이고 수천 년간 탄생한 수많은 이야기에서 우리가 내면에서 더 강력한 힘을 느끼는 방법을 찾을 수 있다. 주인공은 항상 풋내기 수련생으로 이야기를 시작한다. 이후 우리가 보고, 읽고, 듣는 동안 그는 큰 장애물을 극복하며 성장한다. 그 과정에서 이전의 성공이 다음번 성공의 모태가 되고, 그것이 또 다음번 성공의 모태가 된다.

우리의 친구 앨버트 밴듀라는 이러한 학습 경험을 지칭하기 위해 '직접 숙달 경험enactive mastery experience'이라는 근사한 용어를 만들어 냈다.[8] 직접 숙달은 조금 전에 알아본 간접 숙달과 반대되는 개념이다. 밴듀라에 따르면 직접 숙달 경험은 행동에 의한 학습 과정을 가리킨다.

행동에 의한 학습은 인간 심리에서 가장 강력한 기제에 속한다. 그리고 우리가 자신의 힘을 강하게 느끼기 위해 필요한 두 번째 핵심 전략이다. 왜 그럴까? 어떤 일을 많이 할수록 통제감이 커지기 때문이다. 배우면 능력이 레벨 업 된다. 그러면 자신감이 커진다. 그리하여 내면에서 더 강한 힘을 느낀다.

실험 3: 초심

이런 학습 경험이 흥미로운 이유는 비교적 쉽게 우리 삶에 접목할 수 있기 때문이다. 아무리 노력해도 진전이 없는 듯한 영역에서도 직접 숙달의 위력을 발휘할 수 있다.

직접 숙달을 활용하는 방법 중에서도 나는 필 잭슨Phil Jackson의 이야기에서 배운 방법을 가장 좋아한다. 농구를 좋아하는 사람이라면 잭슨을 모르지 않을 것이다. 아마 그가 1980년대에 시카고 불스의 문화를 바꾼 지도자이고, 1990년대에 그의 지휘하에 불스가 황당할 정도로 많은 NBA 우승을 거머쥐었으며(참고로 총 여섯 번이다), 마이클 조던이 전설로 등극하는 데 기여한 감독이 바로 잭슨이라는 사실 정도는 알 것이다.

하지만 잭슨의 스포츠 철학이 뜻밖에도 선종에서 비롯됐다는 사실을 아는 사람은 별로 없을 듯하다.

선종은 명상을 영적 각성의 수단으로 중시하는 불교 종파다. 선종에서는 각자 내면을 들여다보고 스스로 현실의 실체를 이해하는 길을 찾으라고 가르친다. 잭슨은 선종의 가르침이 모든 성공의 근간이 됐다고 밝혔다.

지도자로서 잭슨이 자주 언급한 선종의 개념 중 하나가 '초심', 즉 초보자의 마음이다. 초심은 모든 일과 상황에 초보자와 같이 호기심 많고 개방적이며 겸손하게 임하는 태도를 뜻한다.

초보자의 마음이 어떤 분야의 전문성을 키우는 데 도움이 된다니 이상하게 들릴 수 있다. 초보자는 뭐가 뭔지도 모르는 사람이라는 뜻 아닌가? 하지만 그렇기 때문에 사물과 현상을 새로운 시각에서 볼 수 있고, 그래서 초심이 엄청난 위력을 발휘한다.

당신이 오랫동안 갈고닦은 기술을 생각해보자. 아마도 어느 순간부터 정해진 방식으로 그 기술을 쓰고 있을 것이다. 예를 들어 그리기를 좋아한다면 얼굴을 그릴 때 먼저 그리는 부위가 있을 것이다. 스포츠를 좋아한다면 이미 오래전부터 어떤 포지션이 자신의 능력에 제일 잘 맞는다고 생각했을 것이다. 이렇듯 경험이 쌓이면 예전보다 훨씬 확고한 방식이 생긴다.

하지만 초보자는 그런 고정 관념이 없다. 초보자는 실패를 무릅쓰고 선뜻 시도한다. 얼굴을 그릴 때 어느 부위든 마음이 동하는 곳부터 그린다. 경기장에서 망신을 당할지언정 어떤 포지션으로든 뛰기만 하면 그만이다. 더 편하게 실수를 감수한다. 그런 실수야말로 학습의 필수 요소다.

새로운 시각으로 세상을 보려고 하면 이런 학습 과정을 훨씬 오래 지속할 수 있다. 그래서 시카고 불스는 획일적 경로나 전략에 의존하지 않고 매 순간 열린 마음으로 경기에 임했다. 잭슨은 그런 자세야말로 불스가 거둔 성공의 토대라고 말했다.

그렇다면 어떻게 초보자의 시각을 우리 삶에 접목할 수 있을까? 간단한 사실을 자각하는 데에서 시작한다.

예를 들어 기업에서 일하는 사람에게 초심은 '숙련자'가 기존의 방식과 사례에 대한 믿음에 구애되는 반면 초보자는 새로운 해법을 모색하고 새로운 시장이나 기회를 탐색한다는 사실을 자각함으로써 혁신과 실험을 수용하는 것을 의미할 수 있다. 작가나 작곡가 같은 창작자에게 초심은 의도적으로 다른 기법에 관심을 두고 의도적으로 자신과 스타일이 다른 사람들과 협업하는 것이 될 수 있다. 초보자는 어떻게 하면 된다는 선입견이 없기 때문에 일단 시도한다.

자신이 모든 것을 안다는 생각, 혹은 모든 것을 알아야만 한다는 생각을 버리면 오히려 더 강한 힘을 느낄 수 있다. 그래서 초심이 있을 때 우리는 더 강한 호기심, 겸손, 회복 탄력성으로 난관에 대응하고, 그것이 학습에 도움이 된다.

실험 4: 프로테제 효과
—

심리학 학위를 받기 위해 공부할 때 평균적으로 맏이의 지능 지수IQ가 동생보다 조금 더 높다는 사실을 알고 기뻤다. 어렸을 때 동생이 왜 그리 밉상인지 항상 궁금했는데 그 해답을 찾은 거였다.

과학자들은 오랫동안 이 현상의 이유를 탐구했다. 일반적으로 부모가 맏이에게 더 많은 시간과 에너지를 쏟기 때문일까? 대체로 맏이가 어른들과 더 많이 어울리고, 그래서 어휘력이 더 잘 발달하기 때문은 아닐까? 혹은 통상적으로 부모가 만이에게 더 큰 기대를 하니까 학교생활을 더 열심히 해서 그런 걸까?

아직 의견이 분분하지만 2009년 스탠퍼드대학교 교육대학원의 연구에서 재미있는 해석이 등장했다.[9] 연구진은 8학년(우리나라 중학교 2학년에 해당하며 보통은 중학교의 마지막 학년이다—옮긴이) 학생 예순두 명을 무작위로 두 집단으로 나눈 후 생물학 수업을 듣게 했다. 첫 번째 집단은 수업 후 시험에서 좋은 점수를 받는 것을 목표로 평소처럼 공부하라는 지시를 받았다. 두 번째 집단은 수업 내용을 컴퓨터가 만든 아바타에게 가르쳐서 그 디지털 '학생'의 성취도를 기준으로 평가를 받을 것이라는 안내를 받았다.

수업 후 두 집단은 똑같이 수업 내용에 대한 이해도를 평가하는 시험을 쳤다. 그러자 컴퓨터가 만든 학생에게 수업 내용을 가르친 두 번째 집단이 혼자 시험을 준비한 첫 번째 집단보다 좋은 성적을 거두는 특이한 결과가 나왔다. 똑같은 상황에서 똑같은 내용을 배웠는데 남을 가르쳐야 하는 학생들이 내용을 더 잘 이해했다. 연구진은 이 현상을 '프로테제 효과protégé effect'라고 부르기로 했다.[10]

이후 인간 지능을 연구하는 학자들은 바로 이런 현상 때문에 만이가 평균적으로 IQ가 더 높고 학교 성적도 더 좋다고 주장했다.[11] 만이는 동생의 선생 혹은 멘토 역할을 한다. 나도 그랬지만 보통은 만이가 동생의 숙제를 돕고, 세상에 대한 질문에 답하고, 부족하나마 경험과 지혜를 전수한다.

프로테제 효과를 통해 우리 삶에서 학습 경험을 늘릴 또 다른 방법을 알 수 있다. 철학자 세네카는 퀴 도케트 디스키트qui docet discit, 번

역하자면 '가르치는 사람은 배운다'라고 말했다. 프로테제 효과의 위력을 알면 어떤 위치에서든 '선생' 역할을 맡기가 훨씬 쉬워진다.

예를 들어 소프트웨어 개발자라면 후배 개발자나 인턴의 멘토로 나설 수 있다. 다른 사람에게 복잡한 코딩 개념과 요령을 설명하려면 자신도 그만큼 깊이 생각해야만 하기 때문에 이해가 깊어지고 실력이 향상된다.

만일 영업직이라면 신입 사원을 교육하거나 팀원들을 위한 연수 프로그램을 진행할 수 있다. 다른 사람들에게 자신의 기술과 전략을 설명하다 보면 실력이 향상되고 영업이란 업무에 관해 새롭게 깨닫는 부분이 있을 것이다. 그리고 동료들의 실력도 향상되어 결과적으로 팀 전체에 이득이 된다.

○   권위자가 될 필요는 없다.
  안내인으로 충분하다.

혹시 자신에게 감히 남을 가르칠 '자격'이 있겠냐고 생각한다면 많은 경우에 우리에게 가장 좋은 스승은 겨우 한 걸음 앞선 사람이라는 사실을 기억하자. 그러니까 누구나 선생이 될 수 있다.

권위자가 될 필요는 없다. 안내인으로 충분하다.

일의 주인이 돼라

심리학자 에드워드 데시 Edward Deci 는 1970년대 초부터 간단한 질문을 파고들었다. 무엇이 어려운 일을 하는 동기가 되는가?

데시가 연구자의 길을 선택한 후로 줄곧 흥미를 느낀 주제였다. 1970년에 카네기멜런대학교에서 박사 학위를 받은 그는 겨우 1년 만에 사람들에게 소마큐브(루빅큐브와 비슷한 퍼즐)를 풀게 한 실험 결과를 논문으로 발표해 학계에 큰 영향을 미쳤다. 이 연구에서 퍼즐을 풀면 금전적 보상을 받기로 한 사람들이 그렇지 않은 사람들보다 대체로 즐거움을 덜 느끼고 보상이 없어진 후에 포기를 더 많이 하는 의외의 현상이 나타났다.

이를 보면 물질적 보상이 열의를 키우기는커녕 줄이는 것 같았다. 그래서 데시는 물질적 보상을 제시하면 특이하게도 동기가 위축될 수 있다고 결론을 내렸다.

1977년에 데시는 역시 젊은 심리학자인 리처드 라이언^{Richard Ryan}을 만나 연구자로서 동지 관계를 형성했고, 이로써 훗날 동기에 관한 세간의 인식을 바꿨다. 라이언과 데시는 20년에 걸친 연구 끝에 우리가 힘든 일을 하는 이유에 관한 완전히 새로운 해석을 내놓았다. 그 백미는 1981년에 발표한 '자기 결정 이론^{self-determination theory}' 이었다.

그 전에는 주로 보상과 처벌 같은 유인에서 동기가 발생한다는 게 과학계의 중론이었다. 하지만 데시와 라이언의 주장은 달랐다.

그들은 독자에게 '외적^{extrinsic}' 동기와 '내적^{intrinsic}' 동기를 양끝에 둔 스펙트럼을 생각해보라고 했다. 내적 동기는 성취감, 호기심, 진정한 학습욕 등 내부 요인에서 비롯된다. 외적 동기는 임금 인상, 물질적 보상, 사회적 인정 등 외부 요인에서 발생한다. 그렇지만 동기라고 다 같은 동기가 아니다. 자기 결정 이론에 따르면 내적 동기가

동기 스펙트럼

외적 동기

☐ 보상과 처벌
☐ 사회적 인정
☐ 목표 성과

내적 동기

☑ 성취감
☑ 호기심과 학습욕
☑ 성장

외적 동기보다 훨씬 더 강력하다.[12] 오래 지속되는 동기는 내면에서 나온다.

하지만 데시와 라이언의 이론은 거기서 끝이 아니었다. 그들은 내적 동기를 강화할 수 있다는 것도 증명했다. 이미 1980년대에 그들은 내적 동기를 증진하는 몇 가지 요인을 규명했고, 그 핵심은 '자율성'이었다. 다른 말로 주인의식이다. 그리고 이게 바로 우리와 우리의 일에 에너지를 더하는 원천으로서 자신의 힘에 대한 감각을 강화하는 요인 중에서 마지막으로 살펴볼 부분이다.

데시와 라이언은 인간이 자신의 행동을 선택할 힘을 느낄 때 내적 동기가 발생해 열의를 발휘할 가능성이 훨씬 크다고 주장했다. 소마 큐브 실험에서 금전적 보상이 동기를 감소시킨 이유도 여기 있었다. 그런 상황에서 사람들은 자신이 그 일의 '주인'이라고 생각하지 않고 그저 외적 보상 때문에 그 일을 한다고 생각한다. 통제감이 약해지고 그에 따라 동기도 약해진다.

우리 삶에서도 마찬가지다. 우리는 통제권을 원하기 때문에 상사와 부모의 간섭을 싫어한다. 통제권을 원하기 때문에 어릴 때 자기 방을(성인이 되어서는 자기 집을) 꾸미고 싶어 한다. 그리고 자기 삶에 대한 통제권을 빼앗기면, 예를 들어 감옥에 갇히거나 못마땅한 직업에 매이면 몸과 마음의 건강이 크게 상할 수 있다.

문제는 통제권을 확보하기가 항상 쉽진 않다는 것이다. 물론 평소에 주인의식을 강하게 느끼는 직업군도 있다. 성공한 사업가는 자율적으로 회사를 운영할 수 있다. 디지털 노마드는 전 세계를 누비며 발길 닿는 대로 아무 카페나 들어가서 일할 수 있다. 다른 사람들은 그렇지 않다. 호텔 프런트 직원은 반드시 그 자리에서 손님을 맞아야 하므로 재택근무를 선택할 수 없다. 수련의는 환자를 빠짐없이 진찰해야지, 무례한 환자를 건너뛸 수 없다.

하지만 주인의식이 그토록 강력한 요소인 이유는 거의 모든 상황에서 발휘할 수 있기 때문이다. 우리는 마음에 들지 않는 상황에 처하면 체념하기 일쑤다. '이 집에 살기 싫지만 내 힘으로는 이사할 수 없어.' '이런 관계를 지속하기 싫지만 내 힘으로는 개선할 수 없어.' '이 일이 따분하지만 내 힘으로는 못 바꿔.'

간혹 그런 생각이 옳을 때도 있다. 정말로 우리가 아무것도 할 수 없는 경우가 있다. 하지만 대부분의 경우에 우리는 생각보다 강한 주체성을 발휘할 수 있다. 설령 전체 상황을 좌우할 수 없다면 그중 일부만이라도 어떻게 해볼 수 있다. 우리가 자각하지 못할 때조차 우리에게는 통제권이 있다.

실험 5: 과정의 주인이 돼라
—

열악한 상황에서도 주인의식을 발휘하는 인간의 놀라운 능력을 보여주는 예로 나는 FiletOfFish1066의 사례를 좋아한다.[13]

2016년 6월에 온라인 커뮤니티 레딧Reddit에서 FiletOfFish1066이라는 계정을 쓰는 남성이 직장에서 해고당한 이야기가 화제를 모았다. 그는 한 회사에서 소프트웨어 개발자로 6년 동안 근무했고 주업무는 품질 보증 부서에서 소프트웨어를 테스트하는 일이었다. 따분하기 짝이 없었다. 매일 하는 일이라고는 늘 똑같은 시나리오에 따라 늘 똑같은 소프트웨어를 늘 똑같은 방식으로 테스트하는 게 전부였다.

그래서 FiletOfFish1066은 묘안을 찾았다. 입사 후 8개월간 상사 몰래 업무를 자동화하는 소프트웨어를 개발했다. 이후로는 그 프로그램이 자동으로 돌아가며 품질 보증 테스트를 완벽히 처리했다. 모든 게 순조로웠기 때문에 상사는 그가 일을 잘하고 있는지 들여다보지 않았다. 그가 해고당한 후 레딧에 올린 게시물에는 "한 6년 전부터 지금까지 회사에서 아무것도 안 했어. 농담이 아니야. 주 40시간씩 사무실에서 〈리그 오브 레전드〉도 하고 레딧도 보고 그냥 내 맘대로 살았지. 6년 동안 진짜로 일한 시간은 50시간이나 되려나? 뭘한 게 없어. 근데도 아무도 눈치 못 채더라니까"라고 적혀 있다.

하지만 FiletOfFish1066의 기발한 수법은 6년 만에 IT 부서 직원에게 덜미를 잡혀 상사에게 보고된다. 그는 겁도 없이 업무를 자동화한 죄로 회사에서 쫓겨났다.

물론 FiletOfFish1066이 직장 생활을 잘했다거나 타의 모범이 된다는 말은 아니다. 하지만 그의 행동에서 우리가 독립성을 보장받지 못하는 상황에서조차 주인의식을 발휘하기 위한 첫 번째 방법의 힌트를 얻을 수 있다. 상황의 주인이 되지 못한다면 과정의 주인이 되면 된다.

○ 상황의 주인이 되지 못한다면
  과정의 주인이 되면 된다.

FiletOfFish1066은 상사의 지시를 받는 입장에서 자신이 무엇을 해야 하는지에 관해서는 주인이 될 수 없음을 알았다. 하지만 그 일을 어떻게 해야 하는지에 관해서는 주인이 되기로 했다. 그는 테스트 대상 소프트웨어, 상사의 지시 사항, 근무 시간 등 많은 것에 전혀 영향을 미칠 수 없었다. 그러나 전적으로 그의 손에 달린 것 역시 많았다. 예를 들면 지시 사항을 처리하는 방법, 시간을 관리하는 방법, 주어진 도구를 활용하는 방법이 그랬다. 그래서 업무를 자동화하면 되겠다고 판단해 8개월간 그 목적에 부합하는 시스템과 프로세스를 만들었다.

여기서 우리 모두가 배워야 할 점이 있다. 어떤 일의 결과가 타인의 손에 달렸을 때에도 웬만하면 우리가 그 과정의 주인이 되는 방법은 존재한다는 것이다. 만일 당신이 고객 지원 부서 직원이라면 회사의 방침을 마음대로 바꿀 수는 없다. 하지만 고객을 응대하는 방법은 선택할 수 있다. 고객의 우려와 불만을 경청하고 공감하며 창의적 해법을 찾으려 노력할 수 있다.

만일 당신이 교사라면 커리큘럼을 마음대로 바꿀 수는 없다. 하지만 수업 방식은 선택할 수 있다. 학생들의 집중을 유도할 기발한 방법을 찾고 재미있는 활동으로 이해도를 높이며 개별 피드백으로 성적을 향상할 수 있다.

만일 당신이 공장이나 조립 라인에서 일한다면 목표 생산량을 마음대로 바꿀 수는 없다. 하지만 그 과정에 어떻게 기여할지는 선택할 수 있다. 업무 효율을 키울 방법과 잠재적 품질 문제를 발견할 방법을 찾고, 공정을 개선할 방법을 건의할 수 있다.

어떤 일이든 자기 방식대로 처리하면 막강한 힘을 느낄 수 있다. 힘을 쏙 빼놓는 상황에서도 마찬가지다.

실험 6: 마음가짐의 주인이 돼라
—

내적 동기를 강화하는 마지막 방법은 수련의 시절에 개발했다. 그 계기는 산부인과 병동에서 종일 일하고 퇴근하기 직전에 생긴 일이었다. 막 퇴근 준비를 하는데 간호사 한 명이 와서 "알리 선생님, 4번 침대 환자한테 정맥 주사 좀 놔주실 수 있죠?"라고 물었다.

가슴이 철렁했다. 정맥 찾기가 어려운 환자라 주사를 놓으려면 퇴근이 못해도 30분은 늦어질 게 뻔했다. 주사 세트를 챙기자니 내색은 안 했지만 부아가 치밀었다. 몇 분만 더 일찍 나섰으면 야간 근무자에게 넘어갔을 일이었다. 그랬으면 이미 차를 몰고 오디오 북을 들으며 귀가하는 길에 맥도날드 햄버거도 하나 포장했을 것이다. 하지만 꼼짝없이 남아서 그 귀찮은 일을 처리해야 했다.

그때 다른 침대의 환자가 남편에게 하는 말이 들렸다. 우리 병원이 너무 좋고 의사와 간호사들이 잘 봐줘서 고맙다는 말을 쏟아내고 있었다. 문득 그런 생각이 들었다. 나는 그동안 의료인으로 교육받고 수련한 기술을 이용해 첫아이를 임신한 12주 차 젊은 임신부에게 정맥 주사를 놓으려 하고 있었고, 밤새 주사액이 들어가면 환자는 구역질이 완화될 거였다. 그러면 환자의 컨디션이 훨씬 좋아지고 태아의 성장에도 도움이 된다.

그런데 어떻게 툴툴거릴 수 있단 말인가? 이건 내가 택한 일이었다. 내가 8년 동안 의료인으로 훈련받은 것은 내 앞에서 힘들어하는 환자에게 도움을 줄 수 있는 사람이 되기 위해서였다. 그런데 막상 도움을 줄 기회가 생기니까 고작 몇 분 더 근무하게 됐다고 불평이라니!

생각해보니 정맥 주사를 놓고 말고는 내가 선택할 수 있는 문제가 아니었다. 하지만 마음가짐mindset은 선택할 수 있었다. 작가 세스 고딘의 인터뷰에서 처음으로 접했던 발상의 전환법이 생각났다. 얼굴을 잔뜩 찌푸리고 '내가 왜 이 일을 해야 하지?'라고 생각하는 건 내 선택이다. 하지만 나는 다른 생각을 선택할 수도 있다. '내가 이 일을 선택한다'라거나 '나는 이 일을 할 기회를 잡을 거야'라고 생각할 수 있다. 한발 더 나아가 '이 일을 할 수 있어서 고맙다'라고 생각할 수도 있다.

이렇게 '해야 한다'에서 '선택한다'로 마음가짐이 바뀌자 싱긋 웃으면서 경쾌한 걸음으로 환자에게 주사를 놓으러 갈 수 있었다.

이 기법은 내가 처음 사용한 게 아니다. 2021년에 일단의 연구자들이 과연 자기 행동의 주인이라는 생각만으로 사람의 인식과 행동이 바뀌는지 알아보기 위한 목적으로 기발한 연구들을 고안했다.[14] 그들은 참가자를 무작위로 두 집단으로 나눠 한 집단에게 전날 선택한 것 세 가지를 적게 했다. 예를 들면 "나는 어제 아침에 일찍 일어나는 것을 선택했다", "나는 점심으로 라면을 선택했다", "나는 두 번째 알람이 울릴 때 일어나서 하루를 시작하는 것을 선택했다" 하는 식이었다. 다른 집단은 "나는 아침을 먹었다", "나는 쇼핑을 했다", "나는 헬스장에 갔다"처럼 그냥 전날 한 행동을 적으라고 했다.

두 집단 모두 작성을 마친 후에 연구진은 참가자들이 더 넓은 시야로 자신의 삶을 돌아보게 했다. 그 일환으로 참가자들은 "나는 근육이 얼마나 잘 발달했는가?", "나는 육체적으로 얼마나 강인한가?", "나는 얼마나 체격이 좋은가?" 같은 질문을 통해 신체 건강을 5점 척도로 평가했다. 그러자 자신의 선택을 기억했던 사람들이 통제 집단보다 자신의 근육, 강인함, 체격에 훨씬 높은 점수를 줬다. "선택의 현저성이 커지면 자기 팽창감self-inflation이 커지고 (중략) 자신이 타인과 분명히 다르고 타인보다 크고 강한 사람이라는 느낌이 강해졌다." '해야 한다'에서 '선택한다'로 마음가짐을 바꿨을 뿐인데 자신의 통제력과 힘을, 결과적으로 자신의 능력을 더 강하게 느꼈다.

당신도 그렇게 할 수 있다. '해야 한다'라는 말은 강압적인 어감으로 스스로 무력감을 느끼게 한다. '선택한다'라는 말은 자율성을 강조해 힘을 느끼게 한다. 어떤 일을 해야만 한다는 생각이 들면 다시 생각해보자. 어떤 선택으로 그 순간에 이르게 됐는가? 그리고 '해야 한다'를 '선택한다'로 바꿀 방법이 있는가? 만약에 정말로 자신이 선택하지 않은 일을 하고 있다면 그 일을 처리하는 방식과 관련해 무엇을 선택할 수 있겠는가?

오스트리아의 심리학자로 제2차 세계 대전 당시 아우슈비츠 강제 수용소에서 생존한 빅터 프랭클은 선택의 힘을 멋진 문장으로 표현했다. "인간에게서 모든 것을 빼앗아 가도 절대로 빼앗을 수 없는 것이 하나 있다. 그것은 인간이 누리는 자유의 마지막 조각으로, 바로 어떤 조건에서든 자신의 태도를 선택할 자유, 곧 자신의 길을 선택할 자유다."

★ '힘'이란 말을 꼭 무섭게 받아들일 필요 없다. 두 번째 에너지원이 힘이라는 말은 타인을 통제하라는 의미가 아니다. 여기서 힘은 자신의 일, 삶, 미래를 스스로 통제하는 힘을 말한다.

★ 이제부터 내면에서 느껴지는 힘을 더 강하게 만들 방법이 세 가지 있다. 첫 번째는 자신감을 키우는 것이다. 우리는 자신감이 변하지 않는다고 생각하지만 사실 자신감은 외부의 영향을 매우 잘 받는다. 그러니까 '자신감 스위치'를 켜고 **이미** 자기 확신이 충만한 사람처럼 행동하자.

★ 다음으로, 능력을 레벨 업 하자. 이렇게 한번 생각해보자. 만약에 내가 이 일에 입문하는 사람이라면 어떻게 할까? 그리고 내가 아직 전문가는 아니지만 어떻게 하면 다른 사람들을 가르칠 수 있을까?

★ 끝으로, 원하는 만큼 통제력을 발휘할 수 없는 순간에도 주인의식을 발휘할 길을 찾자. **무엇**을 할지는 선택할 수 없어도 **어떻게** 할지는 선택할 수 있음을 명심해라. 결과는 당신이 어쩔 수 없는 영역일지 모른다. 하지만 대부분의 경우에 그 과정은, 그리고 분명히 당신의 마음가짐은, 당신 손에 달렸다.

3장

사람

어떤 사람과 만나거나 같이 일하고 나서 세상에 못 할 일이 없을 것 같은 기분이 들었던 적이 있는가? 그런 사람은 당신의 정신을 고양하고 에너지를 불어넣는다. 당신은 그 사람 주변에 있고 싶다.

반대로 만나거나 말만 섞었다 하면 맥이 빠지고 고단해지는 사람도 겪어본 적 있을 것이다. 그런 사람은 마치 상대방의 기분과 의욕에 그림자를 드리우는 것 같다. 사람들은 그런 사람을 전염병처럼 피하는 법을 배운다. 그것도 아주 빨리 배운다.

내 친구는 후자를 '에너지 뱀파이어'라고 부른다. 그들은 사회적 상황에서 피를 쪽쪽 빨아먹어서 다른 사람들을 모두 지치게 만든다. '에너지 뱀파이어'라는 말을 처음 들었을 때 너무 심하고 너무 허구적인 말이라고 생각했다. 하지만 친구 말에 일리가 있었다.

과학계에서는 오래전부터 '관계 에너지relational energy'라는 것의 존재를 알았다.[1] 즉 타인과의 상호 작용이 우리 기분에 큰 영향을 미칠 수 있다는 사실을 알았다. 심리학 교수 롭 크로스Rob Cross, 웨인 베이커Wayne Baker, 앤드루 파커Andrew Parker는 2003년에 발표한 논문에서 '에너지 지도energy map'라는 개념을 제시했다.[2] 그들은 몇몇 초거대 기업의 컨설턴트 및 관리자와 함께 조직 내에서 누가 누구와 일하고 어떤 사람이 다른 사람의 에너지 수준에 어떤 영향을 미치는지 살펴봤다. 그 결과는 어땠을까? 그처럼 거대한 조직들에서도 에너지 전파자(그리고 에너지 흡수자)가 누구인지에 대해 놀라운 수준의 의견 일치가 드러났다. 개중에는 주변 사람들에게 악몽 같은 존재도 있었다.

그 후 관계 에너지는 조직 행동학계에서 가장 인기 있는 용어가 됐다. '타인과의 상호 작용에서 발생하는 직접적인 결과로서 자신의 역량이 향상됐다는 긍정적 기분과 감각'으로 정의되는 관계 에너지를 주제로 다룬 논문은 2010년에만 해도 고작 여덟 편에 불과했다. 하지만 2018년에는 여든 편에 육박했다.

이 관계 에너지에서 우리의 마지막 에너지원을 알 수 있다. 바로 사람이다. 앞선 2003년 논문에서 드러났듯이 타인이 우리의 기분을 좋게 만들고 생산성을 키울 수 있다. 하지만 무조건 그렇지는 않다. 그래서 우리가 타인과 어떻게 상호 작용하는지를 깊이 생각해봐야 한다. 이 장에서는 주변 사람들을 통해 더 많은 에너지를 느끼고 중요한 일을 더 많이 하는 방법들을 알아볼 것이다.

현장을 찾아라

다른 사람이 우리의 기분을 증진하는 효과를 알기 위해 우선 찾아갈 곳은 1970년대 글램 록glam rock(1970년대 초에 영국에서 시작된 록의 한 장르로 화려한 패션이 특징이다―옮긴이)의 세계다.

1970년대가 시작될 때만 해도 브라이언 이노Brian Eno는 앞으로 그저 무난한 인생에 만족하며 살 것처럼 보였다. 윈체스터예술학교Winchester School of Art를 갓 졸업한 그는 그동안 몇 차례 전위적 음악 프로젝트에 참여한 경험이 있었다. 특이한 아트 록art rock(1960년대에 태동한 록의 한 장르로 클래식, 재즈 등을 차용하는 것이 특징이다―옮긴이) 밴드에서 드럼을 치고 낡은 카세트 녹음기로 특이한 노래를 녹음하는 등 남다른 시도를 했지만 모두 흐지부지 끝나버렸다. 그래서 이제는 런던 록 음악계에서 아는 사람만 알고 좋아하는 연주자로 살 것 같았다.

그런데 1971년의 어느 날, 역시 런던에서 활동하는 연주자를 우연히 만난 후 모든 것이 바뀌었다. 이노는 기차를 기다리던 중에 친분이 조금 있던 색소폰 연주자 앤디 매케이Andy Mackay를 만나 그가 연주하는 클럽에 초대를 받았다. 그들이 공연장에 들어섰을 때 장내는 열광의 도가니였다. 한껏 달아오른 사람들이 발산하는 에너지가 이노를 휘감았다. 훗날 그는 당시를 회상하며 "만약에 그때 내가 승강장에서 10미터만 더 걸어갔거나 그 기차를 놓쳤다면, 아니면 다음 칸에 탔더라면 지금쯤 미술 교사로 살고 있었을 것"이라고 말했다.

다행히 그는 활기차고 열광적인 공연 현장에 갔다. 그 후로 몇 주 동안 그는 만나는 사람마다 붙잡고 음악 이야기를 했다. 그러다 보니 어느새 일생일대의 예술 작품을 만들고 있었다. 이노는 매케이와 함께 글램 록 밴드 록시 뮤직Roxy Music을 결성해 록 음악계에 큰 영향을 미치고 급기야는 20세기에 가장 중요한 뮤지션이자 프로듀서 중 한 명으로 꼽히게 된다.

나중에 그는 그 독특한 음악 공동체가 자신의 커리어를 시작하는 데 중대한 영향을 미쳤다고 회고했다. 그는 당대에 가장 혁신적이고 선구적인 뮤지션들이 독립적으로 일한 것이 아니라 모두 거대한 현장scene의 일원이었음을 깨달았다. 그 현장에서 수많은 뮤지션, 프로듀서, 팬이 서로를 자극해 새로운 음악과 아이디어를 탐색하게 만들었다. 이노는 집단적 현장에서 발현되는 천재성을, 그의 표현을 빌리자면 시니어스scenius(현장을 뜻하는 'scene'과 천재를 뜻하는 'genius'를 조합한 말로 공동체의 구성원이 상호 작용을 통해 더 우수한 능력을 발휘하는 현상을 뜻한다―옮긴이)를 일찌감치 알았던 것이다.

나도 시니어스의 감각을 직접 경험했다. 의대에 다닐 때 나는 그 경쟁적인 분위기가 싫었다. 다들 가장 우수한 성적을 거두고 가장 좋은 상을 받고 가장 좋은 곳에 수련의로 배정되기 위해 혈안이 되어 있었다. 그 경쟁심이 선을 넘는 경우도 종종 있었다. 내가 아는 사람은 도서관에서 다른 사람이 못 보게 하려고 똑같은 교재를 여러 권 독차지했다. 그런 환경에서는 인생을 내가 이기려면 다른 사람이 패해야 하는 제로섬 게임으로 보기 쉽다.

하지만 결국 나는 동료 관계를 다르게 보는 관점도 존재한다는 사실을 알아차렸다. 의대는 경쟁의 장이 아니었다. 우리는 모두 동일한 현장의 일원이었다. 그렇게 생각을 바꾸자 우리는 혼자라면 누리지 못했을 응원의 힘을 만끽할 수 있었다.

실험 1: 동지 의식

—

어떻게 하면 일상에서 시니어스를 의식할 수 있을까? 그 답은 작은 변화에서 출발한다. 협동을 재정의하는 것이다.

흔히 '협동'이라고 하면 공평하게 분업하는 것이나 곤란한 상황에 빠진 사람을 도와주는 것처럼 어떤 행위를 상상한다. 하지만 다른 관점에서 협동을 볼 수도 있다. 행위보다 인식에 더 무게를 두는 관점이다.

○ **협동은 분업만이 아니라**
심리 상태도 의미한다.

그냥 하는 말이 아니라 이는 스탠퍼드대학교 그레고리 월턴Gregory Walton 교수와 프리양카 카Priyanka Carr 교수가 권하는 방법이다.[3] 월턴과 카는 협동이 분업만이 아니라 심리 상태도 의미한다고 주장한다. 2014년에 논문으로 발표한 연구에서 그들은 참가자 서른다섯 명을 3~5인 1조로 나눴다. 참가자들은 조원들끼리 만나 인사를 나눈 후 각자 독방으로 들어갔다. 연구진은 각 참가자에게 퍼즐을 제시하고 길든 짧든 시간은 마음대로 써도 괜찮다고 말했다.

퍼즐을 풀기 시작하고 몇 분이 지났을 때 모든 참가자는 손 글씨로 힌트가 적힌 쪽지를 받았다. 힌트는 모든 사람에게 동일했다(그리고 실제로 도움이 됐다). 하지만 결정적 차이점이 있었다. 일부 참가자는 그 쪽지를 연구진이 썼다는 말을 들었다. 나머지 참가자는 조금 전에 만났던 조원 중 한 명이 썼다는 안내를 받았다.

이 작은 차이가 참가자들의 심리에 큰 영향을 미쳤다. 연구진이 힌트를 썼다고 들은 사람들은 자신이 아까 만났던 조원들과 완전히 분리되어 문제를 풀고 있다고 느끼는 비율이 더 높았다. 방에서 뭘 했는지 물었을 때 일부는 "다른 사람들과 같은 퍼즐을 혼자서 풀었다"라고 답했다. 나란히 퍼즐을 풀었지만, 따로 푼 거였다.

반면 다른 조원이 힌트를 썼다고 들은 사람들은 팀으로 퍼즐을 풀고 있다고 느끼는 비율이 더 높았다. 그들은 자신이 "보이지 않는 파트너와 힌트를 교환하며 함께 문제를 해결하고 있다"라고 느꼈다. 방에 있을 때 어떤 기분이었는지 묻자 일부는 "다른 사람들을 실망시키지 않기 위해 열심히 퍼즐을 풀어야겠다고 생각했다"라고 썼다. 그들은 나란히 퍼즐을 푸는 데 그치지 않고, 함께 풀었다.

이처럼 작은 인식의 변화가 놀라운 효과를 일으켰다. '함께' 집단의 참가자들이 퍼즐을 풀기 위해 쓴 시간이 48퍼센트 더 길었다. 그들은 내 식으로 말하자면 동지 의식을 형성했다. 그래서 더 좋은 성과를 냈다.

어차피 혼자 푸는데 '따로 풀기'와 '함께 풀기'가 무슨 큰 차이가 있겠냐고 생각할지도 모른다. 하지만 여기서 우리가 다른 사람들에게서 에너지를 얻기 위한 첫 번째 방법의 힌트를 얻을 수 있다. 우리는 어떤 작업을 혼자 하더라도 자신을 팀의 일원으로 인식할 수 있다. 그것도 놀라울 만큼 쉽게 말이다.

비법은 옆에서 일하는 사람들을 의도적으로 같은 편이라고 생각하는 것이다. 90쪽 표를 보자. 왼 칸에서 오른 칸으로 초점을 바꾸려면 어떻게 해야 할까? 그 사람들이 경쟁자가 아니라 동지라면 상황이 어떻게 달라질까? 만일 당신이 회사원이라면 함께 일하며 서로

경쟁 의식	동지 의식
"네가 이기면 내가 져."	"네가 이기면 나도 이겨."
"내가 성공하는 거야."	"우리가 성공하는 거야."
"남들을 밟고 일어서야 해."	"서로 일으켜줘야 해."

기대고 힘이 되어줄 사람들을 모을 수 있지 않을까? 만일 당신이 학생이라면 필기 자료를 공유하거나 함께 수업 내용을 복습할 방법을 찾을 수 있지 않을까?

월턴은 "자신이 어떤 일을 함께 해결해가는 팀의 일원이라고 생각하기만 해도 더 강한 의지로 어려움에 맞설 수 있다"라고 결론을 내렸다. 힘든 상황에서는 꺾어야 할 적보다 기댈 수 있는 친구가 있는 편이 낫다.

실험 2: 동시성을 찾아라
—

물론 협력할 사람을 찾기가 항상 쉽지는 않다. 학교나 회사의 맞은편(세계의 맞은편은 말할 것도 없고)에서 공부하거나 일하는 사람을 아무리 같은 편으로 생각하려고 해도 안 될 때가 있다. 주위 사람이 그냥 골칫덩이인 경우도 있다.

그럴 때에는 두 번째 방법을 쓰면 된다. 나는 이 방법을 캐나다 라이어슨대학교Ryerson University의 세 연구자가 기발한 연구를 토대로 2017년에 발표한 논문에서 처음 접했다.[4] 그들은 협동의 과학을 연구하기 위해 학생 100명을 모집했다. 참가자들은 6인 1조로 나뉘어 헤드폰을 쓰고 리듬에 맞춰 탁자를 두드렸다. 어떤 조는 일시적으로 전부 동일한 리듬이 주어져서 전원이 동시에 탁자를 두드렸다. 또 어떤 조는 세 사람씩 나뉘어서 동일한 리듬이 주어졌다. 그런가 하면 여섯 명 모두에게 모두 다른 음악이 주어져서 동시에 탁자를 두드릴 수 없는 조도 있었다.

그 후에 연구진은 헤드폰을 수거하고 새로운 소품을 나눠 줬다. 각 참가자는 나중에 현금으로 교환할 수 있다고 하는 토큰을 열 개씩 받았다. 그들은 누구에게 그 토큰을 주고 싶었을까?

연구진의 관심사는 '동시성synchronicity'을 경험한 참가자들의 동지애였다. 그들은 음악적 동시성의 수준에 따라 모든 게 달라진다는 결과를 얻었다. 3인이 동시에 탁자를 두드리는 순간을 경험한 사람들은 그 3인조에게 토큰을 주려고 했다. 하지만 두 무리의 3인조가 동시에 탁자를 두드린 적이 있다면, 즉 순간적으로 6인조가 된 적이 있다면 사람들은 여섯 명 모두에게 토큰을 줄 확률이 더 높았다.

○   동시성을 느끼면 타인을 돕고 싶어진다.
     그리고 자기 자신도 돕고 싶어진다.

이런 결과가 타인 덕분에 기분이 좋아지는 효과와 무슨 상관이 있을까? 우리는 여기서 협동심을 만드는 중요한 요인을 알 수 있다. 우리는 타인과 동시에 일할 때 생산성이 더 커지는 경향이 있다. 동시성을 느끼면 타인을 돕고 싶어진다. 그리고 자기 자신도 돕고 싶어진다.

그 시사점은 간단하다. 타인 덕분에 기분이 좋아지는 효과를 누리려면 동시에 일할 사람을 찾으면 된다. 꼭 똑같은 일로 협력할 필요도 없다. 이 책을 쓰는 동안 나는 런던 작가 살롱London Writers' Salon에 자주 참여했다. 런던 작가 살롱은 작가의 시간Writers' Hour이라는 원격 공동 작업 모임을 무료로 운영한다. 평일에 하루 네 번씩 수백 명의 작가(그리고 일부 비작가)가 줌 화상 회의로 한자리에 모인다. 진행자가 먼저 5분간 의욕을 북돋는 메시지를 전한 후 참가자들이 채팅으로 그 시간에 뭘 할지 적는다. 그러고 나서 50분간 모든 사람이 줌 창을 최소화한 후 컴퓨터로 성실히 작업한다.

나는 요즘도 이런 동시 작업 모임을 통해 에너지를 유지하는 효과를 톡톡히 본다. 서로 다른 일을 하고 있다 해도 동시에 일하면 집중력이 대폭 향상되고 기분도 더 좋아진다.

조력자의 쾌감을 느껴라

이 가상 글쓰기 모임에서 다른 효과도 실감했다. 나는 모임에 참여하는 사람들과 점점 친해져서 얼마 후부터 줌에서 서로 응원하는 메시지를 주고받기 시작했다. 결과적으로 거기서 관계 에너지의 또 다른 차원을 알게 됐다. 바로 도움을 주고받는 행위의 효과였다.

그 효과를 앨런 룩스Allan Luks만큼 잘 아는 사람도 없다.[5] 룩스는 빅 브라더스 빅 시스터스 오브 뉴욕 시티Big Brothers Big Sisters of New York City의 대표로서 자원봉사자와 직원 수천 명을 통솔하며 뉴욕시 청소년의 삶을 개선하기 위해 함께 헌신했다. 고되기도 하고 속상할 때도 많았다. 이 단체는 주로 부모의 수감, 중독, 자살 등으로 가정이 심각한 위기에 몰린 아동과 청소년을 성인 멘토와 이어준다. 룩스는 청소년에게 큰 영향을 미치는 멘토링의 힘을 굳게 믿었다. 그래도 힘든 일이었다.

하지만 빅 브라더스 빅 시스터스의 대표가 된 지 수년이 지났을 때 룩스는 이상한 현상을 포착했다. 봉사자들이 멘토링 후 지치거나 속상해할 때가 종종 있긴 했다. 하지만 그보다는 아주 힘든 멘토링 시간을 마친 후에도 에너지가 넘치는 경우가 더 많았다. 룩스는 베푸는 행위가 도움을 받는 사람의 삶은 물론이고 봉사자 본인의 삶까지 바꿀 수 있음을 깨달았다.

이 현상에 매료된 룩스는 이후 몇 년 동안 타인을 도운 경험이 있는 봉사자 수천 명을 인터뷰했다. 그들은 모두 봉사하는 이유 중 하나가 기분이 좋아지기 때문이라고 말했다. 룩스가 인터뷰한 봉사자 중 95퍼센트가 봉사를 하고 나면 행복감, 성취감, 에너지가 증가한다고 대답했다.

왜 그럴까? 룩스가 조사해보니 우리가 타인을 도울 때 뇌에서 자연스러운 쾌감을 일으키는 화학 물질이 대거 분비됐다. 옥시토신처럼 기분 좋은 호르몬이 온몸으로 퍼져서 긍정적 에너지의 파도가 넘실댔다. 이 파도는 타인을 돕는 행위가 끝난 후에도 몇 시간, 길게는 며칠씩 유지됐다.

룩스는 '조력자의 쾌감helper's high'이 단순히 감정 차원에서만 볼 현상이 아니라고 생각했다. 조력자의 쾌감은 성장과 사회 변화를 위한, 그리고 내가 덧붙이자면 기분 좋은 생산성을 위한, 강력한 도구였다. 여기서 우리가 타인 덕분에 기분이 좋아져서 중요한 일을 더 많이 하기 위한 두 번째 방법을 알 수 있다.

실험 3: 임의의 친절 행위
—

나는 의사로 일할 때 진료 중에 짬이 나면 차를 한 잔씩 타 마셨다.

물론 나를 위한 행동이었다. 감히 말하건대 영국에서 나만큼 차 맛을 잘 아는 사람도 드물 것이다. 하지만 그럴 때마다 나만 생각하진 않았다. 식당으로 가다가 간호사실에 고개를 쏙 집어넣고 혹시 차 마시고 싶은 사람이 있는지 물었다. 이 사소한 행동이 신기하게도 팀 전체의 사기에 큰 영향을 미치는 것 같았다. 코로나19 대유행이 최고조에 이르렀을 때 고참 간호사인 줄리 선생님에게 차 한 잔 타다 드릴까 물었을 때가 생생히 기억난다. 그 표정이 마치 내가 1등 당첨 복권이라도 주겠다고 말한 것 같았다. 저렴한 티백, 뜨거운 물, 우유 몇 방울이 만든 효과였다(반드시 이 순서여야 한다).

이런 임의의 친절 행위가 우리의 일상에 조력자의 쾌감을 접목하는 첫 번째 방법이다. 잠깐 하던 일을 멈추고 임의의 타인에게 도움을 주면 엔도르핀이 분비되어 더 열심히 일할 수 있다.

물론 차를 타는 것만 그런 친절 행위에 해당하지 않는다. 친절은 매일 어떤 상황에서든 발휘할 수 있다. 만일 당신이 사무실에서 일한다면 혹시 주위에 따분해 보이거나 살짝 번아웃이 온 듯한 사람이 있지 않은가? 그렇다면 오늘은 혼자 자리에서 샌드위치를 먹을 게 아니라 그 사람에게 같이 점심 먹자고 제안하면 어떨까?

아니면 당신이 마트에 갔는데 뒷사람이 육아에 지쳤든 뭐가 됐든 스트레스를 많이 받은 것 같다고 해보자. 그러면 그 사람에게 먼저 계산하라고 양보하면 어떨까?

혹은 누군가가 당신에게 아주 사소한 것이라도 친절을 베풀었다고 해보자. 예를 들면 바쁠 때 당신의 일을 대신 해줬다. 그럴 때 직접 감사 카드를 쓰면 어떨까?

이렇게 임의로 친절을 베푸는 행위는 얼마든지 가능하다. 동료에게 커피나 차를 타주자. 친구에게 감사 카드를 쓰자. 낯선 사람에게 순서를 양보하자. 모두 사소한 행동이다. 하지만 그 효과는 결코 사소하지 않다.

실험 4: 타인에게 도움을 요청해라
—

조력자의 쾌감은 타인에게 도움을 요청하는 것이 흔히 생각하듯 상대방에게 폐를 끼치는 게 아니라 오히려 선물이 될 수 있다는 의미이기도 하다.

벤저민 프랭클린은 젊은 시절에 이를 깨달았다.[6] 미국 건국의 아버지 중 한 명으로 박학다식했던 프랭클린은 84년의 생애 동안 국정의 본질을 논하고, 필라델피아 최초의 소방서를 세우고, 미국 독립 선언서에 서명했다. 하지만 그런 것은 1737년의 그에게 너무나 먼 이야기였다. 당시 프랭클린은 펜실베이니아주 의회 서기로 재선출되기를 원했다. 그러나 그를 못마땅하게 여기는 의원이 그에게 불리한 이야기를 퍼트렸다. 그들은 그동안 사사건건 충돌하며 그냥 껄끄럽기만 하면 다행이고 대체로 서릿발처럼 차가운 관계를 이어왔다.

프랭클린은 그의 네거티브 공세를 어떻게든 멈추고 싶었다. 자칫하면 재선출이 좌절될 판이었다. 그렇지만 뭐든 자신에게 반대만 하는 사람의 마음을 사려면 어떻게 해야 할까? 프랭클린의 자서전에 따르면 그 답은 책을 빌리는 거였다. "그의 장서 중에 아주 희귀하고 흥미로운 책이 있다는 말을 듣고 그 책을 꼭 읽고 싶으니 단 며칠만 빌려달라고 부탁하는 편지를 썼다." 뜻밖에도 그의 숙적은 즉시 책을 보냈다. 프랭클린은 책을 돌려줄 때 무척 재미있게 읽었다는 쪽지를 첨부했다.

놀랍게도 이 일이 그들의 관계에 막대한 영향을 미쳤다. "다음번에 하원에서 만났을 때 그가 내게 말을 걸었다(이전에는 한 번도 없던 일이었다). 그것도 아주 정중하게. 그 후로는 그가 언제든 나를 도울 의향을 내비쳤기에 우리는 좋은 친구가 됐고 우리의 우정은 그가 세상을 떠날 때까지 변치 않았다."

책을 빌리는 사소한 행위가 프랭클린의 적대자와 프랭클린 본인에게 큰 영향을 미쳤다. 그 의원은 프랭클린의 요청에 깜짝 놀라서 그를 다시 보게 됐다. 그는 자신이 싫어하는 사람을 도왔다는 사실을 인정할 수 없었다. 그래서 프랭클린을 대하는 태도가 긍정적으로 바뀌기 시작했다.

이제는 이런 현상을 '벤저민 프랭클린 효과'라고 부른다. 우리가 다른 사람에게 도움을 요청하면 그 사람이 우리를 더 좋게 생각할 가능성이 크다. 우리가 남을 돕는 행위의 효과를 뒤집은 격이다. 우리가 남에게 도움을 요청하면 그 사람도 기분이 좋아진다.

하지만 애석하게도 대부분의 사람이 도움을 청하기를 어려워한다. 동료에게 중요한 정보를 요청하고 싶지만 괜히 '귀찮게' 할까 봐 혼자 찾느라 시간을 낭비한다. 혹은 수업 중에 잘 안 풀리는 문제가 있는데 괜히 멍청해 보일까 봐 옆에 앉은 사람에게, 심지어는 교사에게도 도움을 청하지 않는다.

그렇다면 타인에게 도움을 청해서 그 사람과 거리감을 키우기는

커녕 줄이는 요령을 어떻게 터득할 수 있을까? 몇 가지 방법이 있다. 첫째, 부탁을 망설이는 마음을 극복해야 한다. 이때 가장 쉬운 방법은 사람들이 생각보다 남을 도우려는 마음이 강하다는 사실을 기억하는 것이다. 지금까지 우리는 남을 웃게 하고, 가르치고, 멘토링하는 게 얼마나 큰 에너지를 발생시키는지 여러 번 살펴봤다. 그런데도 남들이 자신을 돕고 싶어 하지 않을 거라고 착각하는 사람이 많다. 조직 행동학자 프랜시스 플린Francis Flynn과 버네사 본스Vanessa Bohns에 따르면 우리는 타인이 우리의 부탁에 응할 확률을 많게는 50퍼센트나 과소평가하는 경향이 있다.[7]

둘째, 올바른 방식으로 요청해야 한다. 무엇보다 되도록 직접 대면으로 부탁해야 한다. 가상으로 요청하면 뭐든 더 어려워진다. 본스는 2017년에 발표한 논문에서 "도움을 요청하는 사람들은 이메일로 요청해도 직접 요청하는 것과 효과가 같으리라고 생각했다. 하지만 실제로는 직접 도움을 요청하는 것이 약 서른네 배 효과적이었다"라고 썼다.[8]

마지막으로, 올바른 표현을 사용해야 한다. "이런 거 부탁해서 정말 죄송한데요"처럼 부정적인 말은 삼가고 "이번에 도와주면 다음번에 저도 도와드릴게요"처럼 거래를 암시하는 말도 금물이다. 그 대신 굳이 그 사람에게 도움을 요청하는 이유를 긍정적으로 말하자. "당신이 한 X, Y, Z를 봤는데 정말 인상적이었어요. 당신이 A, B, C를 어떻게 했는지 들어보고 싶네요." 이렇게 당신이 높게 평가하는 긍정적인 면을 강조하면 상대방은 당신이 진심으로 자신의 의견을 존중한다고 생각해 더욱 기꺼이 요청에 응할 것이다.

마지막 부분이 핵심이다. 적절한 언어로 도움을 요청하면 도움을 받는 사람만큼 도움을 주는 사람도 기분이 좋아진다. 벤저민 프랭클린 효과를 이용하고 싶다면 모든 수단을 동원해 도움을 요청하되 절대로 대가를 암시하는 말은 쓰지 말아야 한다.

넘치도록 소통해라

　처음 사업을 시작했을 때 제일 힘든 부분이 소통이었다. 정확히 말하자면 어느 정도의 소통이 필요한지 감이 안 잡혔다.

　정보 공유가 중요하다는 것쯤은 당연히 알았다. 다만 얼마나 많이 공유해야 하는지 몰랐다. 그러다 결국에는 인내심 많은 직원들의 충고 덕분에 내가 잔소리로 비칠까 무서워서 충분한 소통을 못 하고 있음을 깨달았다. 직원들은 대부분 긍정적이든 부정적이든 피드백을 진심으로 원하는데 나는 적절히 피드백을 주지 않고 있었다. 이는 흔히 발생하는 현상이다. 우리는 적절한 소통의 분량을 과대평가하기보다는 과소평가하는 경향이 훨씬 강하다.

　　○　우리는 충분히 소통했다고 생각하지만
　　　　실제로는 충분치 않은 경우가 대부분이다.

　그래서 대부분의 책에서는 조직의 단결을 말할 때 소통을 강조하지만 여기서 나는 과잉 소통의 힘을 강조하고 싶다. 우리는 충분히 소통했다고 생각하지만 실제로는 충분치 않은 경우가 대부분이다. 우리가 공유한 정보를 다른 사람은 다르게 해석할 수 있고 애초에

서로 처한 상황이나 이해도가 달라서 오해가 생길 수 있다. 과잉 소통은 의도적으로 자신이 생각하는 최소한의 분량보다 많은 분량으로 소통해서 결과적으로 정확한 분량의 정보를 공유하는 것을 뜻한다. 그런데 어떻게?

실험 5: 좋은 것을 과잉 소통해라
—

"기쁨은 나누면 배가 되고 슬픔은 나누면 반이 된다"라는 말이 있다. 좋은 일이 있을 때 다른 사람에게 알리면 둘 다 행복해진다. 슬픈 일이 있을 때 다른 사람에게 알리면 그것만으로도 슬픔이 조금이나마 가신다.

따라서 좋은 것을 과잉 소통하는 첫 번째 방법은 긍정적인 소식을 전하고 긍정적인 소식에 활기차게 반응하는 것이다. 그러면 소식을 전하는 사람과 듣는 사람 모두에게 도움이 된다. 전달자의 입장에서는 긍정적인 소식을 나누는 것만으로 긍정적인 감정과 심리적 안녕감이 고양된다. 수용자의 입장에서는 상대방의 성취를 자랑스럽고 행복하게 여기는 마음을 표현함으로써 긍정적 교감이 발생해 관계가 더욱 돈독해진다.

이처럼 긍정적 소식이 긍정적 반응을 만나 서로 긍정적 감정이 강화되는 현상을 심리학에서는 긍정성 선용 효과capitalization라고 부른다. 관련 논문에 따르면 긍정성 선용 효과는 2단계로 나뉜다.[9] 1단계에서는 누군가(전달자)가 긍정적 사건과 그에 결부된 긍정적 감정을 타인과 나누며 교감을 시도한다. 예를 들면 친구에게 "나 드디어 연봉 인상됐어!"라고 말하는 것이다. 2단계에서는 수용자가 긍정적이

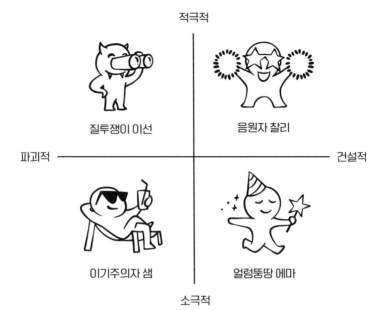

적극적

질투쟁이 이선　　　　　응원자 찰리

파괴적 ——————————————— 건설적

이기주의자 샘　　　　　얼렁뚱땅 에마

소극적

고 열렬하게 반응한다. "이야, 잘됐다. 그렇게 열심히 일했는데 당연하지!"라고 대답하는 식이다.

　간단해 보일 수 있다. 하지만 생각만큼 쉽진 않다. 왜냐하면 캘리포니아대학교 심리학 교수 셸리 게이블Shelly Gable에 따르면 우리가 좋은 소식에 반응하는 방식은 여러 가지가 있는데 모든 방식이 긍정적이진 않기 때문이다. 이는 두 가지 차원에서 생각해볼 수 있다. 첫째, 반응이 적극적인가 소극적인가. 둘째, 반응이 건설적인가 파괴적인가.

　예를 들어 귀가한 하우스메이트가 그동안 열심히 노력한 결과로 간절히 원했던 자리를 제안받았다는 소식을 전했다고 해보자. 이때 보일 수 있는 반응은 다음과 같이 네 가지로 정리할 수 있다.

- **응원자 찰리**: 적극적이고 건설적인 반응은 "와, 잘됐다! 지금까지 열심히 했잖아. 역시 이렇게 될 줄 알았어!" 같은 말이다.
- **얼렁뚱땅 에마**: 소극적이고 건설적인 반응은 웃는 얼굴로 고개를 까닥이며 "잘됐네"라고 말하는 것처럼 뜨뜻미지근한 반응이다.
- **질투쟁이 이선**: 적극적이고 파괴적인 반응은 "에이, 그러면 이제부터 바빠서 저녁에도 주말에도 잘 못 본단 말이네?"처럼 상대방의 성공을 깎아내리는 반응이다.
- **이기주의자 샘**: 소극적이고 파괴적인 반응은 "야, 오늘 나한테 무슨 일 있었는지 들으면 깜짝 놀랄걸"처럼 상대방의 좋은 소식을 깡그리 무시하는 반응이다.

게이블과 동료들은 좋은 소식에 적극적이고 건설적으로 반응할 때 전달자가 더 행복해지고 관계가 더 돈독해지는 결과를 확인했다. 2006년에 발표된 다른 논문에 따르면 연구진이 연인 일흔아홉 쌍을 대상으로 좋은 소식과 나쁜 소식을 이야기하는 모습을 녹화했다.[10] 그 결과를 보면 상대방의 좋은 소식에 보이는 반응이 그 관계가 추후 얼마나 지속될지, 그리고 그들이 관계에서 느끼는 만족도가 어느 정도인지 가장 잘 보여주는 지표였다.

그러니까 타인의 성취를 축하할 줄 알아야 한다. 가장 좋은 방법은 좋은 소식에 항상 적극적이고 건설적으로 반응하는 것이다.

다행히도 우리는 그 기술을 배울 수 있다. 우선 타인의 좋은 소식에 진심으로 기쁨을 느끼고 표현하자. "정말 잘됐다!"와 "나도 기뻐!" 같은 말을 사용하자.

다음으로는 상대방이 그 좋은 소식에 이르기까지의 과정을 당신이 적극적으로 지켜봤다는 사실을 알려주자. 아마도 당신은 그 사람이 얼마나 열심히 면접을 준비했는지, 몇 주 동안 얼마나 충실히 자격시험을 준비했는지, 그 결과를 얼마나 간절히 원했는지 직접 봐서 알 것이다.

무엇보다도 중요한 것은 그 좋은 소식이 불러올 미래에 관해 낙관적으로 말하는 것이다(단, 과한 기대로 너무 부담을 주면 안 된다). 만약에 어떤 사람이 꿈에 그리던 직장에 들어갔다면 앞으로 좋은 기회가 많이 생길 테니 당신도 기쁘다고 말하자. 만일 누군가가 재미없는 직장을 그만두고 사업을 시작했다면 앞으로 신나는 모험이 펼쳐질 테니 당신도 설렌다고 말하자.

- ○ 과잉 소통은
  상대방에게만 기운을 불어넣지 않는다.
  스스로에게도 기운을 불어넣는다.

좋은 소식이 있다면 무조건 최대한 긍정적이고 활기찬 태도로 과잉 소통하자. 과잉 소통은 상대방에게만 기운을 불어넣지 않는다. 스스로에게도 기운을 불어넣는다.

실험 6: 별로 좋지 않은 것도 과잉 소통해라
—

타인 덕분에 기분이 좋아지는 효과를 제대로 누리고 싶다면 좋은 소식만 전하는 것으로는 부족하다. 나쁜 소식도 전할 줄 알아야 한다. 하지만 우리가 항상 나쁜 소식을 잘 전하는 건 아니다.

인간이 워낙 거짓말을 잘하는 게 문제다. 우리는 매일은 당연하고 매시간 거짓말을 한다. 2002년에 매사추세츠대학교 심리학자 로버트 펠드먼Robert Feldman이 발표한 논문에 따르면 인간의 60퍼센트가 평균적으로 10분간의 대화에서 최소 한 번은 거짓말을 한다.[11]

물론 모든 거짓말이 동일하진 않다. 대부분은 선의에서 나오는 사소한 거짓말이다. 우리는 친구의 운동화가 실제로는 마음에 안 들지만 멋있다고 말하고, 엄마의 닭 요리가 아주 뻑뻑하진 않다고 말한다.

그렇다고 문제가 없진 않다. 거짓말은 아무리 선의의 거짓말이라 해도 생리적 작용을 일으킨다. 거짓말은 뇌에서 투쟁-도피 반응을 일으키는 대뇌변연계를 활성화한다. 솔직하게 말할 때에는 이 부위의 활동량이 미미하지만 거짓말을 할 때에는 변연계에 마치 불꽃이 터지듯 번쩍번쩍 불이 들어온다.

우리가 선의의 거짓말을 하는 이유는 솔직하게 말하면 서로에게 손해일 것 같기 때문이다. 너무 솔직하게 말해서 매정한 인간으로 보이면 손해다. 하지만 솔직하게 말하지 않아서 불쾌한 상황에 처하고 화가 치민다면 그 또한 손해다. 특히 과잉 소통을 하기로 한 사람이라면 어려운 문제다. 나쁜 말을 해야 하는데 불필요한 거짓말은 하지 말아야 한다. 과연 방법이 있을까?

작가이자 CEO 코치인 킴 스콧Kim Scott에 따르면 그 해법은 솔직honest이 아니라 진솔candid이다.[12] 《실리콘밸리의 팀장들》에서 스콧은 완전한 진솔함이란 개인적 관심(즉 상대방을 진심으로 아끼는 마음)을 유지하면서 당면한 문제를 직접적으로 거론하는 것이라고 말한다. 완전한 진솔함은 문제를 개인적 차원으로 끌어들이는 것도, 자신이 가장 잘 안다고 생각하는 것도, 아무 말이나 생각나는 대로 하는 것도 아니다. 완전한 진솔함은 자신의 의견을 직접적으로 말하고, 험담을 삼가고, 동료에게 자신의 머릿속에 있는 생각을 명쾌하게 이해시키는 것이다.

'솔직' 대신 '진솔'이라는 표현을 택하면 몇 가지 이점이 있다. 솔직하다는 것은 자신이 진실을 안다는 의미다. 보통은 도덕적 우월감이 내포돼 있어 거부감을 살 수 있다(학창 시절에 친구인 제임스가 "야, 솔직하게 말할게"라는 건방진 말로 내 카드 마술을 깎아내린 기억이 아직도 잊히지 않는다). "솔직하게 말할게"라는 말은 "내가 진실을 아니까 잘 들어"라는 말로 들린다. 하지만 사람과 사람 사이에서 진실은 불확실할 때가 많다. 당신에게는 상사가 에너지 흡수자처럼 느껴져도 객관적으로 보면 그 사람이 나쁜 상사가 아닐 수 있다. 어쩌면 그 사람이 다른 직원들에게는 좋은 상사일 수도 있고, 어쩌면 요즘 개인적으로 좋지 않은 일이 있어서 직장 생활에 지장이 생긴 걸 수도 있다.

이와 달리 진솔하다는 것은 자신이 진실을 안다는 의미가 아니다. 진솔함은 "내 생각은 이래. 내 말을 듣거나 나를 도와줄래? 같이 해보자"라는 말에 더 가깝다.

그러면 어떻게 해야 진솔한 피드백 문화, 다시 말해 상대방의 하루를 망치지 않으면서도 부정적인 피드백을 전달하는 문화를 조성할 수 있을까? 그 방법은 몇 단계로 나뉜다. 첫째, 비난조가 아니고 객관적인 말로 자신의 견해를 전달하자. "회의 때 헤르미온느의 말을 몇 번 끊는 걸 봤어요"가 "정말 안하무인이군요"보다 훨씬 효과적이다. 마찬가지로 다른 사람에게 "당신이 틀렸어요"나 "당신은 무능력해요"라고 말하면 상대방은 공격받았다고 생각해서 방어적으로 변한다. 그런 말은 너무 주관적이다(물론 다소 무례한 말이기도 하다). 오로지 객관적 사실만 말하자.

둘째, 잘못된 행위가 초래한 가시적 결과에 초점을 맞추자. 다시 말하지만 주관적 평가는 우리의 적이다. 그러니 객관적으로 당신이 목격한 결과만 강조하자. 예를 들면 이렇게 말할 수 있다. "당신이 회의 때 론의 말을 끊은 후로 토론 분위기가 조금 가라앉았어요. 나는 다른 사람들 의견도 듣고 싶었는데 정말 유감이에요."

끝으로, 문제가 아닌 해법에 초점을 맞추자. 당신이 원하는 대안을 말하자. 예를 들면 "다음번에는 다른 사람이 말을 다 끝낼 때까지 기다렸다가 본인 생각을 말하세요"라거나 "다음번에는 다른 사람에게 질문하는 식으로 그 사람의 의견에 관심은 있지만 전적으로 동의하진 않을 수 있다는 것을 표현하면 좋겠어요. 질문을 하면 아마 상대방도 더 긍정적으로 반응할 거고 그게 협력으로 이어질 수도 있으니까요"라고 말하는 것이다. 대안을 제시하면 대화의 초점이 문제의 해법에 맞춰지고 상대방을 개인적으로 비판하는 느낌이 덜해진다.

이상의 간단한 3단계를 이용하면 불쾌한 소식을 과잉 소통하기가 조금 더 쉬워진다. 여기서 보듯 나쁜 소식을 전하더라도 좋은 분위기를 조성하고 기분을 좋게 만들 수 있다. 여기에 거짓말은 낄 자리가 없다.

요약

★ 주변에 친구들이 있으면 사는 게 더 재미있다. 그래서 우리의 세 번째 에너지원은 사람이다. 세상에는 자연스럽게 우리의 에너지를 고양해주는 사람들이 존재한다. 관건은 그들을 찾는 것이다.

★ 그 시작은 팀플레이어가 되는 것이다. 같이 일하는 사람들을 경쟁자가 아닌 동지로 생각하자.

★ 좋은 관계를 형성하려면 도움을 주는 것도 중요하다. 그런데 우리는 다른 사람을 잘 돕지도 않고 도움을 요청하는 것도 너무 꺼린다. 그러니까 이렇게 생각해보자. 내가 다른 사람의 하루를 더 즐겁게 만들기 위해 무엇을 할 수 있을까?

★ 끝으로, 인간관계에서 가장 많이 간과하는 사실을 기억하자. 스스로 너무 많이 소통했다고 생각해도 사실은 소통이 충분치 않은 경우가 대부분이다. 혹시 다른 사람을 기분 좋게 해줄 정보를 마음속에 담아두고만 있지 않은가?

2부

제거해라

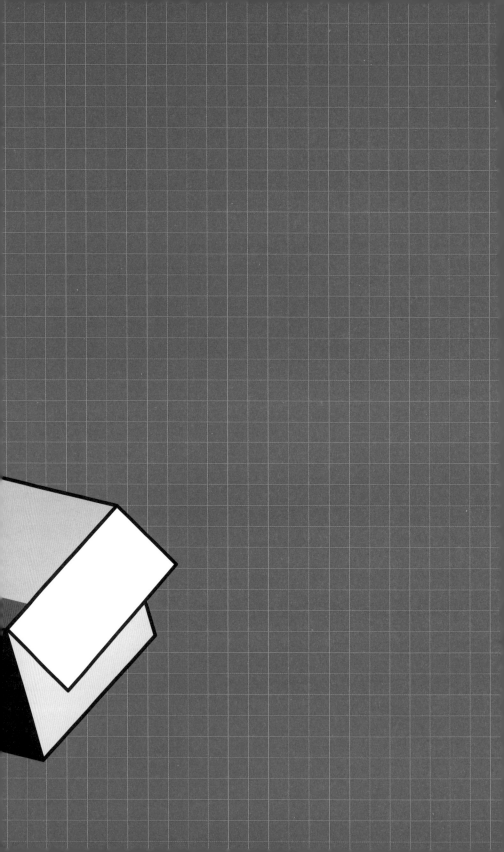

4장
명확성을 추구해라

〈얼마나 지독히 원하는가?How Bad Do You Want It?〉는 내가 본 것 중에서 제일 이상한 영상이다.[1] 조회 수가 5000만 회에 육박한다.

이 영상은 신원 미상의 '스승'을 찾아간 청년의 이야기다. 청년은 스승에게 부자가 되는 방법을 알려달라고 부탁한다. 스승은 그 답을 알고 싶으면 이튿날 해변으로 나오라고 말한다.

다음 날 새벽 4시에 청년이 해변으로 나온다. 스승이 말한다. "물 가로 걸어가라." 청년은 그대로 따른다. 스승이 다시 말한다. "조금 더 걸어가라." 청년은 그대로 따른다. "계속 걸어라." 청년은 계속 걷는다. 결국 그의 머리가 완전히 물속에 잠긴다. 그 순간, 스승이 청년에게 다가와서 머리가 물 위로 올라오지 못하게 누른다. 청년이 몸부림치는데도 노인은 계속 그를 짓누르다가 숨이 넘어가기 직전에 풀어준다. 가쁜 숨을 몰아쉬는 청년에게 노인이 말한다. "지금 숨쉬기를 원하는 것만큼 지독하게 성공을 원할 때 성공할 것이다."

이 영상에는 많은 의문이 남는다. 그 스승은 도대체 누구인가(그리고 애초에 어떻게 하면 그런 직업을 얻을 수 있는가)? 왜 청년은 만난 지 얼마 되지도 않은 스승의 말에 선뜻 물속으로 걸어 들어가는가? 무엇보다 이상한 점은, 도대체 왜 이 영상을 보고 인생이 바뀌었다는 댓글이 2만 개나 달려 있는가?

요즘 그 영상을 보면 비현실적으로 느껴지고 조금 씁쓸해진다. 하지만 처음 봤을 때는 나를 망치는 미루는 습관이 절정에 이르렀던 시기였기에 그 영상이 도움이 되겠다고 생각했다. 수련의로 일하면서 처음으로 사업을 시작했을 때 번번이 할 일을 미루다가 막판에 몰아치는 악순환을 도저히 끊을 수 없을 것만 같았다. 나만 그런 게 아니었다. 나보다 훨씬 대단한 사람들도 미루는 습관 때문에 고생했다. 레오나르도 다빈치만 해도 그렇다. 어느 동시대 사람은 〈최후의 만찬〉을 그리는 다빈치를 보고 이런 기록을 남겼다. "그는 이틀, 사흘, 나흘씩 붓은 건드리지도 않고 다만 하루에 몇 시간씩 작품 앞에서 팔짱을 끼고 선 채 그 속의 인물들을 뜯어보며 스스로 비평했다."

이런 순간에는 3대 에너지원, 다시 말해 놀이, 힘, 사람만으로 부족하다. 1부에서 살펴본 대로 우리는 일과 삶에서 이 세 가지 요소를 통해 기분이 좋아지고, 에너지가 증가하고, 중요한 일을 더 많이 할 수 있다. 하지만 그 정도로는 충분치 않다. 사업이 성장할 때 깨달았다. 내가 아무리 3대 에너지원을 삶에 접목한다 해도 미루는 습관을 못 고치면 망할 수 있음을.

미루기가 문제일 때 나는 저 이상한 영상에서 말하는 것처럼 뻔한 '수법'에 의존하고 싶은 충동을 느끼곤 했다. 그 영상에서는 미루는 이유가 간절함이 부족해서라고 말한다. 간절함이 있으면, 숨 쉬고 싶은 만큼 지독하게 성공을 원한다면 성공할 수 있다고 충고한다.

나는 이렇게 미루기를 해결하려는 시도를 '간절함 해법'이라 부른다. 많이들 하는 이야기다. 하지만 순 엉터리다.

간절함 해법의 문제는 아주 간단하다. 무언가를 진심으로 원하는 마음으로 애쓰는데도 이루지 못하는 사람이 얼마나 많은가? 마음이 아무리 간절해도 우리를 막는 장벽이 존재한다. 예를 들면 시간과 재정의 한계, 가족 문제, 심신의 건강 문제 등 수두룩하다. 간절함만으로는 부족하다. 그런데도 "더 간절해져라"라고 말한다면 아무 소용이 없을 뿐 아니라 애초에 미루기를 유발한 무력감을 더 키우는 악영향까지 미칠 우려가 있다.

간절함이 아니라면 무엇에 의지해야 하는가? 진심으로 간절한지 따지는 것 외에 또 많이 거론되는 요소가 극기다. 극기란 간단히 말해 하기 싫은 일을 하는 것이다. 그러니까 간절함과 정반대다. 간절하지 않은데도 불구하고 한다. 달리기를 시도할 때 간절함 해법을 따른다면 '나는 달리고 싶다. 오늘 쉬는 것보다 마라톤을 완주하고 싶은 마음이 강하기 때문이다'라는 식으로 생각해야 한다. 극기 해법을 따를 때에는 '달리고 싶든 말든 무조건 달리겠다'라는 식으로 생각해야 한다. 나이키식 처리법이기도 하다. "그냥 해Just do it."

나는 간절함 해법보다는 극기 해법에 조금 더 공감한다. 극기는 도움이 될 수 있다. 나는 가끔 아침에 출근하기 싫어도 억지로 출근한다. 그것도 극기라면 극기다.

그러나 이 또한 완벽하진 않다. 만약에 강연이 코앞인데 강연문 작성을 계속 미루고 있다면 극기의 문제가 아닐 수 있다. 수면 아래에서 다른 무언가가 방해 요소로 작용하고 있을지 모르는데도 극기 해법은 그런 점을 간과한다. 그저 자신을 책망하게 할 뿐이다. 심리학 교수 조지프 페라리Joseph Ferrari는 "만성적으로 미루는 사람에게 그냥 해라고 말하는 것은 만성 우울증 환자에게 기운 내라고 말하는 것과 마찬가지"라고 지적했다.[2]

간절함과 극기도 쓸모 있는 전략이긴 하지만 깊은 상처에 고작 밴드를 붙이는 격이다. 간혹 증상을 완화하긴 하겠지만 근본적인 문제는 고치지 못한다.

그렇다면 미루는 습관에 맞서는 유서 깊은 싸움에서 정말로 효과적인 무기는 뭘까? 여기서 우리의 세 번째 기법이 등장한다. 나는 이것을 '제거 해법unblock method'이라 부른다.

간절함 해법은 간절히 원해야 한다고 말하고, 극기 해법은 원하고 말고는 상관없이 무조건 하라고 말하지만, 제거 해법은 애초에 왜 그 일을 불편하게 여기는지 알아차리고 정면으로 문제에 대응하라고 말한다.

○   **제거 해법은**
    애초에 왜 그 일을 불편하게 여기는지 알아차리고
    정면으로 문제에 대응하라고 말한다.

신발에 돌멩이가 들어가서 달리면 아픈데 친구 집에서 저녁 먹기로 한 시간에 맞추려면 달릴 수밖에 없다고 해보자. 당연히 고민이 된다. 제시간에 도착하고 싶지만 달리면 아플 게 분명하다. 어떻게 해야 할까?

첫 번째 해법은 제일 쉬운 방법이다. 아무것도 안 하는 것이다. 저

112

녁이 다 허비되도록 미루면 된다. 식사 약속을 어겨서 다시는 초대 받지 못할 것이다.

두 번째는 간절함 해법이다. 즐거운 식사를 위해 아파도 달릴 '가치'가 있다고 억지로 믿는 것이다. 애써 통증을 무시하며 목적지를 향해 달리다가 도중에 길가에 넘어진다. 얼른 발을 보니까 퉁퉁 부었지만 걱정하지 않는다. 간절함만 있으면 극복 못 할 장애물은 없으니까.

세 번째는 극기 해법이다. 당신은 친구와 약속했고 약속은 꼭 지키는 사람이다. 그래서 발바닥의 연한 살이 돌멩이 때문에 다 까져도 이 악물고 달려서 마침내 친구 집에 도착한다! 하지만 식사는 취소다. 친구가 피투성이 발로 찾아온 당신을 병원에 태워줘야 하기 때문이다. 당신은 치료를 기다리며 속으로 "극기심만 있으면 못 할게 없다"라고 되뇐다.

나는 감히 이 세 가지 해법이 모두 빗나갔다고 말하고 싶다. 네 번째(그리고 최선의) 해법은 조금 더 비판적으로 생각하는 것이다. 잠깐 멈춰서 '친구 집에 가는 게 왜 이리 힘들게 느껴지지?'라고 생각해보면 어떨까? 그러면 신발을 벗고 돌멩이를 뺄 것이다. 그리고 나서 달려가면 된다.

이게 바로 앞으로 4~6장에 걸쳐 이야기할 '제거 해법'이다. 우리는 일반적으로 미루기가 부정적 감정에서 비롯된다는 사실을 배울 것이다. 부정적 감정은 1부에서 이야기한 기분 좋은 에너지원과 정반대다. 혼란, 두려움, 관성 같은 부정적 감정이 길을 막으면 우리는 할 일을 미룬다. 그러면 더욱더 기분이 나빠지고, 그러면 더욱더 미루게 된다. 나쁜 기분과 정체 상태가 물고 물리는 악순환이다.

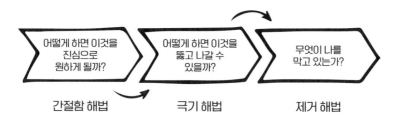

어떻게 하면 이것을 진심으로 원하게 될까? → 간절함 해법

어떻게 하면 이것을 뚫고 나갈 수 있을까? → 극기 해법

무엇이 나를 막고 있는가? → 제거 해법

다행히도 세 가지 정서적 장애물 모두 그 파괴력을 감소시킬 방법이 존재한다. 이제부터 우리는 이 세 가지 부정적 감정이 정확히 어떤 식으로 작용해서 우리의 에너지를 약화하는지 알아볼 것이다. 그리고 기분 좋은 생산성의 과학을 토대로 각 감정을 극복하는 전략을 배울 것이다.

불확실성의 안개

기분 좋은 생산성을 막는 첫 번째 장애물은 셋 중에서 가장 단순하다. 하지만 가장 알아차리기 어렵기도 하다. 너무 흔해서 우리가 의식조차 못 하기 때문이다.

안개가 자욱한 저녁에 운전 중이라고 해보자. 앞을 보려니 눈에 힘이 들어간다. 전조등을 최대한 밝게 켜본다. 그래도 안개는 여전하다. 결국에는 차를 세우고 안개가 가실 때까지 기다리기로 한다.

우리가 미룰 때도 이와 비슷하다. 우리가 시작을 안 하는 이유는 대체로 애초에 뭘 해야 하는지 몰라서다. 안개에 휩싸여서 어쩔 줄 모르는 것이다. 나는 이를 불확실성의 안개라고 부른다.

이는 이미 학계에서 많이 연구되어 '불확실성 마비uncertainty paraly-sis'라는 명칭까지 붙은 현상이다. 불확실성 마비는 우리가 미지의 요소나 복잡한 상황 때문에 당황해서 아무 행동도 못 할 때 발생한다. 불확실성 마비가 생기면 일이나 결정에 진전이 없다. 불확실성 마비는 좋은 기분을 차단함으로써 해야 할 일을 못 하게 만든다.

불확실성은 기분을 나쁘게 만들어 성취를 방해한다. 인간은 모르는 것을 피하려는 본성이 있다. 선천적으로 예측 가능한 것과 안정적인 것을 선호한다. 예측 가능성과 안정성이 있을 때 쉽게 결정을 내리고 실력을 발휘할 수 있기 때문이다. 하지만 개중에는 남들보다 불확실성에 잘 대처하는 사람들이 있다. 심리학자와 정신과 의사들은 그런 능력을 측정하기 위해 '불확실성 인내력 검사Intolerance of Un-certainty Inventory, IUI'를 실시한다.[3] 1990년대에 미셸 뒤가Michel Dugas와 동료들이 개발한 이 검사는 불확실성에 대한 인내력을 표현하는 문장들로 구성되어 있다. 예를 들면 "앞을 알 수 없는 상황을 잘 못 받아들이는 편이다" 같은 문장이다. 심리학자들은 각 문장에 동의하는 정도를 합산해 불확실성에 대한 인내력을 측정한다.

불확실성 인내력 검사는 불확실성이 미루기를 유발하는 원리와 원인을 보여주는 첫 번째 힌트다. 불확실성에 대한 인내력이 약한 사람은 불확실한 상황을 위협적으로 여기고 불안감을 느껴서 할 일을 미루는 경향이 있다. 특히 그 일에 조금이라도 모호한 구석이 있다면 더욱 그렇다. 왜 그럴까? 불안감과 불확실성의 관계에 관한 논문들을 분석한 결과를 보면 다음과 같은 작용을 통해 불확실성, 불안감, 마비의 악순환이 강화된다.[4]

1. 위험을 과대평가한다. 이미 불안감을 느끼는 사람은 불확실한 사건을 실제보다 더 나쁘게 전망한다.

2. 과민해진다. 부정적인 일이 발생할 수 있다고 느끼면 촉각이 곤두서면서 잠재적 위험의 징후를 하나도 놓치지 않는다.

3. 안전 신호를 외면한다. 위협에 과민해졌기 때문에 실제로는 위험하지 않은데도 진정하지 못한다.

4. 회피한다. 뇌가 행동적, 인지적 회피 전략을 택해 최대한 빨리 현 상황에서 벗어나라고 재촉한다.

미뤄본 경험이 있는 사람이라면 위의 네 가지 요인 중 최소 한두 가지는 익숙할 것이다. 예를 들어 이직 결정은 대표적인 불확실성의 원천이다. 현재 안정적인 직장에 다니고 있지만 퇴사 후 안정성은 떨어져도 더 보람을 느낄 수 있을 듯한 직장으로 옮길지 고민 중이라고 해보자. 안정성이 떨어지는 직장을 둘러싼 불확실성은 다음과 같은 작용을 일으킬 수 있다.

1. **과대평가** 연봉 삭감처럼 '잘못된' 직장을 선택했을 때 생길 수 있는 부정적 결과를 과대평가한다.

2. **과민** 많은 사람이 이직을 후회한다는 통계처럼 이직의 성공이나 실패를 의미하는 신호에 과도하게 관심을 보인다.

3. **외면** 이직을 고려 중인 회사에 대해 조사하는 것처럼 성공적인 결과에 기여할 요인을 무시한다.

4. **회피** 이직 결정을 미루기로 한다. 지금 직장에서 1년쯤 더 버틴다고 그리 나쁠 것도 없잖은가?

그 결과, 불안이나 두려움 같은 정서적 반응이 고조되어 이직 결정을 더 오래 미루게 된다. 기분이 나빠져서 해야 할 일을 덜 하는 것이다.

누구나 이런 갈등을 경험한 적 있을 것이다. 하지만 다행히도 이 악순환을 끊을 수 있고 불확실성의 안개를 걷어낼 수 있다.

몇 가지 적절한 질문을 던지면 된다. 거기에 답하면 앞길이 훨씬 명확히 보인다.

'왜?'를 물어라

불확실성이 미루기로 이어지는 주원인은 우리의 최상위 목적이 모호해지기 때문이다. 자신이 어떤 일을 왜 시작해야 하는지 모르면 그 일을 실행하기가 사실상 불가능하다.

적어도 1982년에 미 육군이 내린 결론은 그렇다. 그해에 육군은 야전 교범 100-5 작전Field Manual(FM) 100-5, Operations을 개정했다. 군의 중요한 '전투법' 지침서인 야전 교범에는 전장에서 승산을 극대화하는 방법이 정리되어 있었다. 개정판의 핵심은 '지휘관의 의도commander's intent'라는 새로운 개념이었다.

지휘관의 의도는 19세기 말 프로이센 육군으로 거슬러 올라가는 독일 육군의 전통에서 기원했다. 독일 육군 전략가들은 아무리 전투 계획을 잘 수립해도 전장에서 발생하는 혼란한 상황을 다 예측할 수는 없다고 판단했다. 육군 원수 헬무트 폰 몰트케Helmuth von Moltke는 "어떤 계획도 최초 교전에서 생존하지 못한다"라고 말했다. (정확히 옮기자면 "모든 작전 계획은 적군의 주력 부대와 최초로 교전하는 시점에 확실성을 상실한다"라고 말했지만 그렇게 쓰면 확 와닿지 않으니까.)

그래서 독일 장교들은 전장에서 수행할 작전을 세밀히 계획하는 데 집착하지 않고 아우프트락슈탁티크Auftragstaktik, 곧 임무형 전술이라는 개념을 채택했다. 이는 어떻게를 너무 꼼꼼히 정하는 것보다 왜를 명확히 정하는 것을 강조하는 철학이다.[5] 야전 교범에 따르면 지휘관의 의도에는 임무의 뼈대와 밀접한 관련이 있는 3대 필수 요소가 존재한다.

1. 작전의 **목적**
2. 지휘관이 요망하는 **최종 상태**
3. 지휘관이 판단하는 **핵심 과업**

지휘관의 의도에는 지휘관의 목표가 최상위의 '왜' 질문에만 답하는 것이라는 의미가 담겨 있다. 그는 작전의 목적을 정의하고 혹시 가능하면 어떤 단계들이 필요할지 대략적으로만 설명하면 된다. 그러면 휘하 부대가 전선에서 시시각각 변하는 상황에 따라 융통성 있게 결정을 내릴 수 있다.

이런 태도는 단지 전장에서만 빛을 발하지 않는다. 지휘관의 의도라는 개념을 알면 우리가 하는 일의 목적을 정의함으로써 불확실성의 안개를 걷을 수 있다. 지휘관의 의도는 왜를 조명한다.

실험 1: 지휘관의 의도를 활용해라
—

우리 삶에서도 지휘관의 의도를 이용하려면 어떻게 해야 할까? 첫 번째 답은 1944년 6월 6일 프랑스 북부에서 전개된 노르망디 상륙 작전에서 찾을 수 있다.

연합군은 독일 치하의 프랑스 영토를 수복하기 위해 복잡한 침공 작전을 수립했다. 그 시작은 13만 3000명의 병력이 노르망디 해변의 정해진 지점들에 정확히 상륙하는 것이었다. 이들을 지원하기 위해 공수 부대가 정해진 마을들에 침투해 주민을 나치로부터 해방하고 주요 교량과 도로를 확보하기로 되어 있었다. 하지만 작전이 개시되자마자 심각한 차질이 생겼다.

공수 부대원들은 착지 후 얼마 지나지 않아 대부분이 엉뚱한 지점에 강하했음을 깨달았다. 설상가상으로 몇 시간 후에 보니 어둠 속에서 다수의 부대가 뒤죽박죽 뒤섞여 있기까지 했다. 그들은 자신이 잘 알고 신뢰하는 대원들이 아니라 말 한마디 나눠본 적 없는 이들과 함께 싸우고 있었다. 군사 전략 전문가 채드 스톨리Chad Storlie에 따르면 '군사적 재앙'이 따로 없었다.[6]

하지만 상륙 작전은 몇 시간 만에 기적적으로 다시 궤도에 올랐다. 연합군이 점거한 마을들은 예상과 달랐지만 어쨌든 전략적 목표에는 부합했다. 그래서 노르망디 해변에 상륙한 병력이 계획대로 내륙으로 진군할 수 있었다.

노르망디 상륙 작전의 성공은 지휘관의 의도로 거둔 쾌거였다. 지휘부가 내린 상세한 명령이 효과를 발휘하진 못했다. 그들이 세운 구체적 계획은 빗나갔다. 하지만 그들이 지휘관의 의도를 알렸기 때문에 전 장병이 목적을 알았다. '왜'가 명확했기 때문에 '어떻게'의 대안을 찾을 수 있었다.

요즘 나는 여기서 얻은 교훈을 매일 활용하고 있다. 예전에는 어떤 일에 착수할 때 당장 모든 단계를 계획하는 데 급급해서 내가 원하는 최종 상태를 제대로 생각해보지 않았다. 하지만 그 정도로 계획에 집착하면 오히려 방해가 될 수 있다. 세세한 작업의 완료 여부를 확인하느라 최종 목적을 잊어버리기 쉽다. 그래서 지금은 새로운 일을 개시하기 전에 지휘관의 의도에 따른 첫 번째 질문을 던진다. '이 일의 목적은 무엇인가?' 그러고 나서 필요한 할 일 목록을 작성한다.

내가 경험해보니 이 단순한 질문이 엄청난 효과를 발휘한다. 나는 오랫동안 '식스 팩 만들기'에 도전했지만 번번이 실패했다. 신년이 되면 신나서 헬스장에 갔다. 그러고는 단 몇 주 만에 의욕을 잃고 원점으로 돌아왔다.

지휘관의 의도라는 개념을 알고 나서 생각해보니 문제는 목적, 즉 커다란 '왜'를 엉뚱하게 정의한 데 있었다. 내가 실제로 원한 건 빨래판 같은 복근이 아니었다. 진짜 목표는 건강하고 균형 잡힌 몸과 생활 습관을 유지하는 것이었다. 물론 멋진 몸을 갖고 싶은 마음이 없진 않았지만 튼튼해지고 싶은 욕망에 비할 바 아니었다.

이 질문은 거의 모든 상황에 적용할 수 있다. 프랑스어를 배운다고 하면 먼저 목적이 뭔지 생각해보자. 난해한 19세기 사실주의 문학을 이해하고 싶은가? 아니면 곧 떠날 파리 여행을 무사히 다녀오기 위해서인가? 그 답을 토대로 앞으로 어떤 과정이 필요한지 생각해보자. 어떻게 프랑스어를 배울 것인가? 듀오링고 같은 학습 사이트를 이용하거나 수업을 들을 것인가 아니면 1950년대 프랑스 영화를 많이 볼 것인가?

이번에는 창업을 원한다고 해보자. 최상위 목적이 무엇인가? 월 소득을 몇백 달러 늘려서 휴가 때 쓰고 싶은가? 수백만 달러에 회사를 매각하고 일찍 은퇴하고 싶은가? 사람들을 돕고 그들의 삶을 바꿀 유용한 뭔가를 만들려고 하는가? 그 답을 토대로 이제 어떤 단계가 필요한지 생각해보자. 회사를 그만둬야 하는가 아니면 퇴근 후에 몇 시간씩만 투자하면 되는가? 당장 회사를 차리는 게 좋겠는가 아니면 우선 실력부터 키울 필요가 있겠는가?

실험 2: 5단계 왜
—

매일 매시간 커다란 '왜'를 기억해야 한다. 메일을 보낼 때마다, 회의에 참석할 때마다, 휴식 시간에 대화를 나눌 때마다 그 모든 행위가 최상위 목적을 실현하는 데 조금이나마 도움이 돼야 한다.

물론 말처럼 쉽진 않다. 혹시 어떤 프로젝트를 진행 중인데 단기적 마감 일정이나 성가시고 사소한 작업에 치여서 최상위 목적을 잊은 적이 있는가? 나도 이 책을 쓰면서 다시금 느꼈는데 긴급하지만 중요하지 않은 작업들에 매달려서 몇 달, 심하면 몇 년을 허비하느라 최상위 목적(예를 들면 탈고)이 뒷전으로 밀려나기도 한다.

그러면 어떻게 해야 가장 커다란 '왜'가 모든 선택의 중심에 서게 할 수 있을까? 20세기 초 일본의 생산 라인에서 한 가지 힌트를 얻을 수 있다. 다른 나라에서 토요타 사키치豊田佐吉는 그 이름을 딴 토요타 자동차의 설립자로 잘 알려져 있다. 하지만 일본에서 그의 이름은 훨씬 더 높은 대우를 받는다. 그는 19세기 말에 일본의 섬유 산업을 혁신하고 이후에 일본 산업 혁명을 주도한 인물로 추앙된다.

토요타는 무엇보다 공장에서 발생하는 오류를 근절하기 위해 전 직원이 중요한 것에 집중하도록 만든 사람으로 유명하다. 토요타는 시간과 자원이 허비되는 것을 극도로 싫어했다. 그가 처음으로 이름을 날린 계기도 실이 끊어지면 저절로 작동을 멈춰서 실이 낭비되지 않게 하는 수직기手織機를 발명했기 때문이었다. 이처럼 낭비를 없애겠다는 집념에서 '5단계 왜'라는 유명한 기법이 탄생했다.

본래 '5단계 왜'는 문제의 원인을 찾는 간단한 기법이었다. 토요타 직원들은 생산 라인에서 오류가 발생하면 다섯 번 '왜'를 물었다.

예를 들어 기계가 고장 났다고 해보자. 왜? 첫 번째 답은 직접적 원인으로 연결된다. "직기에 천이 끼였기 때문에." 다음 질문은 조금 더 깊이 들어간다. 왜? "모두 피곤해서 집중력이 떨어졌기 때문에." 이를 다섯 번 반복하면 문제의 진짜 원인이 나온다. "악덕 상사가 조직 문화를 망쳐놨기 때문에."

나는 토요타의 기법을 문제의 원인을 파헤칠 때만이 아니라 애초에 어떤 일이 필요한지 확인할 때에도 이용한다. 우리 팀에서 새로운 프로젝트에 착수하자는 의견이 나오면 나는 다섯 번 '왜'를 묻는다. 처음에 나오는 답은 대체로 단기 목표의 완수와 관련이 있다. 하지만 정말로 필요한 일이라면 거듭된 질문이 결국에는 지휘관의 의도에 표현된 최상위 목적에 도달할 것이다. 그렇지 않으면 그 일은 십중팔구 굳이 할 필요가 없는 일이다.

이 기법 덕분에 나와 우리 팀은 정말로 중요한 것에 집중할 수 있다. 반복해서 '왜'를 물으면 우리가 정말로 집중해야 할 것을 알고 매진하게 된다. 그러면 긴급하지만 무의미한 작업이 덜 중요하게 느껴진다. 가장 큰 목적, 커다란 '왜'가 확실히 부각된다.

'무엇?'을 물어라

'왜'를 정했으면 조금 더 구체적인 것으로 바꿔야 한다. 모호한 목적만 있으면 일이 금방 흐지부지해진다. 상세한 행동 계획이 있어야 제대로 시작할 수 있다.

하지만 정확히 무엇을 해야 하는지 알기가 항상 쉽진 않다.

직장을 생각해보자. 짐은 새로 모시게 된 상사 찰스와 사이가 좋지 않다. 짐이 뭘 하든 간에 찰스는 그를 시시껄렁하고 요령이나 피우는 사람 취급한다. 짐은 도저히 찰스에게 좋은 인상을 주지 못할 것 같다.

어느 날 아침 찰스가 짐에게 모든 고객의 '런다운rundown'(일목요연한 요약 보고서—옮긴이)을 요구한다. 유감스럽게도 짐은 런다운이 무엇인지 모른다. 찰스에게 내색하진 않고 종일 사무실을 돌아다니며 그 뜻을 알아내려 한다. 하지만 아무 소득이 없다. 결국 그는 찰스의 방으로 가서 자포자기한 심정으로 묻는다. "런다운이 뭔가요?"

아는 사람은 알겠지만 이 이야기는 사실 드라마 〈더 오피스The Office〉 미국판 시즌 5 에피소드 23의 줄거리다. 이 에피소드는 현대인이 직장에서 겪는 악몽 같은 현실을 예리하면서도 유머러스하게 포착해 역대 최고 수준의 시청률을 기록했다. 그 악몽 같은 현실에는 사사건건 간섭하는 상사, 사내 정치, 무엇보다도 내게 주어진 업무가 무엇인지 도무지 알 수 없는 참담한 사태가 포함된다.

그게 바로 내가 말하는 '무엇'의 불확실성이다. 당신이 과제를 이해하지 못하는 학생이나 상사의 애매한 지시 사항이 무슨 의미인지 고민하는 직장인, 혹은 취미로 기타를 배우려 하지만 대체 어디서부터 시작해야 할지 모르는 초보자라고 생각해보자. 이처럼 정확히 무엇을 해야 하는지가 불확실하면 시작할 엄두도 내지 못하게 막는 장벽이 생길 수 있다. 시작도 하기 전에 에너지가 고갈돼 탈진한 기분이 든다.

그 해법은? 추상적인 목적을 구체적인 목표와 행동으로 바꾸면 된다. '왜'에서 '무엇'으로 넘어가야 한다.

실험 3: 나이스한 목표
—

목적을 계획으로 전환하기 위해 먼저 할 일은 목표 설정이다. 최상위 '왜'를 알아도 명확한 최종 목표가 없으면 어떻게 그곳에 도달할지 알기 어렵다.

하지만 목표 설정이 쉽진 않다. 물론 목표가 중요하다는 데에는 누구나 동의할 것이다. 문제는 어떤 형태의 목표가 필요한지에 관해서는 의견이 분분하다는 사실이다.

워싱턴 수력 발전Washington Water Power Company의 경영 기획 실장을 지낸 뒤 컨설팅 회사를 운영하고 있던 조지 T. 도런George T. Doran이 1981년에 《매니지먼트 리뷰Management Review》 기고문에서 스마트SMART한 목표라는 개념을 소개했다. 여기서 스마트는 구체성Specific, 측정 가능성Measurable, 할당 가능성Assignable, 현실성Realistic, 기한성Time-related의 약자로, 단순하고 기억하기 쉬워 경영과 자기 계발 분야에서 순식간에 인기를 얻었다. 이후로 효과적 목표를 설정하는 방법을 지칭하는 약자들이 수없이 등장했다. 예를 들면 포커스트FO-CUSED(유연성Flexible, 관찰 가능성Observable, 일관성Consistent, 보편성Universal, 단순성Simple, 명확성Explicit, 지향성Directed), 하드HARD(진정성Heart-felt, 생생함Animated, 필수성Required, 어려움Difficult), 바나나BANANA(균형Balanced, 불합리Absurd, 달성 불가Not Attainable, 똘끼Nutty, 야심Ambitious) 등이다(사실 바나나는 내가 급조한 용어다).

이런 약자에는 공통점이 있다. 첫째, 목표는 반드시 명쾌하고 계량 가능해야 한다고 강조한다. '구체성'이나 '명확성'이 의미하는 대로 목표는 쉽게 진척도를 추적할 수 있어야 한다. 둘째, 결과에 방점이 찍혀 있다. '측정 가능성'과 '관찰 가능성' 같은 말은 희망하는 최종 상태에 도달했는지 객관적으로 알 수 있어야 한다는 의미다.

그런데 쉽게 진척도를 추적할 수 있고 결과 지향적인 목표를 설정했는데도 효과가 없다면 얼마나 안타까운 일일까. 가끔이라도 그런 목표가 생산성의 기폭제가 되기는커녕 장애물이 된다면?

유감스럽게도 새로운 연구 결과들이 바로 그런 현실을 보여준다. 구체적이고 도전적인 목표가 특정한 유형의 사람과 작업에 한해서 성과를 향상할 가능성이 있지만 의도치 않게 부정적 결과를 야기할 수도 있다는 사실이 밝혀졌다.[7]

처음 그런 주장을 접했을 때에는 믿기지 않았다. 나는 그때까지 오랫동안 스마트한 목표를 세웠다. 그런데 별안간 스마트한 목표가 남들이 장담하는 것만큼 효과적이지 않다니.

하지만 과학의 발견은 점점 명확해지고 있다. 한 가지 문제는 협소한 시야다. 매우 구체적인 최종 목표를 달성하는 데 집착하면 가치관을 유지하는 것처럼 다른 중요한 요소를 잊을 수 있다. 하지만 더 큰 문제는 그런 목표가 우리의 의욕에 미치는 영향이다. 목표 달성에만 매달리면 일에서 오는 내적 즐거움을 놓친다. 하버드, 노스웨스턴, 펜실베이니아, 애리조나 대학교 연구자들이 2009년에《목표의 배신: 과처방 목표 설정이 조직에 미치는 부작용Goals gone wild: the systematic side effects of overprescribing goal setting》이라는 논문을 공동으로 발표했다.[8] 그들은 목표 설정을 "의욕 향상을 위한 무해한 일반 의약품"으로 오인해서는 안 되는 "처방전이 요구되는 전문 의약품"이라며 중독성 있고 유해한 행위로 규정했다.

그렇다고 목표 설정이 무조건 나쁘다거나 스마트 유의 목표가 쓸데없다는 말은 아니다. 사람이나 일의 성격에 따라서는 분명히 의욕을 고취하는 효과가 있다. 하지만 나쁜 부작용도 존재한다. 만일 미루는 습관 때문에 고민인 사람이라면 다른 방법이 더 나을 수 있다.

내가 선호하는 방법은 외적 결과나 목표점을 고집하지 않고 기분 좋은 여정을 강조한다. 그 토대는 내가 규정한 나이스NICE한 목표다.

- **단기**Near-term 단기 목표를 세우면 우리의 여정에서 당장 필요한 단계에 집중하게 된다. 그러면 큰 그림 때문에 느끼는 중압감이 덜해진다. 내가 볼 때는 일간 목표나 주간 목표가 가장 효과적이다.
- **투입 기반**Input-based 투입 기반 목표는 멀고 추상적인 최종 목표가 아니라 과정을 강조한다. 산출 기반 목표는 '연말까지 5킬로그램 감량', '베스트셀러 출간' 같은 최종 결과를 지향하지만 투입 기반 목표는 '매일 10분씩 걷기', '매일 아침 소설 100단어씩 쓰기'처럼 지금 여기서 할 수

나이스한 목표

단기   투입 기반   통제 가능   창작자

있는 일에 집중한다.

- **통제 가능** Controllable 우리는 자신의 통제 아래에 있는 목표에 집중하기를 원한다. '매일 여덟 시간씩 소설 쓰기'는 불가능할 확률이 높다. 여러 외적 요인 때문에 그 정도 노력을 투입하기가 어렵기 때문이다. 더 통제 가능한 목표(예를 들면 매일 20분씩 쓰기)를 설정하는 편이 훨씬 더 현실적이다.
- **에너지** Energising 우리가 귀찮고 번거로운 일을 포함해 어떤 일을 수행할 때 더 큰 에너지를 발휘하기 위한 원칙과 전략을 이미 많이 알아봤다. 당신이 설정하는 목표에 놀이, 힘, 사람을 결부할 방법이 있을까?

필요하면 장기 목표는 스마트한 목표로, 지금 당장 필요한 목표는 나이스한 목표로 세워도 좋다. 몇 가지 예를 들면 128쪽 표와 같다.

그리고 그 결과는 에너지와 기분 좋은 생산성을 증진하는 목표, 하지만 혹시 달성하지 못하더라도 인생을 망치진 않는 목표다.

	스마트한 목표	나이스한 목표
건강	3개월간 10킬로그램을 감량한다.	매일 30분씩 너무 어렵지 않고 재미있는 운동을 한다.
직업	2년 내에 임원으로 승진한다.	매주 한 시간씩 투자해 중요한 능력을 계발하거나 업계 인맥을 다진다.
교육	2년 내에 석사 학위를 취득한다.	매일 30분씩 적당한 분량으로 교재를 복습하고 과제를 수행한다.

실험 4: 수정 구슬 기법

—

나이스한 목표가 있으면 구체적으로 무엇을 해야 하는지 더 명확히 알 수 있다. 그러면 시작하기가 한결 수월해진다. 그러나 여정을 시작하기 전에 미리 문제를 좀 해결해두면 좋다.

지금부터 일주일 후의 당신을 상상해보자. 당신은 무엇을 하고 싶고 왜 해야 하는지를 명확히 파악했다. 그런데 그렇게 모든 준비를 마치고도 여태 시작하지 못했다. 뭐가 잘못됐을까?

나는 이것을 '수정 구슬 기법'이라고 부르지만 '사전 부검pre-mortem'이라고 하는 사람들도 있다. 이를 통해 계획이 엇나가기 전에 큰 장애물을 확인할 수 있다.

방법은 간단하다. 머릿속으로 발생 가능성이 있는 문제를 생각해보기만 해도 현실에서 그 문제가 발생할 확률이 급격히 낮아진다. 실제로 펜실베이니아대학교 와튼스쿨 데버라 미첼Deborah Mitchell 교수가 발표해 학계에 큰 영향을 미친 논문에 따르면 어떤 사건이 이미 일어났다고 상상하는 '예정적 사후 가정prospective hindsight'은 일이 잘될(혹은 잘못될) 이유를 예측하는 능력을 30퍼센트 향상한다.[9]

내 경우에 수정 구슬 기법은 몇 가지 간단한 질문을 던질 때 가장 강력한 효과를 발휘했다. 나는 팀원들에게 다음과 같이 묻고 그들도 내게 똑같이 묻기를 권한다.

1. 지금부터 일주일이 지났는데도 하려던 일을 시작하지 못했다고 상상해보자. 시작하지 못한 주요 원인 세 가지는 무엇인가?
2. 어떻게 하면 그 3대 원인의 발생 가능성을 줄일 수 있겠는가?
3. 누구에게 도움을 요청하면 이 일을 시작할 확률이 높아지겠는가?
4. 지금 당장 무엇을 하면 이 일을 시작할 확률이 높아지겠는가?

이 기법은 우리가 달성하려고 애쓰는 목표가 뭐가 됐든 거의 어김없이 도움이 된다. 계획이 계획대로 돌아가란 법이 없기 때문이다. 그러니까 계획이 어긋날 때에 대비한 계획 역시 필요하다. 아이젠하워 대통령이 아직 장군일 때 이렇게 말했다. "계획대로 승리한 전투도 없지만 계획 없이 승리한 전투도 없다."

'언제?'를 물어라

어떤 일을 시작할까 말까 고민하면서 '언제 시간이 생길지 모르겠어'라고 생각한 적이 얼마나 많은가?

기자 출신 작가인 올리버 버크먼Oliver Burkeman의 말을 빌리자면 시간은 "언제나 이미 부족한 상태"다.[10] 단, 시간이 소진되는 속도는 사람마다 다르다. 하루는 누구에게나 똑같이 24시간이라고들 말하지만 절대 그렇지 않다. 하루가 24시간이라고 할지라도 그중 몇 시간이 자신의 손아귀에 있는지는 각종 요인에 따라 달라진다. 돈이 많아서 요리사, 운전기사, 풀타임 육아 도우미 두 명, 비서 세 명을 둔 유명인은 24시간 중에서 더 많은 시간을 마음대로 쓸 수 있다. 나머지 우리같이 평범한 사람들은 출근, 근무, 퇴근, 육아, 요리, 청소, 쇼핑, 빨래 등 생활을 유지하기 위한 활동에 매일 몇 시간씩 소비해야 한다.

그러다 보니 항상 시간이 부족한 느낌이다. 그래서 불확실성의 안개를 걷어내기 위한 마지막 단계는 시간 관리다.

지금까지 우리는 전반적 목적('왜')과 구체적 최종 목표와 필요한 작업('무엇')을 정하는 방법을 알아봤다. 하지만 우리가 아직 답하지 않은 질문이 하나 남아 있다. 언제 해야 하는지 모르면 시작하지 않을 공산이 크다.

○   언제 해야 하는지 모르면
    시작하지 않을 공산이 크다.

'언제'를 묻는 것은 한계를 수용하는 것이라 할 수 있다. 일주일 중에 자유롭게 쓸 수 있는 시간이 많지 않은데 그 시간을 '생산성'의 명령에 따라 어떻게든 유익하게 쓰고 있지 않다면 미루기가 아니라 우선순위가 문제일 수 있다.

하지만 진심으로 매진하고 싶은 일이 있다면 '언제'에 대한 질문에 확답할 수 있어야 한다. 그 첫 번째 방법은 2010년대 중반에 보스턴 대학교에서 나왔다.

실험 5: 실행 의도
—

2015년 가을에 "운동할 시간이 부족하다고 생각하는" 사람들을 모집하는 전단이 보스턴 곳곳에 유포됐다. 연구진은 가장 효과적으로 운동량을 늘리는 방법을 찾고 싶었다.[11]

모집에 응한 사람들은 실험 참가자가 되어 매주 걸음 수를 늘리겠다는 목표를 세웠다. 그들은 일일 걸음 수 같은 건강 지표를 기록하는 휴대 기기인 핏빗Fitbit을 지급받아 5주간 착용했다.

참가자들은 몰랐지만 그들은 사전에 두 집단으로 나뉘었다. 첫 번째 집단은 다른 설명 없이 핏빗만 받았다. 두 번째 집단은 핏빗을 받으면서 하루 중 언제 걸음 수를 늘릴 것인지 정하라는 등 몇 가지 지시를 받았다. 그때부터 그들은 저녁마다 다음 날 일정을 확인하고 걸음 수를 늘릴 시간을 확보하라는 메일을 받았다.

이처럼 사소한 개입이 큰 변화를 일으켰다. 5주가 지났을 때 첫 번째 집단(다른 설명 없이 핏빗만 받은 집단)은 걸음 수가 처음과 별반 다르지 않았다. 반면 두 번째 집단(핏빗과 함께 구체적인 지시를 받은 집단)은 걸음 수가 일 평균 7000보에서 약 9000보로 증가했다.

이렇게 사소한 유인을 '실행 의도implementation intention'라고 부른다. 행동 변화에 관한 연구 결과를 보면 실행 의도는 획기적 변화를 일으킬 수 있다.

실행 의도는 뉴욕대학교 심리학 교수 페터 골비처Peter Gollwitzer가

중점적으로 연구하는 기제다. 실행 의도는 새로운 행동을 규칙적 행동으로 발전시킬 추진력을 일으킨다. 위의 보스턴 연구에서 지시 사항이 일으킨 효과가 좋은 예다. 어떤 일을 언제 할 거라고 미리 정하면 실제로 그렇게 할 확률이 훨씬 높아진다. 골비처에 따르면 실행 의도를 형성하기 위해 가장 좋은 방법은 'X 하면 Y 하겠다'라는 조건을 만드는 것이다.

마음 챙김mindfulness을 하고 싶지만 일과 중에 언제 시간을 낼 수 있을지 잘 모르겠다면 '오늘 평소처럼 정오에 따뜻한 차를 타러 갈 때 일단 심호흡을 다섯 번 하고 식당에 가겠다'라고 유인을 만들면 된다.

어쩌다 한 번씩 과일 먹는 행동을 습관으로 바꾸려면 '식당에 갈 때 사과를 먹겠다'라고 유인을 만들면 된다.

장기적으로 가족과 더 많은 시간을 보내고 싶다면 '퇴근해서 집에 오면 엄마에게 전화를 하겠다'라고 유인을 만들면 된다.

이렇게 사소한 유인이 놀라운 효과를 발휘할 수 있다. 2006년에 골비처가 다른 연구자들과 함께 총 아흔네 편의 논문을 통해 도합 8000명 이상이 참가한 연구 사례들을 메타 분석한 결과를 정리해 논문으로 발표했다.[12] 이 논문에서 그들은 '만일 ~하면 ~하겠다'라는 조건문이 장기적으로 행동을 근본적으로 바꾸는 효과를 확인한 후 우리가 의도적으로 그런 문장을 만들면 사전에 그 상황의 심적 표상mental representation(어떤 사물이나 현상을 생각할 때 떠오르는 이미지—옮긴이)이 강화된다고 결론을 내렸다. 실제로 그 문장에 명시된 조건이 발생하면 그냥 무시해버리기 어렵다. 이미 그 사건이 머릿속에서 상황에 대응하는 방식의 일부가 됐기 때문이다.

- 더는 언제 할지 생각할 필요가 없다.
  그냥 하게 된다.

그 효과는 탁월하다. 더는 언제 할지 생각할 필요가 없다. 그냥 하게 된다.

실험 6: 시간 블록화
—

중요한 일을 하기 위한 시간을 훨씬 직관적으로 확보하는 방법이 있다. 하지만 아마도 가장 등한시되는 기법이기도 할 것이다. 바로 시간 블록화time blocking다.

시간 블록화는 쉽게 말해 '해야 할 일이 있으면 일정표에 적기'라는 뜻이다. 하지만 회의 시간만 적으라는 말은 아니다. 집중해서 일할 시간, 행정 처리를 위한 시간, 달리기를 위한 시간도 다 일정표에 적어야 한다. 듣고 보면 당연한 말이다. 하지만 이렇게 간단한 기법을 수많은 사람이 제대로 사용하지 못한다.

내 주위만 봐도 무척 꼼꼼하고 의욕 넘치고 삶의 목표도 명확한데 가장 중요한 일을 할 시간을 굳이 일정표에 적지 않는 사람이 얼마나 많은지 모른다. 놀라울 만큼 많다. 나는 하고 싶은 일을 일정표에 적지 않으면 결국 못 한다는 사실을 뼈저린 경험으로 배웠다.

사람들이 왜 일정표를 충분히 활용하지 않는지 번번이 의문을 느꼈다. 그 정도로 세밀하게 하루를 계획하는 것에 다소 거부감을 느끼는 듯하다. '헬스장 가기'나 '한 시간 동안 소설 쓰기'처럼 '생업'이라고 생각하지 않는 행위까지 굳이 기록하자니 너무 빡빡하게 체계를 따지는 것처럼 보일 수도 있다.

하지만 체계가 서면 자유가 위축되지 않고 증진된다. 이런저런 활동을 위한 시간을 구체적으로 지정하면 생업, 취미, 휴식, 관계 등 중요한 것을 위한 시간이 모두 확보된다. 그냥 닥치는 대로, 되는 대로 하루를 사는 게 아니라 우선순위에 맞춰 삶을 설계하게 된다.

시간 블록화는 시간의 예산을 세우는 것과 같다. 소득을 월세, 식비, 문화생활, 저축 등 범주에 배정하듯이 24시간을 여러 활동에 배정한다. 예산을 세우면 경제적으로 자유로워지듯 시간을 블록화하면 시간을 자유롭게 쓸 수 있다.

당장 시간 블록화를 시작하고 싶은 사람을 위해 3단계 기법을 만들었다.

1단계는 지금까지 기피했던 일을 하기 위한 시간을 배정하는 것이다. 이 단계에서는 할 일 목록에서 오래 묵은 항목들을 공략한다. 예를 들면 메일함 정리하기, 책상 치우기, 미루고 미루던 보고서 마침내 작성하기 등이다. 그런 일을 할 시간을 일정표에 구체적으로 기입하자. 화요일 오전 9~10시 블록에 메일함 정리라고 적는 식이다. 이 블록을 다른 약속 시간과 똑같이 취급하자. 지정된 시간이 되면 그 일에만 집중하자.

2단계는 하루를 블록화하는 것이다. 개별적인 일에 시간을 배정하는 연습을 어느 정도 했다면 이제는 아침마다 시간 블록으로 구성된 그날의 일정을 세워야 한다. 아침에 일어나서 예를 들면 오전 7~8시는 운동, 8~9시는 식사 및 가족과 대화, 9~11시는 제일 중요한 프로젝트에 집중, 11시~11시 30분은 이메일 처리 등으로 하루를 계획하는 것이다.

그러면 할 일 목록이 일정표로 바뀐다. 각각의 일에 구체적인 시간을 지정하면 하루 동안 무슨 일을 언제 어떻게 할지 명확한 계획이 생긴다.

끝으로 3단계는 '이상적인 일주일'을 블록화하는 것이다. 하루가 아닌 앞으로 7일의 계획이다. 이때는 삶의 모든 부분에 적절한 관심을 기울여야 한다. 생업, 가족, 취미, 운동, 휴식, 자기 계발 등 자신이 중요하게 여기는 것을 모두 나열하자. 그리고 각 항목에 일주일 중 구체적인 시간을 배정하자.

예를 들면 평일 오후 6~7시는 운동, 7~8시는 가족과 식사, 8~9시는 독서에 집중하기로 정할 수 있다. 월요일과 화요일 오전은 집중해서 일하는 시간, 수요일 오후는 팀 회의 시간, 금요일 오후는 자기 계발 시간으로 정할 수도 있다. 관건은 자신에게 맞는 균형이다. 이상적인 일주일은 자신의 우선순위, 포부, 개인적 상황이 반영돼야 한다.

어쩌면 이상적인 일주일을 지키지 못할 수도 있다. 그래서 '이상적'이다. 어김없이 계획에 차질을 빚는 일이 발생할 것이다. 그래도 괜찮다. 시간 블록화의 목적은 엄밀한 계획을 세우고 스트레스를 받는 게 아니라, 체계를 세우고 가장 중요한 일에 전념할 시간을 확보하는 것이다.

그런 체계가 생기면 그만큼 불확실성의 안개가 걷힌다.

★ 우리는 미루기를 오해한다. 미루기의 증상만 완화하려 할 뿐 근본 원인을 간과할 때가 너무 많다. 그리고 그 근본 원인이 우리의 기분과 관련된 경우가 너무 많다. **기분**이 나쁘면 **성취**에 지장이 생긴다. 따라서 좋은 기분을 망치는 **진짜** 장애물이 무엇인지 규명하고 제거법을 찾아야 한다.

★ 첫 번째 감정적 장벽은 가장 단순하다. 바로 불확실성이다. 해법은? 자신이 하는 일을 명확히 아는 것이다. 그러자면 '왜?'를 묻고 그 답을 근거로 '어떻게'를 찾아야 한다.

★ 다음으로 '무엇?'을 물어야 한다. 이는 새로운 목표 설정법을 의미한다. 스마트한 목표는 잊자. 우리에게는 나이스한(단기, 투입 기반, 통제 가능, 에너지) 목표가 필요하다.

★ 끝으로 '언제?'를 물어야 한다. 어떤 일을 언제 할지 모르면 안 할 확률이 높다. 한 가지 해결책은 실행 의도를 이용해 평소 습관을 자신이 하고자 하는 일의 유인으로 만드는 것이다. 예를 들어 이를 **닦으면** 뒷다리 스트레칭을 **하겠다**고 정하는 식이다.

5장

용기를 찾아라

앨릭스 호널드Alex Honnold는 손끝으로 암벽에 바짝 매달렸다.

수백 미터 아래로 울창한 숲에 덮인 요세미티계곡 비탈면에서 친구들이 그를 올려다보며 노심초사했다. 호널드는 높이가 900미터에 달하는 엘캐피탄 암벽을 아무 고정 장비 없이 오르고 있었다. 이제 내려가기엔 늦었다. 계속 오르는 수밖에 없었다.

호널드가 세계 최초로 로프 없이 엘캐피탄에 등정하는 과정을 담은 다큐멘터리 영화 〈프리 솔로Free Solo〉는 2018년에 개봉해 큰 화제를 모았다. 이 영화는 우리 모두가 품어봤던 의문을 떠올리게 만든다. 왜 어떤 사람들은 남들이 꿈조차 꾸지 않는 일에 대담하게 도전하는가?

호널드의 경우에는 남다른 해부학적 특징에서 그 실마리를 찾을 수 있을지 모른다. 그는 대부분의 사람에게 없는 것을 갖고 있다. 아니, 정확히 말하자면 대부분의 사람에게 있는 것을 갖고 있지 않다.

극중 호널드는 제작진과 함께 병원에 가서 MRI 검사를 받는다. 의사는 호널드의 뇌에 여느 사람보다 활동성이 약한 부위가 있다고 말한다. 바로 편도체라는 조그만 덩어리다.

편도체는 '위협 감지기'다. 두려움처럼 우리의 생존에 유리한 감정을 일으킨다. 편도체에 이상이 있는 사람은 두려움을 전혀 느끼지 않는다. 공개 발표를 할 때에도, 차들이 쌩쌩 달리는 도로를 횡단할 때에도 무서워하지 않는다. 그래서 호널드는 겁도 없이 900미터에 달하는 매끈한 수직 절벽에 매달렸다.

편도체의 쓸모는 생존을 돕는 것이다. 우리 뇌에 호랑이, 뱀, 빠르게 달리는 차를 피하라고 다그치는 부위가 없다면 인간이라는 종은 진즉에 멸종했을 것이다. 그런데 편도체는 위협이 아닌 것을 위협으로 착각하는 문제가 있다. 학계에서 '편도체 납치amygdala hijack'라고 부르는 현상이다. 편도체 납치가 발생하면 안전을 심각하게 위협하는 요인이 없는데도 편도체가 피하고 도망치라고 지시한다.

편도체 납치는 우리가 두 번째로 알아볼 장애물, 곧 두려움의 원인이다. 안전감을 위협하는 일이 발생했을 때, 예를 들면 낯선 사람들이 모인 곳에 가야 하거나, 기한이 촉박한 업무를 맡거나, 중요한 시험에 합격해야 할 때 편도체는 그 일을 위협으로 해석한다. 우리 뇌는 그 일을 미루면 미래에 더 큰 스트레스가 발생할 것을 알면서도 당장 그 위협 요인을 없애는 데 급급하게 만들어졌다. 가장 쉽게 그 요인을 없애는 방법은? 아무것도 안 하는 것이다.

혹시 불합격이 무서워서 입사 지원이나 승진 신청을 망설인 적이 있는가? 아니면 모르는 사람이 많이 참석하는 모임에 나가기를 미룬 적은? 혹은 아직 실력이 부족한 것 같아서 창작 활동을 시작하지 못한 적은 없는가? 모두 편도체의 소행이다.

○   당신이 앞으로 나아가지 못하는 이유는
     재능이나 영감이 부족해서가 아니다.
     주범은 두려움이다.

　　두려움도 생산성을 저해하는 부정적 감정이다. 두려움은 기분 좋은 호르몬을 차단하고 판단력과 문제 해결력을 흐려지게 한다. 두려움이 생기면 미루는 게 당연하다.

　　그렇다면 해결책은? 용기를 찾는 것이다. 두려움을 직시하고, 인정하고, 지나가야 한다.

　　오해하지 말기 바란다. 이 장의 목적은 당신의 불안과 자기 의심을 감쪽같이 '치료'하거나 '박멸'하는 게 아니다. 앨릭스 호널드 같은 사람이 아닌 이상 두려움을 완전히 없애긴 어렵다. 하지만 용기를 길러 내면의 두려움을 직시하고 이해한다면 평생을 미루며 살게 만들지도 모르는 정서적 장벽을 넘어설 수 있다. 두려움이 우리의 능력에 자물쇠를 채울 때 그 열쇠를 쥔 것은 용기다.

두려움의 실체를 알아라

　나는 사업을 시작하기까지 7년이 걸렸다.

　　2010년부터 유튜브 채널을 개설하고 싶었다. 하지만 첫 번째 영상을 찍을 생각만 하면, 일정표에 그 시간을 정해놓고 촬영하려고 앉았을 때조차도, 어떤 힘이 과감한 실행을 저지하는 것 같았다. 처음에는 완벽주의 때문에 미루는 줄 알았다. 하긴, 내 기준이 높긴 했다. 허접한 영상은 만들고 싶지 않았다.

그러나 지금 생각해보면 착각이었다. 나는 시험, 교우 관계, 마술 등 많은 방면에 완벽주의적 성향이 있어도 어쨌든 시작하는 사람이었다. 그러니까 나를 막는 요인은 다른 데 있었다. 바로 두려움이었다. 실패에 대한 두려움, 비판에 대한 두려움, 수준 미달에 대한 두려움이 문제였다. 오랫동안 머릿속에서 두려움의 목소리가 가시지 않았다. '이게 성공할 리가 없잖아.' '깜냥도 없는 주제에 시도해봤자 무슨 소용이야?' 결국 2017년에 가서야 영상을 만들었다.

두려움을 극복하기까지 거의 10년이 걸린 이유는 무엇보다도 그 실체를 알지 못했기 때문인 것 같다. 나는 영상 촬영을 가로막는 요인을 뭐라고 표현해야 할지 몰랐다. 그냥 내가 게으르거나 의지가 부족해서 그러는 줄 알았고, 그러다 보니 자기 의심과 부정적 자기 대화가 지속됐다. 하지만 두려움이 내 삶에 미치는 영향을 알게 되자 그게 바로 내 포부를 실현하지 못하게 막는 가장 큰 장애물임을 깨달았다.

○   두려움의 실체를 아는 것이
    두려움을 극복하기 위한 첫걸음이다.

아는 것이 힘이다. 두려움의 실체를 아는 것이 두려움을 극복하기 위한 첫걸음이다. 잘만 하면 7년까지 안 걸릴 수도 있다.

실험 1: 감정 이름표

—

두려움의 실체를 인지하는 첫 번째 방법은 2016년에 여든여덟 명의 거미 공포증 환자와 몇 명의 과학자 그리고 로즈헤어 타란툴라 한 마리가 잘 보여줬다.

참가자들은 겁이 나서 두근대는 심장과 땀에 젖은 손으로 지상 최대의 거미를 만나기 위해 도열했다. 길이가 15센티미터쯤 되는 거미는 사방으로 뻗은 다리로 제가 들어 있는 보관함의 벽에 불길한 그림자를 드리우고 있었다. 참가자들은 한 사람씩 차례로 거미에게 다가갔다. 그리고 마지막 순간에 심장이 멎을 듯한 말을 들었다. 손을 뻗어서 집게손가락 끝을 거미에게 대보라는 거였다.

그들이 무슨 피학성애자는 아니었다. 그들은 두려움에 관한 획기적 연구의 참가자였다.[1] 더 구체적으로 말하자면 두려움에 이름을 붙이는 행위가 두려움을 극복하는 데 미치는 신비한 힘을 알아보기 위해 그 자리에 모인 사람들이었다.

타란툴라를 만나기 전에 참가자들은 몇 개 집단으로 나뉘었다. 각집단은 실험을 진행하는 캘리포니아대학교 로스엔젤레스캠퍼스 연구자들에게 간단한 대응법을 들었다. 다른 생각을 하라거나 거미를 덜 부정적으로 생각하라는 식이었다. 그런데 한 집단은 더 구체적인 지시를 받았다. 타란툴라 앞에 섰을 때 예를 들면 '나는 이 징그러운 거미가 나한테 뛰어오를까 봐 불안감을 느낀다'처럼 감정에 이름표를 붙이라는 것이었다.

실험을 마칠 때 모든 집단이 그 경험이 괴로웠다고 보고했다. 그래도 남들보다 잘 견딘 사람들이 있었다. 그중에서도 제일은 두려움을 언어로 표현한 사람들이었다. 그들 중에 거미에게 다가간 사람이 훨씬 많았다. 그리고 두려움이 점점 가라앉다가 처음 느끼는 통제감으로 바뀌었다고 보고했다. 그 느낌이 최초의 테스트 후 최대 일주일 동안 지속됐다.

이 실험에서 두려움의 실체를 포착하는 탁월한 방법을 알 수 있다. 여기서 우리의 목표는 편도체의 작용을 완전히 중단하는 게 아니다(그랬다가는 트럭에 치일 확률이 급상승할 것이다). 편도체 납치가 발생했을 때 알아차리는 게 진짜 목표다.

이를 '감정에 이름표 붙이기affective labelling'라고 부른다. 쉽게 말해 자신이 느끼는 감정을 언어로 표현함으로써 자연스럽게 인지하고 이해하는 기법이다. 그 효과는 두 가지다. 첫째, 자기 인식이 향상된다. 두려움을 명명하고 자각하면 내면 상태를 더 깊이 파악해서 자신의 감정 패턴을 더 정확히 이해하게 된다. 둘째, 반추가 감소한다. 두려운 것을 반복해서 생각하면 그 두려움이 타당하다는 인식이 더욱더 강해질 수 있다. 하지만 감정에 이름표를 붙이면 그 감정을 더 잘 처리하고 분출할 수 있으며, 그러면 해야 할 일을 미루게 만드는 반복적 생각에서 벗어난다.

문제는 감정에 이름표를 붙이기가 쉽지만은 않다는 것이다. 당신도 나와 같다면 두려움을 포함해 자신을 방해하는 감정을 자각하는 일 자체가 어려울 것이다. 우리는 어떤 일을 하지 않는 이유를 '합리화'하는 데 능하다. "내가 겁이 나서 창업을 미루는 게 아니라 아직 좋은 아이템을 못 찾아서 그런 거야." "내가 두려워서 소설을 안 쓰는 게 아니라 시간이 없어서 그래."

그러면 어떻게 해야 두려움에 이름표를 붙이는 습관을 기르고 두려움을 처리하는 법을 터득할 수 있을까? 한 가지 방법은 자신에게 몇몇 질문을 하는 것이다. 자신이 어떤 일을 미루고 있을 때 이렇게 물어보자. "뭐가 무서워서 그래?" 보통은 미루기의 중심에 자신의 중요한 약점과 우려가 도사리고 있다. 그것을 극복하려면 일단 그 정체를 알아야 한다.

다음으로는 거기서 더 나아가 "그런 두려움의 원인이 뭐지?"라고 묻자. 그 원인이 '나' 요인인가, '남' 요인인가? '나' 요인은 자신의 능력에 대한 인식과 관련이 있다. 예를 들면 아직 자신이 시작하기엔 실력이나 준비가 부족하다고 무서워하는 것이다. '남' 요인은 자신의 행동에 타인이 보일 반응과 관련이 있다. 가령 남들이 자신의 작품을 싫어할까 봐, 혹은 주제도 모르고 사람들 앞에 나섰다고 비난할까 봐 무서운 것이다. 어떤 경우든 스스로 두려움의 실체와 원인을 명확히 파악해야 한다.

그렇게 했는데도 냉철하게 두려움을 파악하기가 어렵다면 어떻게 해야 할까? 내가 유용하게 쓰는 한 가지 전략은 내가 하게 될 경험을 남의 이야기처럼 스스로에게 들려주는 것이다. 내 이야기라면 나는 당연히 안 무서운 척할 것이다. 하지만 나와 비슷한 사람이 나와 같은 상황에서 두려움 때문에 그 일을 미루는 소설을 쓴다면 그 사람이 두려워하는 것은 무엇일까? 그 가상의 인물이 시작을 못 할 만큼 두려워할지도 모르는 것은 무엇일까?

실험 2: 정체성 이름표
—

두려움은 어떤 프로젝트를 시작하거나 큼직한 거미를 대면하는 것처럼 구체적인 요인에서만 발생하지 않는다. 구체적인 문제가 아니라 정체성이라는 더 보편적 차원에서 발생하는 두려움도 있다. 우리가 자신에게 붙이는 "나는 달리기 체질이 아니야", "나는 수학이 무서워", "나는 창작이 싫어" 같은 이름표는 두려움에 사로잡혀 시작을 못 하는 원인이 된다.

이런 정체성이 시작을 두렵게 만드는 원리는 구체적인 요인에서 비롯된 두려움과 동일하다. 1960년대에 심리학자 하워드 베커How-ard Becker는 사회에서 우리에게 붙은 이름표가 우리의 행동에 지대한 영향을 미친다고 주장했다. 당시 베커는 범죄라는 맥락에서 이름표의 힘을 연구했다. 그에 따르면 초범 후 '범죄자'라는 이름표가 붙은 사람이 훨씬 높은 확률로 재범을 저지른다.

1990년대에 일련의 연구에서 이 문제가 범죄에만 국한되진 않는 것으로 밝혀졌다. 학교, 소년원, 군대 등 어디서나 부정적인 이름표가 붙은 사람이 문제 행동을 반복할 확률이 훨씬 높다. 베커는 우리가 자신에게 부여하는 이름표가 행동에 미치는 영향을 증명했다.

베커는 자신의 발견에 '낙인 이론labelling theory'이라는 이름을 붙였고 이 이론에 따르면 이름표는 자기실현적 예언이 된다.[2] 누구나 경험해봤을 것이다. 어떤 관계가 틀어지고 나서 자신은 대인 관계에 소질이 없다고 결론 내린다. 시험에 한 번 떨어지고 나서 자신은 학문을 할 재목이 아니라고 낙인찍는다. 마감을 한 번 어기고 나서 자신을 미루는 사람이라고 명명한다.

하지만 다행히 이름표는 그 반대 방향으로도 작용한다. 부정적인 이름표가 두려움을 키운다면 긍정적인 이름표는 두려움을 극복하게 한다.

예를 들어 나는 자기 의심을 느낄 때 나에게 '평생 학습자'라는 이름표를 붙이길 좋아한다. 나의 학습욕과 성장욕을 강조하는 이름표다. 이 이름표를 붙이면 수치와 후회처럼 미루기가 유발하는 부정적 감정에서 벗어나 계속 전진하며 배울 자신감이 생긴다. 평생 학습자는 항상 더 나은 사람이 될 길을 새롭게 모색한다. 평생 학습자는 미루기의 함정에 한참 빠져 있지 않는다.

당신도 이 기법을 활용할 수 있다. 자꾸 할 일을 미룰 때 자신이 붙인 이름표를 보자. 혹시 스스로를 과도하게 문제와 동일시하고 있진 않은가? "나는 맨날 미루는 인간이야"라거나 "나는 자꾸만 미루니까 기한 내에 한다고 보장 못 해"라는 말을 얼마나 많이 하는가? 반대로 더 긍정적으로 정체성을 규정하려면 어떤 이름표를 쓰면 될까? 열심히 노력하는 사람? 이전에 많은 것을 완수한 사람? 기한을 지키는 사람?

사소한 변화인 것 같아도 그렇지 않다. 이름표는 남들이 우리에게 붙이는 무기력한 꼬리표와 다르다. 이름표는 우리가 자신을 바르게 인식하도록 돕는다. 보통은 이름표를 바꾸면 행동도 바뀐다.

두려움을 완화해라

캘리포니아주 올란차Olancha의 랜치 하우스 카페Ranch House Café에 들어선 피터 딜레오Peter DeLeo는 누구인지 알아볼 수 없을 만큼 초췌한 형색이었다.[3] 아흐레 밤낮을 걸어온 후였다.

약 2주 전에 그가 탄 단발 비행기가 시에라네바다산맥에 추락했다. 기적처럼 탑승자 세 명이 전원 생존했으나 도움을 요청하러 나선 사람은 딜레오뿐이었다. 그는 상처와 멍투성이인 몸으로 추락 현장을 떠났다. 걷는 게 쉽지 않았다. 비행기는 해발 약 2.7킬로미터 지점에 추락했고, 딜레오는 시에라네바다산맥의 눈 덮인 산등성이를 지나야 했다. 마침내 멀리서 불빛을 발견한 그는 어둠 속에서 비틀대는 걸음으로 고속 도로로 내려와 지나가는 차를 세웠다.

카페에 도착한 딜레오는 치료를 거부했다. 구조대를 데리고 다른 두 탑승자를 찾는 게 급선무였다. 그는 비행기를 타고 수색대에게 추락 지점을 안내했다. 하지만 너무 늦은 후였다. 두 친구는 주검이 되어 있었다.

왜 딜레오는 끝까지 살아서 구조를 요청했는데 다른 두 탑승자는 기다리던 곳에서 사망했을까? 생존 심리학자 존 리치John Leach는 수년간 그 이유를 탐구했다.[4] "사망한 동료 두 명은 언론에 단 한 줄로 언급됐을 뿐이다. 하지만 그중 한 명은 추락으로 입은 상처가 가벼운 타박상에 불과했다. 그런데 왜 죽었을까? 피난처를 만들 재료가 다 있고 불도 피울 수 있고 물도 있었으니 열하루 만에 굶어 죽지 않을 수 있었다."

리치는 사람들이 재난에 대응하는 방식을 연구해 인간 본성에 관한 중요한 사실을 규명한다. 바로 겁을 먹으면 마비된다는 것이다. 재난을 당하면 사람들은 대개 인지적 마비 증상을 보인다. 즉 생각, 결정, 행동이 불가능해진다.

다행히 인지적 마비는 완화할 수 있다. 따지고 보면 모든 사람이 두려움 앞에서 무력해지지는 않는다. 피터 딜레오 같은 사람은 다른 사람들을 얼어붙게 만드는 아드레날린을 역이용한다. 그래서 산을 넘고 몇 날 며칠을 걸어 구조를 요청하는 힘을 발휘한다. 적절한 도구만 있으면 두려움이 우리에게 미치는 영향을 줄일 수 있다.

실험 3: 10/10/10 법칙
—

두려움의 위력을 줄이는 첫 번째 방법은 관점을 바꾸는 것이다.

두려움이 우리를 심각하게 마비시키는 이유 중 하나는 우리가 파국화catastrophizing를 하는 경향이 있기 때문이다. 파국화는 사소한 문제를 거대한 문제로 인식하는 것이다. 모든 잠재적 실패는 우리 인생을 영영 망쳐버릴 가능성이 있다. 예를 들면 이런 식이다.

- 좋아하는 사람에게 거부당한다. 그래서 자신은 사랑받을 자격이 없으므로 평생 혼자 살 거라고 생각한다.
- 채용 심사에서 떨어진다. 그래서 어떤 회사도 자신을 원하지 않으므로 평생 실업자에 노숙자로 살 거라고 생각한다.
- 첫 운전면허 시험에 낙방한다. 그래서 자신은 운전 실력이 형편없으므로 절대로 운전을 못 할 거라고 생각한다.

자신이 이런 식으로 파국화를 하고 있음을 감지하면 정신 차리고 더 큰 그림을 보자. 적절한 도구만 있다면 생각만큼 나쁘지 않은 상황을 깨닫고 두려움이 완화된다.

이 과정을 전문 용어로 '인지적 재평가cognitive reappraisal'라고 한다. 상황을 재해석해 기분을 좋게 만드는 것이다.[5] 인지적 재평가의 취지는 어떤 사건이나 생각, 감정을 보는 관점을 바꿔서 더 긍정적인 정서 반응을 경험하는 것이다.

간단히 인지적 재평가를 하려면 어떤 것이 지금은 너무나 부정적으로 느껴지더라도 십중팔구 미래에는 중요하지 않으리란 사실을 기억하면 된다. 이때는 다음의 세 가지 질문을 생각해보자. 나는 이를 10/10/10 법칙이라고 부른다.

앞에서 든 예시를 통해 그 효과를 알아보자.

- **계기** 좋아하는 사람에게 거부당한다. 이게 10분 후에도 중요할까? 여전히 조금 울적하고 그 사람을 보고 싶지 않을 것 같다. 이게 10주 후에도 중요할까? 그럴 수도 있지만 지금처럼 속상하진 않을 것 같다. 그사이에 많은 일이 일어날 수 있으니까. 이게 10년 후에도 중요할까? 아마 아닐 것이다. 그때쯤이면 내 인생을 완전히 바꿀 수 있는 사람을 많이 만났을 것이다.

- **계기** 채용 심사에서 떨어진다. 이게 10분 후에도 중요할까? 아마도. 종일 심란할 것 같다. 이게 10주 후에도 중요할까? 아마도 아닐 것이다. 그때까지 다른 회사에도 많이 지원할 테니까. 이게 10년 후에도 중요할까? 전혀 아니다. 좌절 없이 승승장구하는 사람은 없고 나는 이런 일을 작은 생채기로 여기는 법을 터득할 것이다.

- **계기** 첫 운전면허 시험에 낙방한다. 이게 10분 후에도 중요할까? 아마도. 운전 학원에 떨어졌다고 말할 때 조금 부끄러울 것 같다. 이게 10주 후에도 중요할까? 아마 아닐 것이다. 그때쯤이면 다시 응시해서 잘하면 합격했을 것이다. 이게 10년 후에도 중요할까? 전혀 아니다. 아마 지금의 부끄러움은 다 잊었을 것이다. 혹시 기억하더라도 그냥 재미있는 이야기로 남을 것이다.

이게 10분 후에도 중요할까?	이게 10주 후에도 중요할까?	이게 10년 후에도 중요할까?

　10/10/10 법칙을 쓰면 자신이 스트레스를 받는 문제의 진짜 중요도를 알 수 있다. 보통은 지금 걱정하는 실패가 평생 자신을 규정하진 않을 것이고, 지금 느끼는 두려움이 평생 그렇게 중요하진 않을 것임을 알게 된다.

실험 4: 자신감 방정식
—

물론 모든 두려움이 "이제 내 인생은 완전히 망했어"처럼 극단적인 형태를 띠진 않는다. 은근히 성가신 자기 의심의 형태로 목표 달성을 방해하는 두려움도 존재한다. 내가 아직 부족한 것 같다는 두려움이다.

　나는 이런 자기 의심을 일종의 가사假死 상태로 본다. 자기 의심은 양립 불가능한 두 개의 신념 사이에서 이러지도 저러지도 못하는 상태다. 마음 한편에서는 '정말로 하고 싶어'라고 생각하면서 다른 편에서는 '절대로 할 수 없어'라고 하는 것이다. 그 결과는 마비다.

　예를 들어 내가 글쓰기를 미룰 때(자주 그런다) 그 이유는 두 개의 이상 사이에 끼어 있기 때문이다. 한편으로는 책을 쓰고 싶은 간절한 욕구를 느끼지만(근사한 뭔가를 만들고 싶어! 사람들을 돕고 싶어!) 또 한편으로는 마음속에서 '어차피 써봤자 쓰레기일 텐데 뭐 하러 써!'라거나 '글솜씨도 형편없으면서 웬 난리야?'라는 작은 목소리가 들린다.

물론 의심이 유익하고 타당할 때도 있다. 나는 나의 비행기 조종 능력이나 로켓 설계 능력을 심히 의심한다. 그러나 대부분의 경우 우리의 의심은 그만큼 합리적이지 않다. 자기 의심이 미루기로 이어질 때 보통은 그 이면에 어떤 실체가 존재하지 않는다. 단지 자신의 인식이 그럴 뿐이다. 자신의 능력이 스스로 생각하는 요구치에 미달한다는 믿음이 만드는 허상이다. 수학 공식을 좋아한다면 이렇게 써도 좋겠다.

자신감 = 능력에 대한 인식 - 기준에 대한 인식

자신의 능력이 기준 이상이라고 믿으면 자신감이 생긴다. 반대로 자신의 능력이 기준 이하라고 믿으면 의심이 생긴다.

그렇다면 자기 의심의 영향력을 줄이려면 어떻게 해야 할까? 적당한 도구만 있다면 자신감 방정식이 행동으로 이어지도록 재조정할 수 있다. 2장에서 힘을 논하면서 살펴본 자신감을 키우는 방법들이 자기 의심을 물리치는 데에도 무척 효과적이다. 하지만 생산성의 대가를 자처하는 나도 매일 자기 의심 때문에 미루고 싶은 충동과 싸우는 건 여전하다. 이 책을 쓰는 동안에도 자기 의심이 작가의 장벽writer's block(작가가 글을 쓰지 못하고 막막한 상태—옮긴이)을 만드는 주범이었다. 어차피 해봤자 안 된다는 생각이 며칠씩(심지어는 몇 주씩!) 이어지곤 했다.

그럴 때에는 자신감을 키우는 게 가장 쉬운 해법이 아닐 수도 있다. 자신감이 있으면 당연히 좋고 당연히 일을 시작하기가 한결 수월해진다. 하지만 단지 미루기를 멈추고 싶을 뿐이라면 더 간단한 탈출법이 있을 수 있다.

그때 주로 쓰는 간단한 기법이 있다. 기적적으로 자기 의심을 격파하려 하지 않고 그것을 그저 사소한 문제로 만들어버리는 것이다. 내가 가장 좋아하는 방법은 간단하다. 속으로 '이 일을 시작하려면 자신감이 얼마나 필요하지? 혹시 자신감이 없어도 시작할 수 있지 않을까?'라고 생각해보는 것이다. 그러면 십중팔구 그 답은 '예스yes'다. 물론 내가 뇌 수술을 집도해야 한다면 자신감이 충만해야 시작할 수 있을 것이다. 그렇지만 현실적으로 봤을 때 일상에서 헬스장 가기, 사업 진행하기, 책 쓰기 같은 영역에서 자기 의심이 발생한다면 그 일을 시작하는 데 자신감이 필수는 아니다.

○   일단 시작하자.
   완벽은 한참 후에나 생각해볼 문제다.

그러니까 불안정한 시작일지언정 할 수 있다. 내가 한 시간 동안 운동하기 위해서 꼭 아널드 슈워제네거 같은 보디빌더가 된 기분이 들어야 하는 건 아니다. 내가 처음으로 세운 사업 전략이 꼭 선견지명 있는 천재적 사업가의 전략과 같은 수준일 필요는 없다. 내 책의 초고가 반드시 걸작이어야 하는 것도 물론 아니다.

새로운 일을 시도할 때 자신감이 필수라는 생각이야말로 시작의 장애물이다. 그 해법은? 잘 못할 것 같아도 일단 해보는 것이다.

일단 시작하자. 완벽은 한참 후에나 생각해볼 문제다.

두려움을 극복해라

눈부신 조명이 무대를 밝히자 아델은 땀으로 손바닥이 축축해졌다. 이제 수천 명의 관객 앞에 나서야 했다. 그런 공연은 전에도 몇 번 해본 적 있었다. 하지만 이번에는 겁이 났다. 그 많은 관객 앞에서 노래한다고 생각하자 두려움에 집어삼켜질 것만 같았다.

지금은 세계적 스타인 아델이지만 한때는 무대 공포증에 시달리는 실력파 가수였던 시절이 있었다. 비교적 신인 때 어느 콘서트에서 너무 겁을 먹고 가수 생명이 끝날 뻔했지만 우연히 두려움을 극복할 방법을 찾고 인생이 완전히 바뀌었다.

아델은 비욘세에게서 영감을 얻었다. 2008년에 비욘세는 정규 3집 앨범명에 제2의 자아인 사샤 피어스Sasha Fierce라는 이름을 썼다. 사샤 피어스는 자신이 무대 위에서 어색함을 떨쳐내고 더 자신감 있고 더 카리스마 있는 모습을 보여주기 위해서 사용하는 페르소나라고 설명했다. "사샤 피어스는 내가 일할 때와 공연할 때 발현되는 자아로, 재미있고, 더 관능적이고, 더 저돌적이고, 더 솔직하고, 더 화려한 나다."[6]

아델은 거기서 힌트를 얻어 사샤 피어스와 전설의 컨트리 가수 준 카터June Carter를 결합한 사샤 카터라는 제2의 자아를 만들었다.[7] 사샤 카터는 대담하고, 뻔뻔하고, 자신감이 충만한 존재, 곧 아델이 무대 위에서 원하는 이상적 모습이었다. 사샤 카터라는 페르소나로 변신함으로써 아델은 마음속 두려움에서 탈피해 그동안 간절히 바랐던 자신감과 카리스마 넘치는 가수가 될 수 있었다.

아델이 사용한 제2의 자아에서 우리는 두려움의 마비 효과를 해소하기 위한 마지막 방법에 대한 힌트를 얻을 수 있다. 미루기를 가장 많이 유발하는 요인은 타인의 시선에 대한 두려움이다. 발표해야 할 때, 새로 만든 영상을 인터넷에서 모르는 사람들에게 공개해야 할 때, 낯선 사람들이 참석하는 모임에 가야 할 때 우리는 타인의 눈에 자신의 '실체'가 까발려질 것이라는 두려움 때문에 안전지대 밖에서 성장하기를 주저할 수 있다.

하지만 우리가 남들에게 들킬까 봐 겁내는 것, 즉 실수, 사소한 헛발질, 단점은 우리가 남들을 볼 때 웬만해서는 눈치채지 못하는 부분이다. 그런데 자기 자신을 볼 때에는 실제보다 훨씬 크고 중요하게 느껴진다.

그래서 두려움의 힘에서 벗어나기 위한 마지막 방법이 필요하다. 지금까지 이 장에서 우리는 두려움의 실체를 알고 그 위력을 줄이는 방법을 알아봤다. 하지만 정말로 벅찬 일을 해야 할 때에는 그런 방법들만으로 부족할 수 있다. 두려움을 근절하기는 불가능하다. 두려움은 극복해야 한다.

그러자면 두려움에서 용기로 나아가야 한다. 그 시작은 당신의 인생에서 가장 중요한 사람이 당신을 보는 관점을 바꾸는 것이다. 그 중요한 사람이란 바로 당신 자신이다.

실험 5: 조명을 꺼라

—

나에게 그러한 변화의 계기는 친구 제이크의 집에서 열린 저녁 파티였다.

토요일 저녁 제이크의 집은 끊이지 않는 웃음과 대화로 활기가 넘쳤다. 제이크가 몇 주 동안 준비한 파티였다. 별일이었다. 식탁에 둘러앉은 사람들은 모두 제이크가 매일 우버 이츠Uber Eats로 배달 음식만 먹는 것을 알았다. 그가 친구들을 위해 온갖 맛있는 음식을 요리하기는 처음이었다.

문득 웃지 않고는 못 배길 농담이 떠올랐다. 제이크가 요리를 그릇에 담는 동안 대화가 끊어지는 틈을 노리던 나는 마침내 먹음직스러운 음식이 식탁에 차려졌을 때 기회를 포착했다. "제이크, 이 맛있는 요리들, 우버 이츠로 주문하느라 수고했어."

일순 정적이 흘렀다. 그리고 또 한참 이어지는 침묵. 아무도 웃지 않았다. 이윽고 포크와 나이프가 접시를 건드리는 소리가 들렸다. 나는 얼굴이 새빨개지고 갑자기 온몸이 홧홧했다. 망했다. 웃기지 않은 건 둘째치고 몇 시간 동안 주방에서 생고생한 제이크에게 상처를 준 것 같았다.

그 뒤에 나는 여전히 부끄러워서 어쩔 줄 몰라 하며 친구인 캐서린에게 쭈뼛쭈뼛 물었다. 아까 나 진짜 망신도 그런 망신이 없었지? 친구들이 다 나한테 정떨어진 거 아니야? 이제 다들 다시는 나 초대 안 하는 거 아니야? 캐서린은 무슨 뚱딴지같은 소리냐는 표정이었다. 캐서린은 내가 농담을 한 것조차 몰랐다. "나 음식 먹는다고 정신없었어. 제이크 요리 솜씨 의외지?"

이렇게 혼자 머릿속으로 결례를 저질렀다고 끙끙댄 후 중요한 교훈을 얻었다. 나는 남들이 내 행동을 주시하고 비판하는 수준을 과대평가하며 살았다. 그날 밤 주위를 둘러보니 세상은 내 일거수일투족에 관심이 없었다. 모두 자기 관심사를 이야기하며 웃고 떠들기 바빴다.

그때껏 나는 '조명 효과spotlight effect'라고 하는 흥미로운 현상의 피해자였다.[8] 우리는 타인의 시선에 민감하다. 사회적 동물로서 편도체가 항상 우리의 지위를 위협할 만한 요인을 탐색 중이니 그럴 만도 하다. 하지만 그로 인해 항상 자신에게 조명이 비친다고 믿고 주변 모든 사람이 끊임없이 자신을 주목하고 자신의 행동을 분석해 인간으로서 가치를 평가한다고 착각하며 산다.

심리학 교수 토머스 길로비치Thomas Gilovich는 2000년대 초에 동료들과 발표한 일련의 논문에서 남들이 자신을 생각하거나 평가하는 정도를 과대평가하는 경향을 거듭 증명했다. "사람들은 평소에 자신의 행동이나 외모에서 아주 사소한 부분까지도 남들 눈에 띌 거라고 걱정한다. 그런 걱정이 모두 타당하진 않다. 우리의 행동이나 외모에서 사소한 부분은 우리가 끈질기게 의견을 구하는 타인들에게 간과될 공산이 크다."

사실 모든 사람의 주 관심사는 자신이고 자신이 남들에게 어떻게 비칠지다. 그래서 우리에게 관심을 기울여봤자 잠깐이다.

따라서 조명 효과는 아무도 나에게 신경 안 쓴다는 사실만 기억해도 완화된다. 특히 두려움 때문에 뭔가를 못 하고 있을 때 그런 생각을 하면 큰 도움이 된다. 예를 들면 이런 식이다.

- 내가 초기에 올리는 유튜브 영상들이 눈 뜨고 못 봐줄 수준이라고 해도 어차피 <u>아무도 신경 안 쓴다</u>.
- 내가 아직 글을 써본 경험이 부족해서 블로그에 두서없는 글을 올려도 어차피 <u>아무도 신경 안 쓴다</u>.
- 내가 파트너도 없이 생초보로 살사 댄스 수업에 나가도 어차피 <u>아무도 신경 안 쓴다</u>.
- 내가 구두와 어울리지 않는 벨트를 차고 파티에 가도 어차피 <u>아무도 신경 안 쓴다</u>.

'아무도 신경 안 쓴다'는 마음가짐은 어마어마한 변화를 일으킬 수 있다. 내가 아는 한 불안감 때문에 미루는 현상을 완화하는 방법 중에서 이만큼 간단한 방법도 없다.

물론 이것 하나로 끝이라는 말은 아니다. 두려움은 우리가 평생 맞서야 할 감정이고, 설마하니 이 책을 읽었다고 자신과 자신의 결과물을 보는 타인의 시선에 대한 두려움이 깨끗이 사라지리라 기대하지도 않는다.

하지만 두려움에도 건전한 수준이 있다. 그리고 우리를 마비시키는 수준이 있다. 조명 효과를 알면 지금 바로 뭔가를 시작할 수 있다. 그 결과물이 쓰레기 같아도 어차피 당신 말고는 아무도 신경 쓰지 않는다.

실험 6: 배트맨 효과
—

아무도 신경 안 쓴다는 생각으로도 망신당할까 두려운 마음을 극복하기엔 역부족일 때가 있다. 아마 아델도 그때 큰 무대로 나서기 직전에 떨려서 기절하기 직전이었을 것이다. 아무도 신경을 안 쓰긴커녕 수많은 사람이 그녀를 보려고 거기 모여 있었기 때문이다.

그럴 때 우리는 사샤 카터를 모방하면 된다. 제2의 자아가 되는 아델의 변신법은 두려움을 극복하는 강력한 수단이 된다. 학계에서 붙인 재미있는 명칭도 있다. 이름하여 '배트맨 효과Batman effect'.

배트맨 효과는 펜실베이니아대학교의 레이철 화이트Rachel White 교수가 이끄는 연구 팀이 처음으로 밝혀냈다.[9] 그들은 아동이 제2의 자아로 변신할 때 실제로 과업을 수행하는 태도에 변화가 생기는지 궁금했다. 그래서 4~6세 아동을 대상으로 실험을 고안했다. 연구진은 아이들에게 주변에 더 재미있는 게 있지만 꾹 참고 집중해야 하는 과제를 제시했다.

이들은 세 집단으로 나뉘었다. 첫 번째 집단은 구체적인 지시를 받지 않았다. 두 번째 집단은 자신의 느낌과 생각을 의식하라는 지시를 받았다. 세 번째 집단은 자신이 배트맨, 도라 디 익스플로러Dora the Explorer처럼 슈퍼히어로나 평소에 동경하는 캐릭터가 됐다고 생각하라는 지시를 받았다. 이후 연구진은 아이들이 어떻게 과제를 수행하는지 관찰했다.

그 과정에서 우연히 흥미롭고 유의미한 현상이 포착됐다. 슈퍼히어로나 다른 캐릭터가 됐다고 상상한 집단이 다른 두 집단보다 눈에 띌 만큼 강한 자제력, 집중력, 인내력을 발휘한 것이다.

여기서 배트맨 효과가 실패에 대한 두려움을 극복하는, 따라서 미루기를 극복하는 수단이 될 수 있음을 알 수 있다. 우리는 대담하고 자신만만한 제2의 자아로 변신함으로써 평소에 자기 안에서 잘 느끼지 못했을 용기와 의지를 발현할 수 있다.

나도 오래전부터 배트맨 효과를 통해 불안감을 극복하고 있다. 특히 여러 사람 앞에서 말해야 할 때 그 덕을 톡톡히 본다. 평소에 나는 불안감과 자기 의심에 자주 시달린다. 그리고 예전부터 강연과 발표를 해왔는데도 사람들 앞에 나서려고 하면 종종 겁이 난다. 그럴 때 내가 변신하는 제2의 자아는 〈엑스맨〉 시리즈에서 제임스 매커보이가 연기한 젊은 시절의 찰스 자비에(일명 프로페서 엑스)다.

내가 찰스 자비에로 변신할 때 사용하는 신호는 가짜 안경을 쓰는 것이다. 그래서 시력 교정술을 받았는데도 여전히 대중 앞에 나설 때에는 안경을 쓸 때가 많다. 안경을 쓰면 프로답고 지적인 제2의 자아로 변신함으로써 강연이나 발표 시에 자주 느끼는 가면 증후군imposter syndrome(자신이 실제로는 남들의 생각만큼 유능하지 않다고 생각해 불안해하는 증상—옮긴이)을 극복하는 데 도움이 된다.

그렇다고 〈엑스맨〉 마니아만 이 방법을 쓸 수 있는 건 아니다. 당신이 자기 의심 때문에 미루고 있는 일을 생각해보자. 예를 들면 새로운 취미나 부업을 시작하는 것이 될 수 있다. 이제 그 일을 거뜬히 해낼 제2의 자아를 찾아보자. 당신이 원하는 자신감이나 용기, 의지력, 심지어는 (감히 말하자면) 극기심 등의 특징을 가진 사람이 누구인가?

다음은 제2의 자아로 변신할 차례다. 혼자 조용히 있을 곳을 찾아서 잠시 마음속으로 자신이 제2의 '나'로 바뀌는 모습을 그려보자. 자신이 그 인물의 자세, 목소리, 마음가짐을 그대로 재현한다고 상상하자. 배트맨 효과를 많이 연습할수록 두려움이나 미루기를 극복해야 할 때 사용하기가 쉬워진다.

끝으로, 주문이나 확언을 만들어두면 도움이 된다. 제2의 자아가

견지하는 마음가짐을 반영해 기운을 북돋는 문장을 짧게 만들어보자. 용기나 의지가 더 많이 필요할 때 그 문장을 외우자. 예를 들면 이런 식이다.

나는 자신 있다.
나는 대범하다.
나는 천하무적이다.

이런 주문이 유치하게 들릴 수도 있다. 하지만 그 효과는 놀랍다. 주문을 외우면 우리(혹은 우리의 제2의 자아)에게 미처 상상하지 못했던 힘이 있음을 자각하게 된다.

★ 우리의 두 번째 감정적 장애물은 훨씬 골치 아픈 것, 바로 두려움이다. 어떤 자리가 자신에게 무리다 싶어 지원하기를 미루거나 좋아하는 사람에게 데이트 신청하기를 미룬 적이 있다면 이 두려움이란 괴물을 경험해봤을 것이다. 그 해법은 두려움을 완전히 없애는 게 아니다. 그 대신 두려움에 맞설 용기를 길러야 한다.

★ 그런 용기는 세 가지 차원에서 비롯된다. 첫 번째는 두려움을 **이해하는** 것이다. 스스로에게 물어보자. 왜 이 일을 아직도 시작하지 않았지? 뭐가 무서운 거야? 이 두려움의 원인은 뭐지?

★ 두 번째는 두려움을 **완화하는** 것이다. 우리가 느끼는 두려움은 대체로 과장돼 있다. 그래서 다음과 같은 질문으로 파국화를 방지해야 한다. 이게 10분 후에도 중요할까? 이게 10주 후에도 중요할까? 이게 10년 후에도 중요할까?

★ 세 번째는 두려움을 **극복하는** 것이다. 다른 사람의 시선이 무섭다면 대부분의 사람은 사실 당신에게 신경 안 쓴다는 진실을 기억하자. 인간은 원래 남을 많이 의식하는 종이지만 남에게 관심이 많은 종은 아니다.

6장

시작해라

1684년에 아이작 뉴턴은 그의 반평생에서 가장 야심 찬 일에 착수했다. 이후 18개월간 빈번히 수면과 식사를 포기해가며 밤낮없이 집필에 매진한 끝에 필생의 역작《자연 철학의 수학적 원리Philosophiae Naturalis Principia Mathematica》(약칭《프린키피아》)를 탈고했다.

1687년 7월에 출간된《프린키피아》는 사물이 공간을 이동하는 원리를 과학적으로 설명하려 한 최초의 시도라 할 수 있었다. 그 핵심이 되는 원칙은 뉴턴의 운동 법칙 가운데 제1법칙, 통칭 관성의 법칙으로 명료하게 요약된다. "외부에서 불균형한 힘이 가해지지 않는 이상 정지한 물체는 정지를 지속하고 이동 중인 물체는 이동을 지속한다."

즉 다른 힘(중력, 공기 저항 등)이 건드리지 않는 한 멈춰 있던 물체는 계속 멈춰 있고 움직이던 물체는 계속 움직인다.

40년 후 뉴턴이 사망한 시기에는 많은 사람이《프린키피아》를 자연계의 물리적 특징을 설명하기 위해 그 누구보다 많은 노력을 기울인 걸작으로 인정했다. 그러나 아마도 그들은 뉴턴의 제1법칙으로 인간의 행동에서 특히 흥미로운 점 한 가지가 설명된다는 사실까지는 몰랐을 것이다. 무슨 말인가 하면, 관성의 법칙은 물리학뿐 아니라 생산성에도 똑같이 적용된다.

지금까지 우리는 기분을 더 나쁘게 만들고 미루기를 악화하는 두 가지 대표적 장애물을 알아봤다. 불확실성은 우리가 시작을 위해 무엇을 해야 할지 갈피를 못 잡게 하고, 두려움은 우리가 불안에 사로잡혀 시작할 엄두를 내지 못하게 한다. 하지만 마지막으로 살펴볼 세 번째 장애물이야말로 가장 힘든 상대가 아닌가 싶다. 바로 관성이다.

뉴턴이 발견한 대로 움직임을 유지할 때보다 움직임을 시작할 때 훨씬 많은 에너지가 요구된다. 아무것도 안 하고 있을 때에는 그냥 계속 아무것도 안 하는 게 쉽다. 뭔가를 하고 있을 때에는 계속하는 게 훨씬 쉽다. 의욕을 내려고 모든 수단을 동원한 것 같은데도 여전히 미루고 있을 때에는 시작을 위한 마지막 한 방이 필요하다.

관성은 감정의 지형을 납작하게 만든다. 무력하고 정체된 느낌이 들게 하고 기분 좋은 감정을 서서히 무너뜨린다. 하지만 관성은 극복 가능하다. 관성의 법칙은 야트막한 언덕길이라고 생각하면 좋다. 자전거를 타고 비탈을 내려가려고 한다고 상상해보자. 헬멧도 썼고 체인에 기름칠도 잘되어 있고 어서 출발하고 싶어 몸이 근질거린다. 단, 문제가 하나 있다. 긴 내리막길이 나오기 전에 오르막길을 조금 올라가야 한다. 언덕을 넘으려면 폭발적으로 에너지를 발산해야 하는데 썩 유쾌한 경험이 아닐 수 있다.

언덕을 넘자!

하지만 일단 그 고개를 넘어 내리막길이 나오면 머리카락 사이로 부는 바람을 느끼며 어느 때보다 즐거운 마음으로 집까지 미끄러지 듯 달려갈 것이다.

마찰을 줄여라

그러면 어떻게 그 언덕을 넘을 수 있을까? 첫 번째 방법은 주위를 둘러보고 무엇 때문에 시작이 그렇게 어려운지 알아내는 것이다. 어쩌면 주변 환경에 작은 변화를 줌으로써 상황을 반전시킬 수 있을지 모른다. 이를 위해 네덜란드 학자 마를레인 하위팅크Marlijn Huitink 가 채소를 사는 사람들의 심리를 연구한 결과를 보자.[1]

하위팅크가 이끄는 연구진은 한 슈퍼마켓 체인과 여러 공익 단체의 의뢰를 받아 저렴한 비용으로 국민 건강을 향상할 방안을 모색했다. 그 일환으로 주변 환경이 구매 결정에 미치는 영향을 간단히 알아볼 방법을 고안했다. 연구진은 일주일 중 며칠(실험하는 날)은 쇼핑카트 바닥을 절반쯤 덮는 초록색 종이를 깔았다. 그 종이는 손님이 채소를 놓는 공간을 의미했다. 거기에는 그 슈퍼마켓에서 다른 손님들이 채소를 살 때 어떻게 하는지도 적혀 있었다. 예를 들면 "이 슈퍼마켓에서 가장 인기 있는 채소는 오이, 아보카도, 피망입니다"나 "대부분의 고객이 최소 일곱 가지 채소를 선택합니다"라는 식이었다. 일주일 중 나머지 날(통제하는 날)에는 초록색 종이를 치웠다.

연구진은 이처럼 주변 환경에 미세한, 그리고 무엇보다도 저렴한, 변화(쇼핑 카트의 초록색 종이와 메시지)를 가하면 손님의 행동이 바뀔지 궁금했다. 과연 그러했다. 초록색 종이를 깐 날은 그렇지 않은 날보다 손님들이 채소를 50퍼센트 이상 더 구입했다.

이런 변화는 어떤 일을 시작하는 데 요구되는 에너지를 줄이는 것이라 볼 수 있다. 다시 말해 우리가 추구하는 목표를 달성하지 못하게 하는 마찰을 제거하는 것이다. 계속해서 채소를 사야 한다는 말을 들으면 채소를 사야 한다는 사실을 기억하기 위해 필요한 에너지가 대폭 감소한다. 그리고 동네에서 가장 인기 있는 채소가 무엇인지 들으면 채소를 고르기 위해 필요한 에너지가 대폭 감소한다.

실험 1: 환경의 마찰을 줄여라
–

이런 마찰은 첫째로 물리적 환경에서 우리를 방해한다. 우리는 무엇을 해야 하는지 뻔히 알면서도 하필 지금 있는 장소 때문에 그 일을 시작하기가 쓸데없이 어려울 때가 많다.

2018년에 풀타임 의사로 일할 때 나는 저녁에 기타 연습하는 습관을 들이기가 어려웠다. '기타 연습 좀 해야 하는데!'라고 한 번씩 생각하면서도 번번이 미루기만 했다. 그 대신 거실 소파에 앉아서 휴대폰으로 SNS를 스크롤하거나 텔레비전을 봤다. 기타는 구석에 있는 책장에 가려서 거의 안 보였다. 그러다 제임스 클리어의 《아주 작은 습관의 힘》을 읽고 나서야 알고 보면 당연한 해결책을 생각해 냈다. 기타를 거실 한복판에 두면 됐다. 그랬더니 언제 그랬냐는 듯이 기타를 들기가 훨씬 쉬워졌다.

이런 행동과 네덜란드 연구진의 조치는 우리의 환경을 설계하는 것이라고 볼 수 있다. 그 목적은 마찰을 줄임으로써 시작하기가 훨씬 쉬워지게 하는 것이다.

그 중심에는 행동 과학자들이 말하는 기본 선택이 있다. 기본 선택은 능동적으로 선택하지 않을 때 저절로 생기는 결과다. 네덜란드의 슈퍼마켓 실험에서는 신선 식품을 놓는 초록색 종이 때문에 채소를 사는 게 기본이 됐다. 그래서 손님들은 별생각 없이 신선 식품을 카트에 채웠다.

이 기법을 현실에서는 어떻게 활용할 수 있을까? 핵심은 자신이 시작하고 싶은 일이 가장 당연하고 기본적인 선택이 되도록 환경을 바꾸는 것이다. 반대로 하기 싫은 일은 더 어려운 선택이 되게 해야 한다. 예를 들면 이런 식이다.

- **기타 연습** 기타 스탠드를 거실로 옮겨서 기본 선택이 되게 한다. 그러면 10분쯤 쉬어야 할 때 무심코 기타를 드는 게 당연해진다.
- **집중 학습** 학습 자료를 잘 보이는 곳에 정리해두면, 예를 들어 노트북 옆에 노트를 두면 공부가 기본 선택이 된다. 그러면 책상에 앉을 때마다 복습하는 게 당연해진다.
- **휴대폰 사용량 줄이기** 알림을 끄면 휴대폰을 드는 게 더는 기본 선택이

아니게 된다. 즉 휴대폰을 확인하는 게 당연하지 않아진다.

환경을 바꾸면 바람직한 선택, 즉 정말로 하고 싶은 선택으로 행동의 저울이 기운다. 무심코 나쁜 선택을 할 확률이 줄어든다.

실험 2: 감정의 마찰을 줄여라
—

당연한 말이지만 시작이 어려운 이유는 환경에만 있지 않다. 기분도 문제다. 지금까지 우리는 시작을 방해하는 거대한, 그리고 대체로 스트레스를 유발하는, 감정적 장애물에 관해 많이 이야기했다. 바로 우리가 하고 있는 일에 대한 모호함과 어떤 일이 수반하는 상황에 대한 불안감이었다. 하지만 그보다 훨씬 뻔하고 시시한 장애물이 존재한다. 그 장애물이란 내가 사는 영국에서 속칭 CBA, 즉 '귀찮아 죽겠다can't be arsed'라고 말하는 것이다.

내가 알기로 미국 영어에는 그런 정서를 이처럼 절묘하게 함축한 표현이 존재하지 않는다. 안타까운 일이다. 그것은 무척 보편적으로 느끼는 정서이기 때문이다. 나는 그 과제를 하는 게 CBA야. 나는 기타를 배우는 게 CBA야. 그리고 솔직히 까놓고 말해서 이 책을 쓰는 게 CBA야.

CBA는 가장 흔한, 그리고 가장 심각하게 마비를 일으키는, 시작의 장애물이다. 하지만 쉽게 대처할 수 있다. 가장 현명하고 가장 유구한 생산성 증진법을 쓰면 된다. 바로 '5분 법칙five-minute rule'이다.

5분 법칙은 어떤 일에 딱 5분만 집중하게 하는 간단하지만 강력한 기법이다. 그 바탕에는 대부분의 일에서 시작이 제일 어려운 부분이라는 인식이 깔려 있다. 그래서 자신이 피하고 있는 일에 5분간 전적으로 집중한다. 5분이 지나면 계속할지 말지 정할 수 있다.

내가 직접 써봐서 아는데 5분 법칙은 의외로 효과적이다. 계속 미루던 일을 딱 5분만 한다고 상상하면 웬만해서는 그 일에 본격적으로 착수해야겠다고 생각할 때보다 훨씬 덜 괴롭다. 특히 그 일을 본격적으로 시작하는 게 머릿속에서 '그 일을 영원히 하는 것'처럼 느껴지는 경우라면 그 경감 효과가 훨씬 커진다.

나는 약 80퍼센트의 확률로 5분 후에도 하던 일을 계속한다. 예를 들어 〈반지의 제왕〉 OST 중 〈컨서닝 호비츠Concerning Hobbits〉를 현악 사중주로 리메이크한 곡에 맞춰 고개를 끄덕이며 서류 작업을 하다 보면 어느새 재미를 느끼거나 적어도 그동안 걱정했던 것만큼 나쁘진 않다는 느낌이 든다.

그러나 억지로 계속해서는 절대로 안 된다. 그랬다가는 5분 법칙이란 명칭이 무색해진다. 그래서 내 경우에는 나머지 20퍼센트의 확률로 5분 후에 진심으로 중단을 허용한다. 물론 그러면 세금 신고서 작성을 완료하지 못하고 다른 날로 미룬다는 의미가 될 수 있다. 하지만 단 5분이었을지언정 진전은 진전이다.

그리고 중단을 허용하는 것은 스스로에게 새빨간 거짓말을 하지 않는다는 의미다. 5분만 하자고 해놓고 억지로 계속한다면 5분 법칙은 마력을 잃을 것이다.

행동해라

맷 모커리Matt Mochary의 고객 명부는 마치 실리콘 밸리의 인명부처럼 보인다. 투자 회사 와이 컴비네이터Y Combinator의 경영진, 오픈 AI 같은 거대 기업의 CEO 등이 잠재력을 발현할 방법을 찾아 그에게 몰려든다. 레딧의 CEO 스티브 허프먼Steve Huffman은 모커리 덕분에 레딧의 기업 가치가 10억 달러 증가했다고 말한다.

나도 몇 년째 비즈니스 코칭을 받고 있지만 모커리는 어떤 식으로 코칭을 할지(아마 말도 안 되게 비쌀 테지만) 항상 궁금했다. 어떻게 단 몇 회의 코칭으로 기업 가치를 10억 달러나 늘릴 수 있을까? 그 시간에 도대체 어떤 기막힌 조언으로 변화를 일으키는 걸까?

나는 그에게 알고 나면 큰 깨달음을 주는 어마어마한 비결이 있을 줄 알았다. 그래서 내가 좋아하는 팟캐스트 진행자인 팀 페리스Tim Ferriss와 모커리가 허심탄회하게 인터뷰한 내용을 듣고 김이 좀 샜다.[2] "많은 사람이 '맷, 당신은 뭐가 다른 거죠?'라고 물어요. 참 대답하기 곤란한 질문입니다. 왜냐하면 제가 하는 일은 정말 간단하거든요. (중략) 우리는 대화를 마칠 때 추후 해야 할 행동을 최소한 하나 아니면 둘 아니면 세 가지쯤 정한다는 원칙이 있습니다."

'겨우 그거야?' 싶었다. "추후 해야 할 행동을 최소한 하나 아니면 둘 아니면 세 가지쯤" 정하기만 해도 회사가 살아난다고? 그러고서 내 삶을 돌아봤다. 내가 뭔가를 이루는 데 애를 먹고 있다면 즉각 실천해야 할 간단하고 명료한 행동 계획이 없는 경우가 대부분이었다. 그래서 관성에 빠졌다. 그래서 미뤘다.

모커리는 자신의 원칙을 '행동 편향bias to action'이라고 부른다. 그는 고객과 보내는 시간을 귀중하게(자신과 고객 양쪽에) 생각하기 때문에 깊이 생각만 하고 실천 가능한 행동 계획을 도출하지 않는다면 시간 낭비에 불과하다고 여긴다. 우리는 막연하고 추상적인 목표가 아니라 명확하고 구체적인 행동 계획이 필요하다. 그런 계획이 없으면 아무것도 안 할 공산이 크다.

이 행동 편향이 바로 관성을 극복하는 두 번째 방법이다. 지금까지는 시작에 필요한 에너지를 줄이는 방법을 이야기했지만 이제는 실제로 첫 행동 단계를 밟아야 한다. 그 첫 행동 단계가 무엇인지 알기 위해 팀 피칠Tim Pychyl 박사의 연구 결과를 살펴보자.

실험 3: 다음 행동 단계를 정의해라
—

팀 피칠만큼 미루기를 잘 아는 사람도 없다.[3]

피칠은 20여 년 전부터 미루기를 주제로 스물다섯 편이 넘는 논문을 발표했고, 그가 운영하는 캐나다 칼턴대학교Carleton University의 미루기 연구단Procrastination Research Group은 우리가 미루는 이유를 과학적으로 탐구해 영향력 있는 정보를 제공하기로는 가히 세계 최고라고 할 수 있다. 피칠 자신이 그 연구의 수혜자이기도 하다. "나는 웬만해서는 미루는 일이 없습니다. 미루기의 실체를 알면 미루기를 줄일 수 있다고 당당히 말할 수 있는 사람이죠"라고 내게 말했다.

그에게 "그 비결이 뭐죠?"라고 물었다. 사람들이 미루기를 극복하는 데 도움이 될 만한 조언을 하나만 한다면? 그의 대답은 뜻밖이었다. 피칠은 자신이 뭔가를 미루고 있음을 자각하면 그냥 속으로 묻는다고 했다. '다음 행동 단계는 뭐지?' 가령 요가를 미루고 있다면 다음 행동 단계는 요가 매트를 펼치고 서는 것이다. 그거면 된다.

그렇게 간단할 리가 있나 싶지만 실제로 효과가 있다. 피칠의 기법은 추상적인 행동 편향을 구체적인 다음 행동 단계로 바꾼다.

몇 가지 상황에 대입해보자.

- 시험 공부를 미루고 있다면 다음 행동 단계는 교재를 가져와서 공부를 시작할 페이지를 펼치는 것이다.
- 헬스장에 가는 것을 미루고 있다면 다음 행동 단계는 운동복으로 갈아입는 것이다.
- 책 쓰는 것을 미루고 있다면 다음 행동 단계는 노트북을 켜고 구글 문서 도구를 여는 것이다.

어떤 경우든 이 기법을 쓰면 겁이 날 만큼 대단한 장기 목표(책 쓰기)에서 시선을 거두고 실현 가능성이 더 큰 목표(몇 줄 더 쓰기)에 집중하게 된다. 그러면 피칠이 말하는 '자기기만층layer of self-deception'이 생겨서 초조함이 가라앉는다. 물론 그런다고 시험을 쳐야 하고, 러닝머신을 달려야 하고, 책을 써야 한다는 사실은 달라지지 않는다. 하지만 당장은 그런 것까지 걱정할 필요가 없다.

실험 4: 진척도를 추적해라
—

판타지 소설가로 세계 최대 판매량을 자랑하는 브랜던 샌더슨Brandon Sanderson 정도면 작가의 장벽을 모를 것 같다. 어릴 때부터 탐독가였던 샌더슨은 이미 중학교 때부터 판타지 소설을 쓰기 시작했다.

이후로 창작을 멈추지 않았다. 그렇게 2003년까지 (주로 호텔 프런트에서 야근하면서) 열두 편의 소설을 쓴 끝에 첫 출간 계약을 맺었다.[4] 그때부터 장편 소설 열여섯 편, 단편 소설 열 편, 그래픽 노블 세 편 이상을 출간했다.

그래서 나는 샌더슨도 작가의 장벽에 부딪힌다는, 그것도 수시로 부딪힌다는 사실을 알고 적잖이 놀랐다. "몇 챕터를 썼는데 더는 이야기가 진행되지 않거나 책을 반쯤 썼는데 챕터 하나가 도저히 잘 안 풀릴 때 작가의 장벽을 느낀다." 그럴 때에는 그만 쓰고 싶은 충동을 억누르기 어렵다.

그런 상황에서 샌더슨은 어떻게 할까? 그는 그럴 때 글쓰기를 멈추고 다시 쓰고 싶은 마음이 생길 때까지 기다리는 게 최악의 선택임을 안다. 그랬다가는 다시는 아무것도 쓰지 못할 게 분명하다. 그래서 그는 진척도를 추적한다. 작가의 장벽에 부딪히든 말든 단어 수를 추적하며 매일 2000단어를 쓸 때까지 멈추지 않는다.[5] 그리고 단어 수가 2000에서 4000으로, 또 6000으로, 그 이상으로 천천히 증가하는 것을 지켜본다.

브랜던 샌더슨의 판타지 소설은 그 분량이 길면 무려 40만 단어에 달하기도 한다. 하지만 차근차근 목표를 향해 나아가는 데 초점을 맞추기 때문에 그 여정이 편하게 느껴진다. 그 덕분에 그는 전 세계의 충성 팬 수백만 명에게 언제나 정확히 약속한 시점에 작품을 선보인다.

이 진척도 추적법은 대단한 위력을 발휘한다. 2016년에 연구자들이 그 효과를 파악하기 위해 총 2만 명가량의 참가자를 아우르는 도합 138편의 논문을 메타 분석했다.[6] 그랬더니 진행 목표(예: 계획한 훈련의 완료 여부)를 적든 결과 목표(예: 5킬로미터 주파 시간)를 적든 간에 진척도를 추적하면 실제로 그 목표를 달성할 확률이 훨씬 높아진다고 확인됐다.

왜 그럴까? 첫째, 진척도를 추적하면 자신이 뒤처지고 있는 부분이나 조정이 필요한 부분을 알 수 있다. 진척도를 꾸준히 확인하면 진척을 막는 패턴, 습관, 장애물이 드러난다. 이 책을 쓰는 동안 나는 마감일을 조정해야 한다는 사실을 서서히 깨달았다. 어떤 챕터는 목표한 단어 수를 쉽게 달성했지만 어떤 챕터는 훨씬 어려웠다. 둘째, 진척도를 추적하면 크고 작은 성공을 자축할 수 있다. 내 경우에는 8000단어를 채울 때마다 기념으로 런던에서 가장 좋아하는 인도 식당인 디슘에 갔다.

무엇보다도 진척도를 추적하면 목표에 점점 다가서고 있다는 구체적 증거가 생긴다. 천천히 증가하는 단어 수를 보면 탈고의 순간이 점점 가까워지고 있음을 알 수 있다. 이렇게 진척이 있는 것을 피부로 느꼈기 때문에 탄력을 유지하며 더욱더 글쓰기에 매진할 수 있었다. 이만한 의욕 증진제도 없다.

○   진척도를 추적하면
목표에 점점 다가서고 있다는
구체적 증거가 생긴다.

꼭 책을 쓸 때에만 진척도를 추적할 수 있는 건 아니다. 사실 진척도 추적은 삶의 모든 영역에서 가능하다.

만일 건강 증진이 목표라면 운동 일지를 쓰면 된다. 어떤 운동을

172

얼마나 했고 기분이 어땠는지 쓰자. 그러면 근력과 지구력이 점점 좋아지는 것을 확인할 수 있다.

만일 새로운 기술을 배우는 중이라면 학습 일지에 무엇을 배우고 있고, 무엇이 궁금하며, 어떤 도약의 순간이나 '유레카'의 순간이 있었는지 기록함으로써 진척도를 추적할 수 있다. 그렇게 하면 의욕이 증진되는 것은 물론이고 무엇을 더 배워야 하는지 한층 명확히 알게 된다.

만일 시험을 준비하며 복습 중이라면 막대그래프에 공부한 단원을 색칠하는 식으로 진척도를 추적해서 복습이 얼마나 완료됐는지 확인할 수 있다. 그러면 복습이 아무리 부담스럽게 느껴져도 막대그래프를 볼 때마다 올바른 방향으로 나아가고 있음을 자각하게 된다.

스스로를 지원해라

이쯤 되면 내가 조언하는 관성 해소법이 시작에 너무 큰 비중을 두고 있다는 생각이 들지도 모른다. 지금까지는 어떤 일을 시작해야 할 때 첫 행동 단계를 밟거나 마찰을 줄임으로써 미루기를 극복하는 법에 관해 많이 이야기했다. 하지만 더 장기적인 차원에서 미루기를 극복하는 요령에 대한 설명은 부족했다.

나도 안다. 지금까지 나는 어떤 일을 잘 시작한 후 관성을 극복했다고 생각했지만 금세 탄력을 잃어버린 적이 수없이 많았다. 그 증거물이 바로 이 책이다. 책을 쓰기 시작하고 처음 두 달 동안 3만 단어를 뽑아냈다. 하지만 이후 12개월간 생산한 분량은 1만 단어에 불과했다.

그래서 관성을 극복하기 위한 마지막 방법은 시작 전이 아니라 시작 후에 발생하는 미루기와 관련이 있다. 일이 잘 진척되다가 깊은 수렁에 빠진 듯 아무것도 안 하게 됐을 때에는 의욕을 유지하기 위해 다른 방법이 필요하다.

그 해결책은 스스로를 지원하는 법을 배우는 것이다. 막연하게 들릴지도 모르겠다. 그렇지만 미루기를 극복하는 방법과 관련해서는 구체적인 의미가 담긴 말이다. 이제부터 할 일은 자신이 목표를 향해 나아가도록 응원할 방법을 찾는 것이다. 무엇보다도 그 과정에서 자기 자신을 검사할 방법을 모색해야 한다. 그러면 먼저 간단하지만 놀라울 만큼 효과적인 기법을 알아보자. 바로 상호 검사자를 찾는 것이다.

실험 5: 상호 검사자를 찾아라
—

레딧의 r/GetMotivatedBuddies는 18만 명 이상이 "건강, 운동, 공부, 일, 건전한 습관 형성을 위해 서로 검사해줄 파트너를 찾고자" 구독하는 게시판이다. 헬스장 가기, 기타 배우기, 시험 공부하기, 코딩 배우기, 제시간에 취침하기, 어머니에게 전화 걸기 등을 미루지 않도록 서로 응원해줄 파트너를 찾을 수 있다.

이 게시판을 이용하는 사람은 인간의 의지와 관련된 흥미로운 사실을 체감한다. 어떤 일을 혼자 시작하려면 함께 시작할 때와 비교도 안 될 만큼 어렵다는 것이다. 그래서 서로 검사해줄 파트너를 찾으면 관성을 극복할 가능성이 훨씬 커진다.

그 이유는 일단 사람이 주는 에너지 때문이다(3장에서 알아봤다). 타인은 기분 좋은 감정을 증폭시켜서 시작하고 싶은 마음을 불러일으킨다. 인생은 친구가 있을 때 더 살 만하다.

하지만 상호 검사자는 그 외에도 훨씬 더 강력한 효과를 발휘한다. 바로 의무감을 무기로 만드는 것이다. 인간은 사회적 동물이라서 타인을 실망시키지 않으려고 필사적으로 노력한다. 혼자서 운동을 다니려고 하면 하루 빼먹기 쉬워도 친구가 아침 일찍부터 집 앞에 와서 가자미눈으로 손목시계를 보고 있다면 이야기가 달라진다.

상호 검사자는 이런 인간의 기본적 사회성을 공식적 시스템으로 만든다. 당신과 파트너는 서로 정해진 시간에 정해진 일을 했는지 검사하기로 합의한다. 예를 들면 운동 상호 검사자가 아침 6시에 창문을 두드린다. 정해진 시간에 친구가 전화를 걸어서 진짜로 공부하고 있는지 확인한다. 다른 사람이 집에 와서 일주일 동안 꼭 연습하겠다고 약속한 기타 연주곡을 잘 익혔는지 체크한다. 어떤 경우든 사회적 의무감으로 관성을 극복하려는 시도다.

이렇게 서로 검사하는 관계를 형성하기 위해 가장 좋은 방법은 무엇일까? 나는 보통 그 과정을 3단계로 나눈다. 첫째, 파트너를 찾는다. 서로 가치관이 맞는 사람이면 이상적이다. 따라서 우선 친구들 중에서 찾아보면 좋다. 하지만 서로 몰랐던 사이여도 목표가 똑같은 사람이 최고의 파트너가 되는 경우도 많다. 당신과 똑같이 일주일에 세 번 헬스장에 가거나 기타를 배우겠다는 포부를 품은 사람과 파트너가 되면 단순히 당신을 검사만 하는 사람이 아니라 당신의 고민을 이해하고 성공을 인정해줄 사람이 생긴다. 그러다 보면 서로 친구가 될 수도 있다.

적절한 파트너를 찾았으면 2단계로 어떤 검사 문화를 만들지 합의해야 한다. 끈질기고 도움이 되는 파트너와 귀찮고 짜증 나는 파트너는 종이 한 장 차이다. 그러니까 기본적인 원칙을 정해야 한다. 긍정적인 검사 방식은 무엇일까? 얼마나 자주 만나거나 연락하는 게 좋을까? 어떻게 하면 서로에게 최선의 도움을 줄 수 있을까? 내가 볼 때 최고의 상호 검사자는 다섯 가지 기준을 충족한다. 최고의 상호 검사자는 극기심이 있고(합의한 내용을 끈기 있게 지켜야 한다) 도전적이고(당신의 발전을 도와주기 위해 쉽게 물러서지 않아야 한다) 참을성이 있고(함부로 단정하거나 당신에게 성급한 결정을 강요하지 않아야 한다) 응원자여야 하고(격려의 말을 아끼지 않아야 한다) 건설적이어야 한다(솔직한 피드백과 건설적 비판을 전달할 줄 알아야 한다).

3단계는 검사 과정을 조금 더 자세히 의논하는 것이다. 파트너는 당신을 어떻게 검사하고 당신은 파트너를 어떻게 검사할 것인가? 구체적으로 언제 무엇을 할 것인가? 예를 들면 일주일에 한두 번 만나서 검사할 수 있다. 매일 문자 메시지나 영상 메시지로 잘하고 있는지 확인하는 방법도 있다. 아니면 한 달에 한 번 카페에서 만나서 어떤 부분이 잘되고 있고 어떤 부분이 잘 안 되고 있는지 검사해도 된다. 구체적인 방법이야 뭐가 됐든 서로 합의된 시간에 꾸준히 검사하기로 합의하는 게 중요하다.

바람직한 상호 검사자는 부드러운 동료 압력으로 강력한 효과를 발휘한다. 이제 당신에게는 함께 성취를 기뻐하고 고민을 이야기할 사람이 생겼다. 그러니까 침대에서 나가기로 한 시간에 정말로 나가게 될 것이다.

실험 6: 스스로를 용서해라

—

칼턴대학교 심리학자 마이클 월Michael Wohl이 2010년에 신입생들에게서 어찌 보면 당연한 현상을 포착했다.[7] 학생들은 미루기를 너무 좋아했다.

칼턴대학교의 소재지인 캐나다 오타와가 심심해도 너무 심심한 도시로 정평이 났음에도(아무래도 타당한 평가가 아닌 것 같다) 월의 수업을 듣는 학부생들은 그곳에서 공부 말고 할 일을 수백만 가지는 찾아냈다. 그들은 공부 대신 술집에 가고, 모임에 나가고, 이제 막 뜨는 앱이었던 트위터에 글을 썼다. 심리학은 잘 몰랐지만 심리학을 미루는 방법은 잘 알았달까.

하지만 월은 미루기가 문제라고 생각하지 않았다. 진짜 문제는 자책이었다. 월이 보니 학생들의 생산성이 약화되는 악순환의 원인은 자신을 비난하는 태도였다. 공부를 안 했을 때 학생들은 며칠씩 자신을 불량 학생이라고 책망했다. 그리고 그런 자괴감 때문에 나중에 공부할 확률이 훨씬 더 줄어들었다.

월은 자책이 미루기보다 훨씬 큰 문제라는 가설을 검증해보기로 했다. 중간고사 직전에 학생들에게 공부를 안 했을 때 자신을 얼마나 잘 용서하는지 점수를 매겨보라고 했다. 과연 자기 용서 점수가 높은 학생이 자꾸만 실수를 곱씹는 학생보다 우수한 성적을 낼까?

결과는 명백했다. 월의 짐작대로 공부를 안 했을 때 자신을 잘 용서한다고 답한 학생들이 월등한 생산성을 보였다. 스스로를 용서할 때 공부를 미룬 것에 대한 죄책감과 자괴감을 털어버릴 수 있었다. 즉 "부적응 행동을 극복하고 과거의 행위에 대한 부담감 없이 목전의 시험에 집중할” 수 있었다. 월이 쓴 논문의 제목은 《나를 용서한다, 고로 공부할 수 있다 I forgive myself, now I can study》이다.

월은 관성이 우리를 탈선시키는 마지막 원리를 우연히 발견했다. 우리는 어떤 일에 탄력을 유지하지 못할 때 자신을 책망하는 경향이 있다. 하지만 그래봤자 누구에게도 도움이 되지 않는다. 오히려 상황만 나빠질 뿐이다. 관성은 자기혐오를 부추긴다. 그리고 자기혐오는 유익한 행동을 할 확률을 더욱더 감소시킨다.

이 파멸의 고리를 끊어낼 방법이 있을까? 월과 동료들이 규명했듯이 그 탈출구는 자기 자신을 용서하는 것이다. 그런데 어떻게? 내가 주로 쓰는 기법을 나는 '승리의 발견'이라고 부른다. 아무리 사소한 것이라도, 아무리 상관없는 것이라도 찾아서 자축하는 것이다. 나는 보통 "X를 안 했지만 Y를 했다"라는 형식을 쓴다. 예를 들면 다음과 같다.

- "오늘 새벽에 운동을 안 갔다. 하지만 한 시간 더 잤더니 평소보다 개운하다."
- "보고서 마지막 부분을 작성하지 않았다. 하지만 그럴 만한 이유가 있었다. 탕비실에서 동료와 근황을 나누며 즐겁게 대화했기 때문이다."
- "오늘 입사 지원서를 마무리하지 않았다. 그 대신 할머니와 시간을 보냈으니까 그게 오늘의 승리다."

○ 작은 패배에 초점을 맞출 수도 있지만
   작은 승리를 축하할 수도 있다.

178

미루기는 우리가 항상 통제할 수 있는 게 아니다. 자신을 용서하는 것은 언제나 할 수 있다. 작은 패배에 초점을 맞출 수도 있지만 작은 승리를 축하할 수도 있다. 완전히 뿌리 뽑을 수 없는 미루기 습성을 수용하고 용서함으로써, 그리고 작은 승리를 축하함으로써 미루기의 손아귀에서 조금씩 벗어날 수 있다.

요약

★ 우리의 세 번째 감정적 장애물은 셋 중에서 가장 흔한 요인인 관성이다. 아무것도 안 하고 있으면 계속 안 하는 게 쉽다. 뭔가를 하고 있으면 계속하는 게 훨씬 쉽다.

★ 하지만 관성에 맞설 간단한 방법이 몇 가지 있다. 삶에서 발생하는 마찰을 찾아보자. 어떤 방해 요소가 시작을 막고 있는가? 그것을 어떻게 없앨 수 있겠는가?

★ 아무것도 안 하는 증상에 특효약은 **뭐라도** 하는 것이다. 행동에 나서려면 먼저 다음 단계를 규정한 후 진척도를 추적하자. 그러면 자신이 목표를 향해 나아가고 있다는 구체적인 증거가 쌓인다.

★ 마지막 단계는 가장 따뜻하다. 바로 장기적으로 스스로를 지원할 시스템을 만드는 것이다. 무엇보다도 자기 자신을 용서하고 작은 승리를 축하하자.

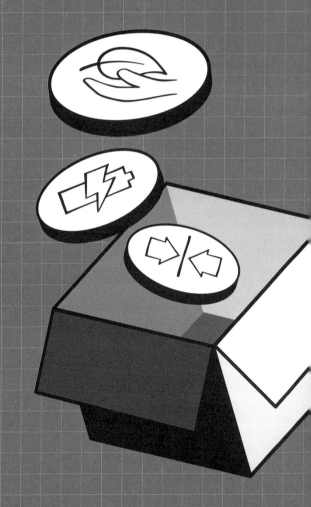

3부

지속해라

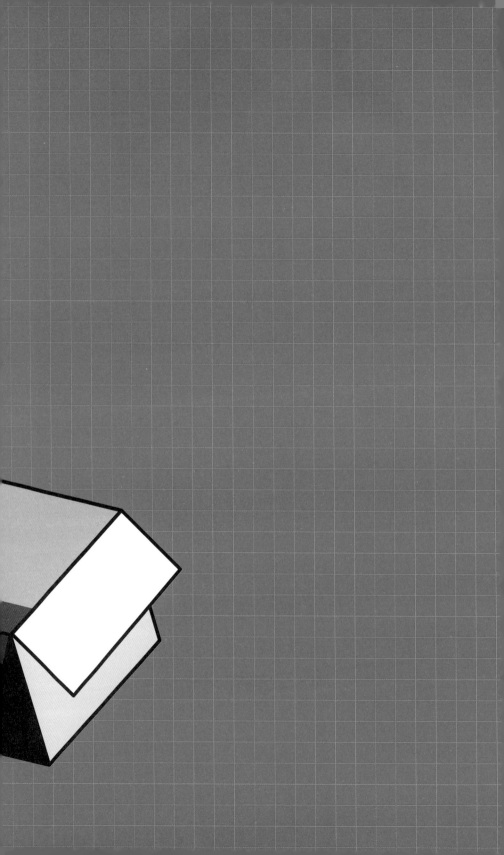

7장

보존해라

흔히 '번아웃'이라고 하면 맨해튼 고층 건물에서 하루 열여덟 시간씩 일하는 투자 은행 직원이나 굶주린 입 다섯 개를 먹이기 위해 일을 일곱 가지나 하는 부모의 이미지를 떠올린다.

그래서 2020년 크리스마스이브에 소파에 배를 깔고 어머니에게 이제는 단 하루도 일을 못 하겠다고 말했을 때 심란한 와중에 조금 혼란스러웠다.

의대 졸업 후로는 3년이 지났고 악몽 같은 크리스마스 당직 후로는 2년이 지났으며 사업에 집중하기 위해 병원에서 휴직한 지도 몇 달이 지난 시점이었다. 그 찬란한 몇 개월의 끝이 크리스마스 전날 밤에 영상 통화로 어머니에게 신세를 한탄하는 것이 될 줄이야.

당시 나는 회사에 전념 중이었다. 작은 팀을 이끌고 내가 좋아하는 것을 만들다니, 꿈에 그리던 일이었다. 더없이 좋아야 했다. 하지만 무슨 영문인지 현실은 그렇지 않았다.

의사로 일해서는 절대로 벌 수 없을 만큼 사업으로 돈을 많이 버는데도 나는 생기를 잃었다. 몇 달 전부터 일을 지속할 의욕을 발휘하기가 점점 어려워지고 있었다. 예전에는 너무 재미있었던 일이 어느 순간부터 귀찮아졌다. 그렇게 뭉그적대고 있으니 일이 잘될 리 없었다.

어떻게 된 걸까? 원래는 일이 좋았다. 그런데 이제는 일을 생각하기만 해도 진이 빠졌다.

그래서 어머니에게 하소연 중이었다. 어머니의 첫마디는 예상을 조금도 벗어나지 않았다. "알리야, 그러게 계속 병원 다니지 그랬어." (전에도 하신 말씀이었다.) 하지만 그다음 말은 전혀 예상 밖이었다. "너 아무래도 번아웃 온 것 같다."

처음 든 생각은 '설마요'였다. 번아웃이 뭔지야 당연히 잘 알았다. 그러나 그 말이 내게 적용되리란 생각은 전혀 못 했다. 먹고살려고 뼈 빠지게 일하는 것도 아닌데. 아니, 뭐 하나라도 특별히 치열하게 하는 게 없었다. 그런 주제에 번아웃이라니?

하지만 그 후로 몇 분간 어머니(정신과 의사)의 설명을 들으니 번아웃은 격무와 스트레스에 시달리는 사람에게만 발생하는 증상이 아니었다. 번아웃은 더는 일에서 의미나 즐거움을 못 찾거나 더는 일을 감당할 수 없다고 느낄 때 누구에게나 발생할 수 있다. 번아웃이 오면 중압감을 느끼고 의욕이 사라진다. 아무리 노력해도 이전 같은 속도를 유지할 수 없을 것처럼 느껴진다.

전화를 끊고 이번만큼은 어머니의 충고를 새겨듣기로, 그래서 더 자세히 알아보기로 했다. 알고 보니 그 전해에 세계 보건 기구World Health Organization, WHO에서 번아웃을 재정의했다.[1] 번아웃은 그냥 너무 열심히 일했다고 생기는 스트레스 증상이 아니었다. 번아웃은 훨씬 일상적인 증상이었다. WHO의 정의에 따르면 번아웃은 "에너지가 급감하거나 소진된 느낌, 직업에 대한 심리적 거리감 증가, 직업과 관련된 부정적이거나 냉소적인 감정, 업무 효율 감소"를 특징으로 하는 "직업 현상"이다. 무엇보다도 번아웃은 일에 쓰는 시간과 무관하다. 중요한 것은 일에 대한 느낌이다.

결과적으로 나는 그 사건으로 생산성에 관한 깨달음을 얻었다. 당시는 내가 성취의 중요한 요소로서 좋은 기분을 의식한 지 2년쯤 됐을 때였다. 처음 의사가 됐을 때부터 놀이, 힘, 사람이 기분을 좋게 하는 효과를 알고 있었다. 그리고 한때 만성적 미루기를 유발했던 불확실성, 두려움, 관성이라는 '장애물'을 극복하는 능력도 사업을 시작한 후 몇 년간 꾸준히 향상됐다.

하지만 이제야 비로소 뭔가가 빠졌음을 깨달았다. 삶에 재미있는 것을 많이 포함시킬수록 내가 하는 일이 많아졌다. 그리고 하는 일이 많아질수록 진정한 생산성을 발휘하지 못하게 막는 거대한 장애물 중 마지막인 번아웃에 점점 가까워졌던 것이다. 만일 일과 삶을 지속할 방법을 찾지 못한다면 기분 좋은 생산성의 비밀을 밝히는 연구가 아무짝에도 쓸모가 없었다. 나는 생산성의 기초는 훤히 꿰뚫지만 아직 지속 가능한 생산성에 관해서는 잘 몰랐다.

그래서 자료를 읽기 시작했다. 읽으면 읽을수록 우리를 기분 나쁘게 만들고 결과적으로 번아웃을 일으키는 3대 요인이 명확해졌다. 이 세 가지는 서로 헷갈리기 쉽다. 하지만 서로 근본적으로 다르다.

번아웃에는 우선 단순히 일을 너무 많이 해서 발생하는 유형이 있다. 매일을 일로 꽉꽉 채우다 보니까 기분이 나빠진다. 나는 이를 과

185

부하 번아웃이라고 부른다.

다음은 휴식을 취하는 방식이 잘못돼서 발생하는 번아웃이다. 틈틈이 쉬는 것도 중요하지만 더 긴 휴식으로 몸과 마음과 영혼의 에너지를 재충전하는 것도 중요한데 자신에게 그런 깊은 휴식 기간을 허락하지 않아서 기분이 나빠진다. 나는 이를 고갈 번아웃이라고 부른다.

끝으로 엉뚱한 일을 해서 발생하는 번아웃이 있다. 재미나 의미를 느끼지 못하는 일에 몇 주, 몇 년, 몇십 년을 진력하다가 지칠 대로 지쳐서 기분이 나빠진다. 에너지를 엉뚱한 방향으로 쓰는 것이다. 나는 이를 불일치 번아웃이라고 부른다.

어머니와 영상 통화를 하고 며칠이 지난 후 내가 이 세 유형의 번아웃을 조금씩 다 겪고 있음을 서서히 깨달았다. 나는 일을 너무 많이 하고 있었다. 적절히 쉬지 않고 있었다. 사업을 위해 하는 일 중에 더는 의미를 찾지 못하는 일이 많았다. 세 경우 모두 기분이 나빴고 생산성 역시 나빴다.

하지만 그러고서 또 며칠이 지나자 이번에는 더 기운이 나는 깨달음이 찾아왔다. 세 문제 모두 해결이 가능하다는 것이었다.

과부하 번아웃과 그 해법

먼저 과부하가 걸린 느낌부터 해소하기로 했다. 생각해보니 언제부터인가 하는 일이 너무 많았다. 처음에는 그 문제를 어떻게 해결해야 할지 막막했다. 사업을 포기할 수는 없는 노릇이었다. 그런데 이윽고 해결의 실마리가 보였다.

어머니에게 넋두리를 늘어놓고 얼마 안 됐을 때 팀 페리스와 세계적 농구 선수 르브론 제임스의 인터뷰를 들었다. 평소에 농구를 그다지 좋아하지 않았지만 그 직후부터 홀린 듯이 유튜브에서 LA 레이커스 관련 영상을 찾아보기 시작했다. 르브론에 대해 알면 알수록 분명해지는 사실이 하나 있었다. 르브론 제임스가 사실상 두 버전이라는 것이었다.

첫 번째는 달리는 르브론이다. 코트 한쪽 끝에서 공을 잡고 눈 깜짝하면 상대편 골대 밑에 서 있는 남자. 시속 27킬로미터로 달릴 수 있는 남자. NBA 역사상 가장 빠른 선수 중 한 명으로 꼽히는 남자.

두 번째는 걷는 르브론이다. 공을 차지하지 않았을 때에는 유유히 코트를 거니는 남자. 공을 차지했을 때에도 굳이 달릴 필요를 못 느끼는 남자. 하긴, 평소에 10미터 거리에서도 충분히 골을 넣을 수 있는데 굳이 달릴 이유가 무엇이겠는가?

많은 해설자가 이런 양면성이야말로 르브론이 선수로서 황당할 정도로 장수하는 비결이라고 평가했다. 르브론은 2000년대 중반부터 NBA를 지배했다. NBA 선수들은 평균 4년 반 동안 전성기가 지속되고 시즌당 평균 출장 횟수가 50경기이지만 르브론은 19년 동안 시즌당 평균 70경기 이상을 뛰고 있다.

그는 어떻게 근 20년간 그 자리를 지킬 수 있었을까? 그 답은 아무래도 걷기와 관련이 있는 것 같다.

스포츠 분석가들이 르브론을 비롯한 NBA 선수들의 출장 및 비출장 데이터를 대량으로 정밀 분석하면 어김없이 동일하게 포착되는 사실이 있다. 르브론이 교외를 달리는 자동차와 같은 속도를 낼 수 있는데도 평균적으로는 NBA에서 가장 느린 선수에 속한다는 것이다. 2017~2018 시즌에 르브론은 경기 중 평균 속도가 시속 6.2킬로미터(보행 속도와 비슷한 수준)를 기록하며 경기당 출장 시간이 20분 이상인 선수 중에서 하위 10위권에 들었다. 2017~2018 정규 시즌에 출장 시간 중 걸은 시간이 74.4퍼센트로 사실상 리그 전체를 통틀어 필적할 사람이 없다시피 했다.

나는 뜻밖에도 르브론 제임스에게서 피로감을 극복할 방법의 첫 번째 힌트를 얻었다. 내가 깨달은 대로, 과부하 번아웃의 원인은 너무 많은 일을 너무 빨리 할 때 생기는 부정적 감정이다. 우리는 감당할 수 있는 것 이상으로 일을 받고, 일하는 동안 필요한 만큼 휴식을 취하지 않는다. 그렇게 항상 달린다.

○   더 적게 하면
    더 많은 것을 해낼 수 있다.

그렇다면 해결책은 무엇일까? 르브론을 본받으면 된다. 에너지를 아끼자. 더 적게 하면 더 많은 것을 해낼 수 있다.

일을 줄여라

1997년에 누구나 스티브 잡스에게 묻고 싶은 질문이 딱 하나 있었다. 오픈독OpenDoc은 어떻게 될 것인가? 오픈독은 애플 엔지니어들이 사용자가 파일을 생성, 공유, 저장하는 방식을 획기적으로 바꾸리라 생각하며 5년간 열심히 개발해온 소프트웨어 플랫폼이었다. 그런데 잡스가 애플 CEO로 복귀하자마자 개발을 중단시켜버렸다.

당시 많은 사람이 잡스가 역사에 남을 치명적 실수를 저질렀다고 생각했다. 하지만 잡스는 간단명료하게 그 당위성을 설명했다. "사람들은 집중이라고 하면 집중해야 할 것에 예스라고 말하는 것을 생각하죠. 하지만 집중은 그런 의미가 전혀 아닙니다. 집중은 수백 가지 다른 좋은 아이디어에 노^{no}라고 말하는 겁니다. (중략) 혁신은 1000가지에 노라고 말하는 거예요."[2]

잡스의 메시지는 명확했다. 노도 예스만큼 중요하다는 것이다. "실제로 저는 우리가 이런저런 일을 한 것만큼이나 이런저런 일을 하지 않은 것도 자랑스럽게 여깁니다."

옳은 판단이었다. 이후 2000년대에 애플은 성공 가도를 달렸고 잡스가 2011년에 세상을 떠났을 때에는 세계 최고의 시가 총액을 자랑했다.

잡스가 전하는 교훈은 우리 모두에게도 중요하다. 혹시 다음과 같은 말이 익숙하게 들리진 않는가?

- 친구가 다음 주에 저녁을 먹으러 가지 않겠냐고 묻는다. 그날은 당신에게 중요한 일의 마감일이지만 그때까지는 일을 끝낼 수 있을 것 같다. 하지만 문제의 날짜가 되자 일이 아직도 한참 남았다. 아무래도 못 갈 것 같다.
- 동료가 몇 달 후에 따분한 회의 일정을 잡으려 한다. 당신은 지금 당장은 시간이 없지만 그때가 되면 분명히 시간이 있을 것 같다. 하지만 회의가 당장 내일로 닥쳐오자 다른 모든 일이 심각하게 지장을 받는다.

- 친구가 지금 당신이 좋아하는 게임을 하지 않겠냐고 묻는다. 당신은 지금 족히 몇 주는 걸릴 방대한 일을 처리 중이지만 어차피 마감은 몇 달 후다. 일단 〈와우〉를 시작하자 여섯 시간이 훌쩍 지나가버린다. 8주 후 당신은 마감을 못 지킨다.

이 모든 사례에서 우리가 겪는 문제는 간단하다. 바로 과잉 수락이다. 과잉 수락은 과부하로 가는 첫 번째 길이다. 지금 예스라고 말한 게 나중에 가서 우리를 힘들게 만든다.

왜 그러는지는 쉽게 알 수 있다. 과잉 수락을 하기가 너무 쉽기 때문이다. 그렇다고 과잉 수락을 막을 수 없다는 말은 아니다.

실험 1: 에너지 투자 포트폴리오

—

과잉 수락을 막는 첫 번째 방법은 어디에 에너지를 쓰고 있는지 명확히 파악하는 것이다. '노'라고 말할 수 있으려면 먼저 무엇에 '예스'라고 말하고 싶은지 알아야 한다.

'에너지 투자 포트폴리오'는 간단한 개념이다. 그냥 두 가지 목록을 만들면 된다. A 목록에는 꿈, 희망, 포부를 모두 나열한다. 그러니까 지금 당장은 아니어도 언젠가 하고 싶은 일을 적는다. B 목록은 실제 투자물 목록이다. 다시 말해 바로 지금 적극적으로 에너지를 투자하고 있는(혹은 투자하고 싶은) 일이다. 여기서 바로 지금은 이번 주를 의미한다.

다음은 나의 에너지 투자 포트폴리오다.

꿈 목록은 상상력이 허락하는 한 얼마든지 길어질 수 있다. 나의

꿈, 희망, 포부	실제 투자물
표준 중국어 배우기	근육 만들기
오토바이 배우기	요리 배우기
궁도 배우기	스쿼시 더 많이 하기
캠핑카로 미국 일주하기	포르투갈 여행 계획하기
글램핑 행사 조직하기	
웨이크보드 여행 가기	
아크로요가(곡예를 접목한 요가—옮긴이) 도전하기	
서핑 배우기	
발리에서 스쿠버 다이빙 하기	
디지털 노마드처럼 살기	
식스 팩 만들기	

실제 투자물 목록은 현재 내가 개인적으로 하고 있는 일 중에서 몇 가지를 추린 것이다. 나는 투자라는 용어가 마음에 든다. 그 일들에 실제로 에너지를 투자 중이기 때문이다. 거기서 창출되는 가치가 투자 수익이다(부디 수익이 나길!).

실제 투자물 목록은 얼마나 많은 시간과 에너지를 투자할 수 있느냐에 따라 길이가 달라진다. 그러니 사람마다 그 항목 수가 다를 것이다. 나는 보통 다섯 개 항목 정도를 쓰지만 만일 어린아이를 키우거나 바쁘게 직장 생활을 하는 사람이라면 세 개도 괜찮다. 물론 두 개나 한 개도 좋다. 단, 어떤 경우든 실제 투자물의 항목 수는 열 개 미만으로 유지하는 편이 현명하다.

꿈을 실제 투자물 목록으로 옮기고 싶다면 거기에 투자할 시간과 에너지가 있는지 확인해야 한다. 자신의 시간을 쓸 일을 선택할 때 선택의 폭이 넓으면 주어진 시간에 어떤 일에든 집중하기가 훨씬 어렵다. 그런 경우에 우리 뇌는 계속 '나는 지금 X를 하고 있지만 Y를 할 수도 있었고, 어쩌면 Z도 할 수 있었어'라고 생각한다. 위험한 현상이다. 만일 집을 수리하는 와중에 회사에서 대형 프로젝트를 수행하고 있다면, 그러면서 일본어를 배우고 있다면, 그러면서 블로그의 성장을 꾀하고 있다면, 그러면서 자녀가 속한 축구 팀을 지도하고 있다면 그 모든 일이 훨씬 많은 스트레스를 유발할 것이다.

에너지 투자 포트폴리오는 과잉 수락의 유혹적 논리에 저항하기 위해 필수다. 우리는 자신이 모든 것을 할 수 있다고 생각하는 경향이 있다. 착각이다. 지속 가능한 생산성을 발휘하려면 우리의 시간이 제한돼 있음을 인정해야 한다. 누구나 시간은 제한돼 있다.

실험 2: 거절의 힘

—

흔히 겪는 문제는 '거절'의 중요성을 알면서도 실제로 그렇게 말하기 어렵다는 것이다. 어떻게 하면 어떤 제안이 들어왔을 때 현실적으로 시간이 없는데도 수락하는 것을 강제로라도 막을 수 있을까?

내가 좋아하는 기법은 작가이자 뮤지션인 데릭 시버스Derek Sivers가 말하는 '죽이네 아니면 노hell yeah or no'에서 나왔다. 시버스는 이렇게 조언한다. 새로운 일이나 책임을 수용할지 말지 고민할 때 우리에게는 두 가지 안이 있다. '죽이네' 아니면 '노'다.[3] 그 중간은 없다.

이 필터를 적용하면 약속이나 책임 가운데 95퍼센트는 거절해야 한다는 사실을 알게 된다. '죽이네'라고 할 만한 일은 거의 없다. 웬만한 일은 '왠지 유익하거나 조금 재미있을 것 같으니까 까짓것 한 번 해보자'에 속한다. 그렇게 뇌가 만들어내는 정당화 논리를 거부해야 한다. 이미 해야 할 일이 얼마나 많은지 생각해보자. '죽이네'가 아니라면 굳이 할 가치가 없는 일이다.

○ '죽이네'가 아니라면
굳이 할 가치가 없는 일이다.

두 번째 기법은 훨씬 더 간단하지만 관점의 변화가 조금 필요하다. 경제학자들이 말하는 기회비용을 따져보는 것이다. 기회비용은 우리가 말하는 '예스'가 그 시간과 에너지를 들여서 할 수 있는 다른 일에 대한 '노'라는 사실에서 비롯된 개념이다.

예를 들어 동료가 업무를 하나 더 맡아달라고 부탁했다고 가정해보자. 만일 당신의 목표가 승진이나 임금 인상이고 추가 업무를 맡는 게 그 목표를 달성하는 길이 된다면 '예스'라고 대답하는 쪽으로 마음이 기울 수 있다. 하지만 그런 생각은 당신이 할 수 있는 다른 모든 일을 고려하지 않은 판단이다. 그 '예스'가 무엇에 '노'라고 말하는 것과 같은지 생각해보자. 공원에서 자녀와 노는 것? 오랫동안 못 본 친구를 만나는 것? 숙면?

마지막으로 거절의 힘에 관해서라면 세계 최고의 권위자 중 한 명인 줄리엣 펀트Juliet Funt가 권하는 기법이 있다.[4] 포춘 500대 기업의 CEO와 리더들을 상대하는 컨설턴트인 펀트는《화이트 스페이스》에서 생각할 여백을 확보하는 게 지속 가능한 생산성을 발휘하는 비결이 될 수 있다고 말했다. 나는 이 책을 쓰기 위해 펀트를 인터뷰하며 그녀의 연구에서 가장 실용적이면서 행동으로 옮기기도 쉬운 교훈을 꼽아달라고 했다. 펀트는 '6주 함정six-week trap'이라는 중요한 개념을 알려줬다. 6주 함정은 우리가 6주 후의 일정표를 보고 빈 공간이 많으니까 '이 건은 수락해도 되겠네'라고 생각하는 현상을 뜻한다. 하지만 시간이 지나면 6주 전에는 비어 있던 공간이 점차 채워진다. 그래서 약속한 날이 되면 그 건을 수락해서는 안 됐다고 후회한다. 그러나 이미 엎질러진 물이고 약속을 어겨서 상대방을 실망시키기는 싫다.

펀트가 제시하는 해법은 스스로에게 간단한 질문을 하는 것이다. 몇 주 후에 뭔가를 해달라는 요청이 들어오면 이렇게 생각해보자. '만약에 이 일을 내일 해야 한다고 하면 신이 날까? 아니면 그냥 미래의 나에게 문제를 떠넘기는 게 더 쉬우니까 지금 "예스"라고 말하려는 건 아닌가?'

우리는 '6주 후면 일정이 다 비어 있으니까 분명히 이 일을 할 시간과 에너지가 있을 거야'라고 생각하기 쉽다. 오산이다. 6주 후에도 당신은 오늘처럼 바쁠 것이다. 내일 하라고 하면 수락하지 않을 일을 한 달이나 그 후에 하라고 했다고 수락해서는 절대 안 된다.

주의 분산을 거부해라

에너지 보존을 위한 다음 전략은 두 가지 발견에 근거한다. 첫 번째는 당연한 이야기로, 인간이 다중 작업에 약하다는 것이다. 두 번째는 그만큼 당연하진 않은데, 우리가 다중 작업에 생각만큼 약하진 않다는 것이다.

나는 이런 사실을 컴퓨터 과학자 레이철 애들러Rachel Adler와 라켈 벤부넌-피치Raquel Benbunan-Fich의 2012년 논문에서 알게 됐다.[5] 두 사람은 스도쿠 퍼즐, 글자를 순서대로 맞춰 단어 만들기, '어울리지 않는 그림 찾기' 문제 풀기 등 여섯 가지 작업을 번갈아가며 수행하는 실험을 고안했다. 그리고 참가자를 모집해서 두 집단으로 나눴다. 비非다중 작업 집단은 각 작업을 순차적으로 수행했다. 즉 스도쿠를 완료한 후 단어 만들기로 넘어갔다. 다중 작업 집단은 각각의 작업을 위한 탭이 모두 열려 있고 탭을 클릭해서 작업을 전환할 수 있다는 안내를 받았다.

결과는 놀라웠다. 당연히 주의가 가장 심하게 분산됐던 사람들, 다시 말해 끊임없이 이 작업, 저 작업으로 전환했던 사람들은 성과가 좋지 않았다. 그런데 주의가 별로 분산되지 않았던 사람들, 그러니까 한 번에 한 작업에만 집중한 사람들이 가장 좋은 성과를 낸 것은 또 아니었다. 연구진이 탭 전환 횟수를 가로축으로, '생산성'을 세로축으로 두고 그래프를 그리자 뒤집힌 U 자 패턴이 나왔다. 그래프의 중앙이 건전한 주의 분산도를 보여주는 지점이었다. 가장 우수한 성과를 보인 사람들은 너무 심하지 않게 가끔 작업을 전환한 사람들이었다.

주의 분산이 왜 이런 효과를 낼까? 우선 우리가 집중의 대상을 너무 자주 바꿀 때 수행 능력이 저하하는 원인은 과학자들이 말하는 '전환 비용switching cost' 때문이다. 전환 비용이란 작업을 전환할 때 소모되는 인지 자원과 시간 자원을 뜻한다. 한 작업에서 관심을 거두고 새로운 작업에 관심을 기울여 그 요구 조건에 맞추려면 정신적

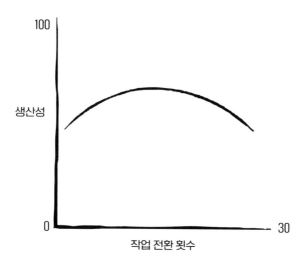

노력이 얼마나 많이 필요할지 생각해보자. 그래프의 오른쪽에 있는 참가자들이 그런 문제를 겪었다. 또 한편으로는 단일한 작업에 고도로 집중하는 시간이 너무 길어져도 인지 자원이, 따라서 집중력이 빠르게 소모될 가능성이 크다. 그래프에서 왼쪽에 있는 참가자들이 그랬다.

　따라서 우리의 목표는 대부분의 시간 동안 단 하나의 작업에 집중하되 가끔 한눈을 팔아도 자책하지 않는 것이다. 어떻게 그럴 수 있을까?

실험 3: 마찰을 더해라
—

그 첫 번째 답을 설명하려면 다시 물리 법칙으로 돌아가야 한다. 6장에서 우리는 시작을 막는 마찰에 관해 배웠다. 기타를 구석진 곳에 두면 텔레비전 앞에 뒀을 때보다 기타를 집어 들 확률이 훨씬 낮아진다. 주의 분산을 방지하려면 이 논리를 역으로 이용해서 관심을 뺏기기 싫은 작업을 못 하게 막는 장애물을 만들면 된다. 즉 마찰을 더하는 것이다.

스포츠 기자 데이비드 렝절David Lengel의 예를 보자. 중년에 접어들어 두 아이를 키우며 일에 열정을 불태우던 렝절은 우울감을 자각했다. 저녁에 아내와 아이들과 보낼 시간이 두어 시간밖에 없는데 그나마도 대부분 휴대폰을 보며 보내고 있었다.[6] 그래서 어느 날 저녁 문득 궁금해졌다. '결국 이렇게 되는 건가? 남은 평생을 쭉 이렇게 산다고?'

그가 찾은 해결책은 노키아 휴대폰을 사는 거였다. 그런데 터치스크린을 탑재하고 수많은 앱을 설치할 수 있는 최신식 노키아 휴대폰은 아니었다. 렝절은 '파괴 불가'의 내구성으로 유명했고 커다란 픽셀로 이뤄진 칙칙한 화면에 기껏해야 〈스네이크〉라는 2차원 게임 정도나 구동할 수 있는 구형 노키아 3310을 구입했다.

그러자 극적인 변화가 일어났다. 처음에는 왠지 발가벗은 느낌이었다. 출퇴근길에 다른 사람들은 모두 트위터를 확인하는데 렝절만 혼자 멀뚱멀뚱 앉아 있었다. 하지만 시간이 지나자 그런 어색함이 가셨다. "그때부터 마법이 펼쳐졌다."

렝절은 〈가디언〉 기사에서 자신의 경험을 소개하며 "나는 한눈팔지 않고 제대로 된 텔레비전 방송을 시청했고, 스와이핑 하지 않고 종이책을 읽었으며, 아내와 더 많은 것을 함께했다. 아내가 인스타그램을 할 때 놀릴 수 있는 건 덤이었다"라고 썼다. 그렇게 그는 집중하는 능력 그리고 삶에서 재미를 찾는 능력이 크게 향상됐다.

렌절의 기법은 기술을 사용할 때 마찰을 더하는 것이었다. 그렇다고 당신도 집중력 향상을 위해 벽돌처럼 생긴 휴대폰을 사라는 말은 아니다. 우선 당연한 것부터 시작하자. 자신이 중독돼 있는 SNS 앱을 휴대폰에서 삭제하자. 필요하면 웹으로 접속하면 된다. 이렇게 일시적으로 멈추는 틈이 생기면 무심코 트위터를 이용하지 않고 정말로 트위터에서 시간을 보내고 싶은지 다시 생각하게 된다. 이 방법이 안 통한다면 로그아웃하자. 그러면 다음번에 접속할 때 다시 로그인하느라 족히 30초는 걸릴 테고, 그 정도만 해도 피드를 확인하고 싶은 충동을 저지하는 데 충분할 것이다.

다음으로는 더 강경한 기술 저지법으로 넘어가자. 나는 우리가 사용하는 기술을 참기 힘들 만큼 느리게 만드는 도구들의 덕을 톡톡히 보고 있다. 고속 인터넷의 대중화로 주의를 분산시키고 에너지를 허비시키는 것에 접속하는 속도가 엄청나게 빨라졌다. 이를 우회하는 방법 중 하나는 인위적으로 특정한 앱의 로딩 시간을 늘려서 마치 1990년대에 모뎀을 쓰던 시절로 돌아간 기분을 느끼게 해주는 도구를 설치하는 것이다. 내 경우에는 트위터나 인스타그램을 열면 내가 설치한 앱이 '숨 한번 깊이 쉬세요'라고 적힌 화면을 띄우고 3초가 지난 후에 트위터나 인스타그램을 열지 선택할 수 있게 한다.

보통은 그 정도면 '정말 지금 이걸 하고 싶은 거야?'라고 생각하기 충분한 시간이다. 그 답이 '물론이지'일 때도 있다. 하지만 대부분의 경우에는 '전혀 아니야. 정말 하고 싶어서 그런 게 아니라 그냥 습관적으로 누른 거야'다. 그래서 접속을 중단한다.

실험 4: 경로를 바로잡아라

—

그러나 앞에서 본 대로, 주의가 분산됐다고 무조건 세상이 멸망하는 건 아니다. 사실 가장 생산적인 사람들을 보면 주의가 조금 분산됐다고 해서 생산성이 완전히 망가지게 놔두지 않는다. 반면 그렇지 않은 사람들에겐 그리 쉬운 일이 아닐 수 있다.

나는 이것을 비행기를 타는 것에 비유하곤 한다. 런던발 뉴욕행 비행기를 타고 있다고 해보자. 거리가 반쯤 남았을 때 안내 방송이 들린다. "강풍과 난기류로 기체의 경로를 몇 도 틀었습니다." 별로 큰 문제는 아니다. 그런데 기장이 이어서 말한다. "이에 따라 목적지를 뉴욕에서 부에노스아이레스로 변경합니다."

우리 삶의 웬만한 영역에서는 문제가 조금 생겼다고 경로를 완전히 바꿔버리지 않는다. 동료의 짜증 나는 메일 때문에 프로젝트가 하루 지연될 수는 있어도 완전히 취소되진 않는다. 달리다가 다리를 다쳤으면 일주일 정도 쉬면 되지, 영영 달리기를 그만두지 않는다. 강풍이 불면 도착이 5분 지연되겠지만 목적지가 부에노스아이레스로 바뀌진 않는다.

그런데 많은 사람이 그날그날 해야 하는 일과 관련해서는 블로거 네이트 소러스Nate Soares가 '시원하게 망치기failing with abandon'라고 부르는 왜곡된 논리의 함정에 빠진다.[7]

- '5분 동안 SNS를 했어. 기왕 이렇게 된 거 세 시간 더 하자.'
- '오늘 아침 운동을 빼먹었어. 오늘은 텄어. 아무것도 하지 말고 종일 텔레비전이나 봐야지.'

- '외국어 학습 앱을 꾸준히 사용하다가 하루 건너뛰었어. 그냥 외국어 공부를 포기할래.'

시원하게 망치기는 우리가 방대한 에너지를 허비하는 흔한 이유다. 관건은 원래 경로로 돌아오는 것이다.

이번에도 해결책은 관점의 변화다. 지금까지 살펴본 대로 주의 분산을 완전히 막을 수는 없다. 그러니까 주의 분산을 허용하자. 주의가 흐트러지면 계획을 완전히 폐기해야 할 때를 알리는 신호라고 생각하지 말고 그저 일시적으로 경로를 벗어났을 뿐이라고 생각하자. 경로만 바로잡으면 계획한 목적지에 도착할 수 있다.

○ 주의 분산을 허용하자.

이때는 명상에서 차용한 개념이 요긴하게 쓰인다. 명상을 가르치는 사람들은 명상이 어렵고 마음이 이리저리 흘러 다니는 경향이 있음을 잘 안다. 그래서 명상 가이드에서나 명상 수업을 끝낼 때 "깊이 집중하지 못했어도 괜찮습니다. 걱정하지 마세요. 다시 시작하면 됩니다"라고 말하는 경우가 많다. 단 1분이라도 집중했다면 아예 안 한 것보다 낫다.

나는 주의가 분산됐을 때 주로 '다시 시작하자'라는 주문을 외운다. 강력한 주문이다. 시원하게 망치지 말자. 아무리 엇나갔어도, 혹은 아무리 엇나갔다고 생각하더라도 언제든 다시 중요한 일로 돌아오면 된다.

더 많이 쉬어라

심리학자 제임스 타일러James Tyler와 캐슬린 번스Kathleen Burns는 2008년에 학부생 예순 명을 실험실로 초청했다.[8] 학생들은 한 명씩 연구자를 등지고 힘이 쪽 빠지는 행동을 했다. 한 발로 서서 6분 동안 2000부터 7씩 빼면서 수를 세는 것이었다(2000, 1993, 1986, 1979, 1972…).

학생들은 수학 능력 검사라고 생각했을지 모른다. 하지만 타일러와 번스의 주된 관심사는 실험의 2단계였다. 외발로 고생한 학생들은 무작위로 세 집단으로 나뉘었다. 한 집단은 다음 검사를 받기 전에 1분간 쉬었고, 또 다른 집단은 3분, 마지막으로 가장 운이 좋았던 집단은 꼬박 10분을 쉬었다.

연구진은 휴식을 취한 학생들을 주 실험실로 다시 불렀다. 이번에도 학생들은 연구자에게 등을 돌리고 섰다. 하지만 검사 종목은 달랐다. 이번에는 평소에 주로 쓰지 않는 손으로 악력기를 최대한 오래 쥐고 있으라는 지시를 받았다. 그러면 연구자가 몰래 그 시간을 측정했다.

무언가를 쥐는 행위가 순전히 손아귀 힘에 달린 문제라고 생각할지 모르겠다. 그렇지만 연구진이 발견한 현실은 그렇지 않았다. 실제로 측정해보니 악력기를 쥐고 있는 시간에 결정적 영향을 미치는 요인은 휴식 시간이었다. 첫 번째 두 집단은 큰 차이를 보이지 않았다. 1분 휴식 집단은 평균 34초간, 3분 휴식 집단은 평균 43초간 악력기를 쥐었다. 10분 휴식 집단은 달랐다. 그들은 평균 72초간 악력기를 쥐었다. 연구의 결론은 간단했다. 자제력이 필요한 두 행위 사이에 10분간 휴식 시간을 두면 과부하를 방지하는 효과가 있는 것으로 보인다는 내용이었다.

타일러와 번스의 연구에서 우리의 에너지를 보존하기 위한 마지막 방법의 힌트를 얻을 수 있다. 지금까지 우리는 거절하는 것과 주의 분산을 방지하는 것의 중요성을 알아봤다. 여기에는 한 가지 성분이 빠져 있다. 왜냐하면 우리에게는 매일 휴식이 필요하기 때문이다. 그것도 생각보다 긴 휴식이 필요하다.

실제로 가장 성취도가 높은 사람들을 보면 아무것도 안 하고 오래 쉬는 요령을 터득한 경우가 많다. 소프트웨어 회사 드라우기엠 그룹Draugiem Group에서 직원들이 다양한 작업에 얼마나 시간을 쓰고 그것이 각자의 생산성과 어떤 연관성이 있는지 알아보기 위한 연구를 실시했다. 가장 생산성이 높은 직원들은 종일 책상에 매여 있는 사람들이 아니었다. 그렇다고 한 시간마다 5분이라는, 흔히 건전하다고 생각하는 수준의 휴식을 취하는 사람들도 아니었다. 가장 생산적인 직원들은 믿기 힘들 만큼 많이 쉬는 사람들이었다. 그들은 일과 휴식의 비율이 일 52분 대 휴식 17분이었다.

따라서 에너지를 보존하기 위한 마지막 방법은 앞의 두 방법보다도 간단하다. 일하는 날에 아무것도 안 할 시간을 찾는 것이다. 그리고 그 시간을 수용하는 것이다.

실험 5: 휴식 시간을 정해라
—

우리를 구원하는 휴식의 힘을 수용하기 위한 첫 번째 방법은 유혹적일 만큼 간단하다. 일정표에 아무것도 안 하는 시간을 배정하면 된다. 단, 생각보다 많은 시간을 배정해야 한다.

현대인이 수행하는 지식 노동은 대체로 심리학자들이 말하는 '자기 조절 노력self-regulatory exertion'이 어느 정도 필요하다.[9] 자기 조절 노력이란 행동, 생각, 느낌을 통제하는 능력이다. 지금 이 문단을 쓰는 동안 나는 일어나서 더 쉬운 일을 하고 싶은 유혹을 거부함으로써 자기 조절을 행하며 이 페이지 위의 단어들에 집중해야 한다.

심리학자들은 우리의 자기 조절 능력이 제한된 자원이라서 쉽게 고갈된다고 본다. 책상 앞에 앉아서 이 책을 쓰는 시간이 길어질수록 엉덩이를 붙이고 계속 쓰기가 어려워진다. 이미 그 자원을 '소진' 해버렸기 때문이다. 일하는 동안 일정한 에너지 수준을 유지하려면 에너지를 보충할 방법을 찾아야 한다.

응급실에서 일할 때 이 점을 강조하는 말을 듣고 깜짝 놀랐던 기억이 있다. 응급실에 처음 출근해서 내리 다섯 시간을 일했던 때를 절대 잊지 못할 것이다. 대기실이 100명이 넘는 환자로 인산인해를 이뤄 일부 환자는 앉을 곳을 못 찾고 서 있어야 했다. 소생실에는 위독한 환자가 넘쳤고 진료실이 다 차서 일부 환자는 복도 한복판에서 진찰해야 했다.

나는 완전히 역부족이라고 느꼈다. 오전 8시부터 근무를 시작해서 이제 오후 1시였다. 남들보다 느린 속도가 송구스러워서 점심을 거르고 계속 환자를 볼 작정이었다. 하지만 다음 환자를 확인하려고 대기자 명단을 보는데 전문의 중 한 명인 애드콕 선생님이 어깨를 툭 쳤다.

"알리, 한 번도 안 쉬고 쭉 일하는 것 같던데 밖에 나가서 점심 좀 먹고 와."

애드콕 선생님은 한쪽 눈썹을 올리고 고개를 살짝 기울여 그의 트레이드마크인 '심각한 뉴스 전달 중' 표정을 짓고 있었다.

"말씀은 감사하지만 괜찮습니다. 아직 배도 안 고프고 봐야 할 환자도 많으니까 좀 더 버티다가 나중에 커피나 한 잔 마시겠습니다."

나는 그가 내 어깨를 두드리며 "그래, 패기 있네"라고 말하고 나의 놀라운 근면성을 더욱 기특하게 여기며 돌아설 줄 알았다. 하지만 아니었다. 애드콕 선생님은 내 어깨 너머로 손을 뻗어 내 컴퓨터 모니터를 껐다.

살짝 당황하는 내게 그가 빙긋 웃으며 말했다.

"오늘 첫 출근인데 그런 열정은 좋아. 하지만 내가 이 바닥에 오래 있어봐서 아는데 어차피 환자는 계속 몰려와. 틈틈이 쉬지 않으면 집중력이 떨어져서 실수를 저지를 수 있어. 그러면 아무한테도 득될 게 없잖아."

내 주변에 펼쳐진 아수라장을 둘러봤다. 대기실 맞은편에 늘어선 방들 중 한 곳에서 비상벨이 울리고 있었다. 사람들이 들것에 실려서 통로를 이동 중이었다. 그야말로 아수라장이었다.

애드콕 선생님이 내 시선을 좇았다.

"네가 지쳐 있으면 누굴 도와줄 수 있겠어. 잠깐 시간 내서 재충전하고 집중력을 회복해야 더 현명하게 판단할 수 있어. 네가 점심 좀 먹는다고 아무도 안 죽어. 그 정도 시간은 내도 돼."

그것은 응급 의료라는 아수라장 속에서 유일하게 모든 고참 의사가 강요하는 절대 원칙이었다. 네 시간마다 한 번씩은 무조건 쉬어야 한다. 응급실에서 일하기 전에는 그것이 〈캐리비안의 해적〉에서 바르보사 선장이 말하는 '해적 법전' 같은 건 줄 알았다. "그건 실제 규칙이라기보다는 지침에 가깝지."

착각이었다. 전문의의 일은 전장에서 부대의 움직임을 지휘하는 장군과 같았다. 특히 모든 의사가 네 시간마다 휴식을 취하되 그 원칙으로 인해 인력이 부족한 곳이 생기지 않게 하는 것이 중요한 일이었다.

요즘도 나는 그날 응급실에서 맞은 운명적 점심시간을 생각한다. 매일 일을 시작하기 전에 언제 과부하가 최고조에 이른 느낌이 들지 생각하고 휴식이 가장 필요할 것 같은 시간에 15분 휴식을 배정한다. 그리고 휴식을 건너뛰고 싶은 충동을 느낄 때마다 자기 조절의 과학을, 열심히 일할수록 과부하가 심해진다는 사실을 기억한다. 동시에 휴식의 중요성을, 휴식이 필요하지 않은 것 같을 때에도 휴식이 중요하다는 점을 명심한다.

○ 휴식은 특별한 선물이 아니다.
휴식은 확실한 생활필수품이다.

애드콕 선생님의 말을 기억하자. 인명을 살리는 일에 종사할 때조차도 휴식은 특별한 선물이 아니다. 휴식은 확실한 생활필수품이다.

실험 6: 에너지 충전용 딴짓을 수용해라
—

그렇다고 짧은 휴식을 전부 일정표에 기입해야 하는 것은 아니다. 때로는 계획에 없던 휴식도 효과가 있다. 나는 이것을 '에너지 충전용 딴짓energising distraction'이라고 부른다.

내가 에너지 충전용 딴짓의 위력을 생각하게 된 계기는 베트남 출신 선사 틱낫한의 저작을 접하면서였다. 틱낫한은 흔히 '마음 챙김의 아버지'로 불리지만 실제로는 그 용어를 한 번도 사용하지 않았다. 그 대신 자신이 하는 일이 불교의 오랜 지혜를 널리 전파하는 것이라고 여겼다. 그가 본격적으로 활동을 시작한 시점은 1960년대에 베트남전을 지지하지 않는다는 이유로 남베트남에서 추방된 후였다.

내가 생각하기에 틱낫한의 가르침 중에서 가장 강력한 개념은 '각성의 종awakening bell'이다. 틱낫한이 창설한 종파는 그가 1982년에 프랑스에 설립한 플럼 빌리지 승원Plum Village Monastery의 이름을 따서 플럼 빌리지로 불리고 명상 시간이 시작될 때 종을 친다. 하지만 그 외에도 하루 중에 무작위로 수차례 종이 울린다. 예정에 없이 종이 '댕' 울리면 모두 하던 일을 멈추고 지금 있는 곳을 자각한다. 이로써 지금 이 순간에 집중하게 된다.

나는 틱낫한의 가르침을 처음 접했을 때 주의 분산을 무조건 나쁘게 생각할 필요는 없음을 깨달았다. 물론 트위터 알림, 긴급 공지 메일 같은 주의 분산 요인은 우리가 원하는 일을 완수하지 못하게 막는다. 하지만 똑같이 주의를 분산하는 요인이라 하더라도 오히려 우리 삶에 긍정적인 에너지를 불어넣고 우리가 어쩔 수 없이 하던 일을 멈추고 잠시 생각함으로써 더 합리적인 속도로 어떤 일에든 임하게 만드는 요인도 있다.

주의를 분산하는 딴짓 중에 이렇게 에너지 충전용 딴짓이 있음을 알고 나서 생각해보니 자각하지는 못했지만 이미 오래전부터 그것을 이용하고 있었다. 나는 대학교에 다닐 때 친구의 방문을 잠시 공부를 쉬게 하는 딴짓으로 반갑게 생각하기로 결심했다. 그래서 공부할 때 방문을 닫지 않고 일부러 도어 스토퍼를 끼워놓았다. 친구들이 자기 방으로 가다가 언제든 들어와서 잠시(혹은 그 이상으로) 대화를 나눠도 좋다는 뜻이었다. 물론 그러면 에너지가 조금 '허비'돼서 학습 효율이 떨어질 공산이 컸다. 하지만 친구와 좋은 시간을 보내고 나면 훨씬 많은 에너지가 보충됐다. 대학 시절을 돌아보면 더 열심히 혹은 더 효율적으로 공부했어야 했다는 후회는 없다. 오히려 그렇게 친구들과 우연하고 즐거운 대화를 나눌 시간을 허락하길 잘했다고 생각한다.

어떤 딴짓은 즐거움을 준다. 그런 딴짓은 틱낫한이 도입한 각성의 종처럼 우리를 잠깐의 멈춤으로 초대하는 짧고 예리한 신호라고 여기자. 우리가 살면서 매 순간 집중력을 유지할 수는 없다. 잠시 우연과 즐거움이 들어올 틈도 필요하다.

★ 번아웃이 발생하는 가장 큰 이유는 피로가 아니라 나쁜 기분 때문이다. 기분을 더 좋게 만들 수 있다면 더 많은 것을 성취할 수 있을 뿐 아니라 더 오래 버틸 수 있다.

★ 우리가 경험하는 번아웃 중 첫 번째 유형은 과부하에서 비롯된다. 그 해법은 더 적게 하는 것이다.

★ 현실에서 더 적게 하는 방법은 세 가지다. 첫 번째는 과다하게 일을 수락하지 않는 것이다. 지금 하고 있는 일의 가짓수를 제한하고, '노'라고 말하기를 꺼리지 말자. 스스로에게 물어보자. 딱 한 가지 일만 선택해서 전력을 기울여야 한다면 무엇을 고르겠는가?

★ 두 번째 방법은 주의 분산을 거부하는 것이다. 스스로에게 물어보자. 휴대폰에서 SNS 앱을 삭제하고 웹 브라우저로만 이용할 수 있겠는가? 주의가 분산됐을 때 어떻게 해야 경로를 바로잡고 다시 시작할 수 있겠는가?

★ 세 번째 방법은 일하는 날에 아무것도 안 하는 시간을 확보하는 것이다. 스스로에게 물어보자. 혹시 나는 휴식을 필수품이 아니라 특별한 선물로 취급하고 있는가? 어떻게 하면 휴식을 늘릴 수 있겠는가?

8장

재충전해라

2020년은 옥스퍼드대학교 출판부 사전 편찬자들에게 힘든 해였다.

그들의 주 업무는《옥스퍼드 영어 사전Oxford English Dictionary, OED》의 편찬이지만 그 외에도 연말이면 지난 1년의 정수를 담은 신조어를 '올해의 단어'로 선정한다. 옥스퍼드 올해의 단어는 오래전부터 세계적 시대정신을 응축하는 말로 주목받았다. 2008년 올해의 단어는 신용 경색credit crunch, 2013년은 셀피selfie, 2015년은 😂이었다.

하지만 2020년은 어느 해보다 선정이 어려웠다. 코로나19가 기승을 부리면서 '락다운lockdown', '사회적 거리 두기social distancing', '슈퍼전파자super-spreader' 등 별의별 신조어가 어휘에 편입됐기 때문이다. 끝내《OED》는 한 단어로 결정하지 못했다.[1] "2020년 한 해 동안 경이로울 만큼 폭넓은 언어의 변화와 발전이 있었기에 옥스퍼드 랭귀지Oxford Languages는 2020년을 단 한 단어로 명료하게 요약할 수 없는 해라고 결론 내렸습니다."

하지만 내가 볼 때 진짜 올해의 단어는 《OED》 보고서 6쪽에 숨어 있는 '둠스크롤링doomscrolling'(지속적으로 SNS를 스크롤하며 부정적 콘텐츠를 소비하는 행위—옮긴이)이었다. 나도 2020년에 다른 사람들처럼 무심코 SNS를 새로 고침 하면서 쉬는 시간을 보내기 일쑤였다. '편히 쉬어야 하는데 락다운이 버몬트주의 고급 양초 생산자들에게 미치는 경제적 영향에 관한 트윗만 2500개 정도 읽은 것 같네.'

대부분의 사람이 둠스크롤링의 위험성을 경험했다. 고단한 하루를 보낸 후 몇 분간 쉴 요량으로 휴대폰을 쥐고 소파에서 좋아하는 자리에 앉는다. 하지만 평화롭게 휴식을 취하려던 계획과 달리 어느새 우울한 기사, 트윗, 영상을 자꾸만 소비하며 부정적 이야기의 소용돌이에 휩싸이고 만다. 그 첫 번째 피해자는 우리의 기분이다. 우리는 쉰다고 생각하지만 실제로는 쉬는 느낌이 전혀 안 든다.

7장에서 우리가 너무 많이 일하고 그사이에 충분히 쉬지 않아서 과부하로 번아웃을 유발하는 경향을 이야기했다. 그 해법은 더 효과적으로 에너지를 보존하는 것이라고 했다. 그런데 일을 안 할 때에도 번아웃이 올 수 있다. 둠스크롤링, 드라마 몰아 보기, 무심코 메일이나 메신저 알림 확인하기는 휴식 시간에 좋은 기분을 망치는 길이다.

그로 인해 스트레스가 쌓여서 생기는 증상을 나는 고갈 번아웃이라고 부른다. 고갈 번아웃은 바르게 에너지를 보충할 시간이나 공간을 충분히 확보하지 않아서 발생한다.

간단한 실험을 해보자. 5분 타이머를 맞추고 두 가지 목록을 작성하자. 첫 번째 목록에는 에너지가 소진된 기분이 들 때 주로 하는 행동을 적자. 두 번째 목록에는 대체로 에너지가 재충전되는 행동을 적자. 당신도 나와 비슷하다면 아마도 두 목록이 딴판일 것이다.

에너지가 소진된 기분이 들 때 하는 행동	진짜로 에너지가 생기는 행동
인스타그램 스크롤하기	산책하기
틱톡 스크롤하기	기타 연주하기
소파에 누워 넷플릭스에서 뭐 볼지 무한 검색하기	친구에게 전화해서 저녁 식사 제안하기
트위터 스크롤하면서 세상에서 일어나는 일에 분개하기	요가나 스트레칭
몸에 안 좋은 배달 음식 주문하기	헬스장에서 잠시 운동하기

에너지가 소진된 느낌일 때 반사적으로 하는 행동과 진짜로 에너지가 보충되는 행동이 다르다는 데에서 우리가 휴식을 취하는 방식이 사실상 휴식 효과가 없음을 알 수 있다. 그래서 이런 의문이 생긴다. 어떻게 하면 둠스크롤링/몰아 보기/배달 음식 주문의 악순환에서 벗어나 진짜로 기분이 좋아지는 활동을 시작할 수 있을까? 설마싶겠지만 사실 우리는 쉬는 시간을 기분이 좋아지는 행동, 정말로에너지가 재충전돼서 번아웃을 피할 수 있게 해주는 행동에만 쓰진않는다.

창조적으로 재충전해라

시 쓰기, 노래 배우기, 그림 그리기 같은 창조적 활동에 완전히몰입해서 다 끝나고 생각해보니 걱정거리를 싹 잊고 있었던 경험이 있는가?

샌프란시스코주립대학교와 일리노이주립대학교의 심리학자들로 구성된 연구진에 따르면 이는 과학적으로 증명 가능한 현상이다.[2] 그들은 창조적 활동이 휴식 효과를 낼 확률이 매우 높다고 주장한다. 그리고 창조적 활동에는 기분이 좋아지는 데 특히 도움이 되는 네 가지 특징이 존재한다. 나는 그 특징들을 기억하기 쉽도록 약자로 평온을 뜻하는 캄CALM이라고 부른다.

첫째, 창조적 활동은 유능함competence을 느끼게 한다. 2장에서 살펴봤듯이 우리는 새로운 기술을 습득 중이라고 생각하면 에너지가 증가한다. 특히 창조적 활동을 할 때 그런 효과가 잘 나타난다. 시를 쓰거나 노래를 작곡할 때 우리는 실력이 향상되는 것을 느낀다. 따라서 유능함이 증진된다.

둘째, 창조적 활동은 자율성autonomy을 느끼게 한다. 자율성도 2장에서 소개한 개념으로, 우리는 자신이 하는 일의 주인이라고 느낄 때 에너지가 커진다. 창조적 활동을 할 때에도 우리는 그처럼 자율성을 느껴 에너지가 보충될 가능성이 크다. 예를 들어 그림을 그린다고 치면 우리는 무엇을 그리고 어떻게 그릴지를 스스로 결정할 권한이 있다.

셋째, 창조적 활동은 해방감liberty을 느끼게 한다. 창조적 활동은 우리가 진정으로 일에서 벗어나게 한다. 집중해서 기타를 배울 때 '업무 모드'를 유지하기는 어렵다. 그래서 일과 관련된 모든 것에서 해방된 기분이 든다.

마지막으로, 창조적 활동은 우리를 편안하게mellow 만든다. 창조적 활동은 바르게만 한다면 부담이 없고 긴장이 풀리는 활동이다. 잔잔

캄 활동

유능함   자율성   해방감   편안함

한 음악을 틀어놓고 뜨개질 솜씨를 발휘해 친구에게 줄 스웨터를 짜면(참가자가 2000명이나 되고 마감이 촉박해서 부담스러운 뜨개질 대회에 출품할 작품을 만들 때와 달리) 일하는 시간에 받는 스트레스에서 벗어날 수 있다.

따라서 창조적 활동을 제대로만 하면 적어도 네 가지 차원에서 에너지가 충전된다. 하지만 여기서 의문이 생긴다. 현실에서 어떤 창조적 활동을 해야 평온해질지 어떻게 알 수 있을까? 그리고 그런 활동을 어떻게 우리 삶에 접목할 수 있을까?

실험 1: 캄 취미

—

조지 W. 부시 전 미국 대통령, 찰스 3세 영국 국왕, 팝 스타 테일러 스위프트는 생각보다 공통점이 많다.

물론 누구나 알 수 있는 유사점도 있다. 그들은 모두 어마어마한 부자다. 그들은 모두 황당한 음모론의 주인공이다. 그들은 모두 성대한 규모로 세계 곳곳을 누빈다. 하지만 예상외의 공통점도 있다. 그림에 대한 열정이다. 부시는 퇴역 군인들의 초상화를 그리고, 찰스 국왕은 다소 서정적인 스코틀랜드 풍경화를 그리고, 스위프트는 주로 대담하고 감성적인 색으로 바다, 꽃, 나뭇잎 등 다양한 소재를 그린다.

내가 보기에 그림 그리기는 대표적인 캄 활동이다. 처음 시작했을 때 아무리 미숙해도 꾸준히 그리면 점점 나아진다. 보통은 자신이 무엇을 어떻게 그릴지 자율적으로 결정할 수 있다. 대부분의 경우에 생업과 분리된 취미이기 때문에 해방감을 느낀다. 그림을 그리고 있으면 대체로 긴장이 풀리고 편안해진다.

그렇지만 그림 그리기가 특별히 중요한 이유는 거의 모든 사람에게 영원히 취미로만 남기 때문이다. 그림은 우리가 어떤 목표점을 두지 않고 금전적 이익을 바라지 않으며 순전히 그 자체로 즐기는 활동이다.

취미는 우리가 캄 활동을 삶에 접목하는 첫 번째 방법이다. 취미는 본질적으로 부담이 없는 활동이다. 취미는 기본적으로 승패가 없고 사업화할 수 없다. 어른이 돼서 뒤늦게 전문가 수준의 그림 실력을 발견하는 경우는 거의 없다(조지 W. 부시는 말할 것도 없고).

이처럼 창조적인 취미 활동의 잠재력을 극대화하려면 어떻게 해야 할까? 그 비결은 취미를 취미로 남겨두는 것이다. 생업과 별개이고 명확한 목표점이 없으며 스트레스를 받지 않는 활동으로. 그러려면 취미에 명확한 경계를 두는 편이 좋다. 창조적 활동을 위한 시간을 구체적으로 정하고 그 시간을 일과 그날그날의 책임으로부터 분리하자. 가능하면 취미를 위한 방이나 공간을 정하고, 창조적 활동을 할 때는 일과 관련된 알림을 끄고, 규칙적으로 그 활동을 하기 위한 일정을 정하자.

다음으로, 취미는 어떤 부담스러운 목표를 추구하지 않고 오로지 과정 자체를 즐겨야 한다는 사실을 항상 기억하자. 그릴 때든 놀 때든 만들 때든 결과물의 질은 중요하지 않다고 생각하자. 그래서 실수하고 실험하고 자기만의 속도로 성장하는 것을 허용하자. 취미의 주목표는 전문가나 대가의 경지에 오르는 게 아니라, 즐거운 시간을 보내며 재충전하는 것이다.

무엇보다도 취미를 '일'로 만들고 싶은 충동을 거부하자. 조지 W. 부시는 2017년에《용기의 초상Portraits of Courage》이라는 작품집을 출간했다. 일부 모델의 용모를 다소 이상하게 그리긴 했지만 비평가들은 대체로 그의 그림 실력에 깜짝 놀랐다. 그러나 이런 식으로 취미를 공개하는 것, 즉 취미를 대중 앞에 드러내 보이거나 심지어는 영리화하려고 하는 것은 위험하다. 더는 취미를 진정한 의미의 여가 활동으로 보지 않고 또 하나의 부업으로 여기게 될 가능성이 있기 때문이다.

진짜로 재충전하고 싶다면 삶에서 출세욕이 전혀 개입하지 않는 영역을 남겨둬야 한다.

실험 2: 캄 프로젝트

—

창조적으로 에너지를 재충전하는 또 다른 방법은 구체적인 프로젝트를 진행하는 것이다. 기한이 없는 취미와 달리 프로젝트는 시작과 끝이 명확하다. 프로젝트는 최종 목표에 도달했을 때 성취감이 생기므로 유능함과 자율성을 강하게 느끼고 싶을 때 특히 도움이 된다.

이 책을 쓰기 전(그리고 수련의 생활의 슬럼프를 극복한 후) 생산성 연구가 나의 창조적 프로젝트였다. 수개월간 퇴근해서 집에 오면 음악을 틀어놓고 해야 할 일을 완수하는 원리와 요령에 관해 읽었다. 그러면서 심리학계의 최신 연구 결과를 꾸준히 습득했기 때문에 유능함이 증진됐다. 그 시간에는 내가 하고 싶은 대로 하며 창조적이고 독자적으로 각종 기법을 탐구할 수 있었으므로 자율성이 있었다. 의사라는 본업에서 해방돼 밤마다 생산성 전문가라는 전혀 다른 존재로 변신했다. 그리고 그때만 해도 부담이 없었기 때문에 관련 자료를 읽을 때 몸도 마음도 편안했다. (솔직히 말해 이 책의 출간 계약서에 서명한 후 부담감이 조금 커졌다.)

명확한 목표점만 있다면 웬만한 창조적 활동은 모두 캄 프로젝트가 될 수 있다. 예를 들면 1년간 매일 사진을 찍는다는 목표로 사진을 찍는 것이 그렇다. 텍스트 기반 롤플레잉 게임을 만든다는 목표로 코딩을 배울 수도 있다. 다가오는 어머니의 생신에 드릴 선물을 직접 만든다는 목표로 뜨개질 실력을 키워도 좋다.

만일 캄 프로젝트의 효과를 더욱더 키우고 싶다면 타인을 끌어들이는 것도 생각해볼 만하다. 3장에서 말했듯이 어떤 일을 친구나 공동체와 함께 하면 인간관계에서 오는 에너지를 이용할 수 있다. 우리는 서로 배우고 생각을 나누고 성공을 축하하는 분위기에서 좋은 성과를 낸다.

만일 그림 그리기가 당신의 캄 프로젝트라면 미술 학원에 다니거나 밋업Meetup 모임에 참석해 다른 사람들과 서로 발전하는 모습을 보면 좋을 것이다. 만일 글쓰기에 관심이 많다면 글쓰기 모임에 들어가거나 세미나에 참석해 함께 작가로 성장하는 것도 좋다. 어떤 프로젝트를 수행하든 간에 관련 공동체를 형성하면 타인이 주는 재충전 효과를 누릴 수 있다.

자연으로 재충전해라

펜실베이니아주 교외에 있는 병원의 조용한 병동에서 두 집단의 환자가 담낭 수술을 받은 후 회복 중이었다.[3] 하지만 회복 속도는 서로 달랐다.

한 집단은 병실 창문 너머로 녹음이 우거진 고요한 숲이 보였다. 다른 집단은 창밖에 차갑고 생기 없는 벽돌 벽이 서 있었다. 그런 풍경의 차이가 미치는 영향에 관심을 가진 사람은 이제 막 조교수로 부임해 환경 미학을 연구 중인 로저 울리히Roger Ulrich였다. 그가 보니 놀랍게도 창밖으로 수풀을 보는 환자들이 벽을 보는 환자들과 비교했을 때 평균적으로 꼬박 하루 일찍 회복됐고, 진통제를 훨씬 적게 사용했으며, 합병증도 더 적게 발생했다.

그때부터 울리히는 자연이 치유 과정에 미치는 영향을 탐구하는 일생의 여정을 시작했다. 그 후 10년이 조금 못 지났을 때 스웨덴 움살라대학교병원Uppsala University Hospital 연구자들과 팀을 꾸려 자연이 회복에 미치는 효과를 더 엄밀하게 검증하기로 했다. 그들은 심장 수술을 받고 중환자실에 입원한 환자 160명에게 집중했다. 환자들은 무작위로 여섯 가지 환경 중 하나에 배정됐다. 우선 가상의 '창밖 풍경'이 연출된 병실이 있었는데, 그 풍경은 탁 트인 개울의 양옆으로 나무가 늘어선 사진과 어두운 숲 사진 중 하나였다. 그리고 벽에 추상화 두 점 중 하나가 붙은 병실, 하얀 판자가 붙은 병실, 벽이 텅 빈 병실이 있었다. 병실마다 별로 큰 차이가 없다고 생각할 수도 있다. 하지만 그 효과는 엄청났다. 잔잔한 물가에 나무가 자란 풍경을 배정받은 환자들이 불안감을 훨씬 덜 느꼈고 강력한 진통제를 덜 썼다. 그 외에 어두운 숲 사진, 추상화, 하얀 판자, 텅 빈 벽을 배정받은 환자들은 불안감과 통증을 훨씬 강하게 느꼈다.

울리히는 이후 40년간 자연의 치유 효과를 연구해 병원 설계에 지대한 영향을 미쳤다. 세계 곳곳에서 신식 병원에 정원과 녹지가 조성된 데에는 그의 공이 크다. 자연에서 시간을 보내면 스트레스 수준을 낮추고 집중력을 회복시키는 생리적 반응이 일어나 치유에 도움이 된다는 사실이 수십 년에 걸친 그의 연구로 증명됐다.

○ 자연은 우리의 인지력을 회복시키고
에너지를 증진시킨다.

따라서 자연의 아름다움을 온몸으로 느끼는 게 올바른 재충전을 위한 두 번째 방법이다. 자연은 우리의 인지력을 회복시키고 에너지를 증진시킨다. 자연은 기분을 좋게 만든다. 우리에게는 그 효과를 휴식에 접목할 방법이 필요하다.

실험 3: 자연을 불러들여라
—

지금 '자연에서 더 많은 시간을 보내기 싫은 사람이 어디 있어. 그런데 대부분의 사람은 복잡한 콘크리트 정글이나 무색무취한 교외에 살잖아'라고 생각할지도 모르겠다. 자연을 찾기가 말처럼 쉽진 않으니 말이다.

하지만 나는 그렇기 때문에 울리히의 연구 성과가 혁명적이라 생각한다. 그의 연구에서 참가자들이 본 것은 고작 나무의 사진이었다. 진짜 나무는 거기 없었다! 그런데도 강력한 효과가 있었다. 그 시사점은 명확하다. 자연과 접촉하기 위해서 생각만큼 많은 시간, 생각만큼 많은 노력이 필요하진 않다.

자연을 느끼는 데에는 1분도 걸리지 않는다. 한 연구에서 대학생 150명을 모집해 집중력 검사를 시켰다.[4] 참가자들은 검사 전후로 40초씩 '미세 휴식'을 취하며 초록색 지붕과 콘크리트 지붕 중 하나를 봤다. 이때 초록색 지붕을 본 학생들이 콘크리트 지붕을 본 학생들보다 실수를 훨씬 적게 하고 당면 과제에 더 일관되게 집중했다.

실제로는 자연과 접촉하기 위해 반드시 시각 자극이 필요하지도 않다. 2018년에 발표된 논문에 따르면 연구진이 참가자들에게 눈을 감고 자연의 소리(새, 열대 우림, 갈매기, 여름비 소리)를 듣게 했다.[5] 그들은 7분간 마음을 진정시키는 자연의 소리를 들었을 뿐인데 이후 몇 시간 동안 더 강한 에너지를 느끼며 일했다고 보고했다.

그러니까 자연에서 에너지를 얻기 위해 꼭 큰마음 먹고 일곱 시간씩 대자연을 거닐어야 하는 것은 아니다. 집에 녹지를 만드는 것도 쉽게 생각해볼 수 있는 방법이다. 작은 정원을 만들거나 실내 식물을 들인다면 이상적일 것이다. 하지만 그럴 시간이나 여건이 안 된다고 낙심할 필요 없다. 침대 옆 테이블에 자연을 담은 사진만 놓아도 재충전 효과가 있다.

아니면 시간을 내서 자연의 소리를 듣는 방법도 있다. 꼭 열대 우림에 가야만 우리의 잠재의식이 열대 우림에 있다고 생각하진 않는다. 그러니까 침대에 누워서 딱 5분 정도만 휴대폰으로 열대 우림 소리를 들으며 심신을 이완하고 잠을 청하면 어떨까?

실험 4: 산책해라

—

또 다른 재충전 방법은 자연의 소리를 들려주는 앱을 내려받는 것보다도 쉽다. 바로 나가서 걷는 것이다.

스티브 잡스, 버지니아 울프 등 많은 명사가 진정한 휴식을 위해 매일 느긋이 걷는 습관의 중요성을 강조했다. 철학자요 시인이었던 헨리 데이비드 소로도 말했다. "나는 하루에 최소 네 시간, 보통은 그보다 오랫동안 세속의 일에서 완전히 해방되어 숲과 언덕과 들판을 한가로이 거닐지 않는다면 건강과 영혼을 지킬 수 없을 것 같다."

그러나 이런 조언 역시 몹시 못마땅한 눈짓을 유발할 위험이 있다. 소로가 하루에 네 시간씩 걸을 수 있었던 까닭은 친구이자 시인이었던 랠프 월도 에머슨이 친절하게도 1840년대에 수년간 매사추세츠주에 있는 자기 소유의 넓은 숲에서 공짜로 살게 해준 덕분이었다. 모든 사람에게 그런 운이 따르진 않는다. 하루에 네 시간씩 "세속의 일에서 완전히 해방되어" 걷는 것을 생업과 가족과 친구로 바쁜 우리의 일상에 집어넣기가 어디 그리 쉬울까. 소로 선생님, 우리는 먹고살려면 일을 해야 한답니다.

종종 매일 1만 보를 걸으라는 전문가의 조언을 접할 때에도 비슷한 느낌을 받는다. 1만 보라는 수치는 이제 WHO, 미국 심장 협회 American Heart Association 등 많은 기관에서도 권고할 만큼 보편화되어 애플 워치와 핏빗 같은 기기에도 도입됐다. 1만 보 걷기는 매일 5회 과일 및 채소 섭취하기만큼 쉽게 들을 수 있는 권고다. 하지만 매일 5회 섭취와 마찬가지로 그 수치의 실제 출처와 과학적 근거는 불확실하다. 소로가 말한 '네 시간 아니면 말짱 꽝' 법칙의 현대판이나 마찬가지다. 1만 보를 달성하는 사람도 있고 아닌 사람도 있을 것이다. 하지만 애초에 왜 그 수치를 목표로 삼아야 하는지는 불분명하다.

2011년에 발표된 논문에서 걷기로 효과를 보기 위해 제일 중요한 요인이 걸음 수가 아닐 수 있다는 주장이 제기됐다. 이 논문을 쓴 스웨덴과 네덜란드의 심리학자들은 걷기가 정신 건강에 미치는 영향을 연구했다.[6] 그들은 대학생 스무 명을 모집해 현장 실험을 실시했다. 그 결과는 당연하게도 걸으면 기분이 더 좋아지고 불안감과 시간에 쫓기는 기분이 감소한다는 것이었다. 하지만 연구진은 참가자들을 그냥 걷게 하지 않고 두 가지 환경(공원 혹은 거리)과 두 가지 사회적 상황(혼자 혹은 친구와 함께)에서 40분씩 두 번 걷게 했다. 그 차이는 명확했다. 참가자들은 거리를 걸을 때보다 공원을 걸을 때 마음이 더 편해했다. 그리고 공원에서는 혼자 걸을 때 기운이 더 솟는 느낌을 받았는데, 어쩌면 자연에 한층 몰입할 수 있어서 그랬는지도 모른다. 반면 거리를 걸을 때에는 친구와 함께한 상황에서 기운이 더 솟는 느낌을 받았는데, 아마도 타인이 에너지에 미치는 영향 때문인 것 같다.

따라서 즉각 에너지를 보충하고 싶다면 어렵게 생각할 것 없이 바로 나가서 걸으면 된다. 이때는 굳이 시간, 거리, 목적지를 정할 필요 없다. 가능하면 공원이나 숲, 하다못해 풀과 나무가 많이 자란 거리를 걸으면 좋다. 친구와 같이 걷고 싶으면 그렇게 해도 된다. 소로가 말한 네 시간까지 갈 필요 없이 쉬는 시간에 단 10분간 한 블록만 걸어도 하루가, 그리고 인생이 더 살 만해질 것이다.

무의식적으로 재충전해라

이 장에서 지금까지는 새로운 취미 찾기, 실내 식물 사기, 가로수 길 걷기 등 내 식으로 말하자면 의식적 재충전법을 다뤘다. 모두 능동적 실천이 필요한 방법이다. 다시 말해 마치 휴대폰에 충전기를 끼우듯이 우리가 휴식에 에너지를 투입하기 때문에 재충전 효과가 발생한다.

하지만 짐작하다시피 내가 언제나 능동적 재충전 행위에 열중하는 것은 아니다. 변명을 하자면 무의식적 재충전 방법도 존재하기 때문이다.

무의식적 재충전은 굳이 어떻게 쉬어야겠다는 생각을 하지 않고 자연스럽게 하는 행위로 정의할 수 있다. 심지어는 이 장의 앞부분에서 만든 첫 번째 목록에 나열된 행위 중 일부가 포함될 수도 있다.

이런 무의식적 행위가 대체로 장기적 재충전 전략으로는 썩 좋진 않아도 잠깐씩 사용하면 도움이 된다. 경우에 따라서는 새로운 곡의 기타 연주법을 열심히 배우는 것보다 소파에 드러누워서 예능 프로그램을 몰아 보는 게 에너지 보충 효과가 가장 크고 생산적인 활동일 수 있다.

그 이유는 명칭을 보면 알 수 있다. 의식적 행위가 좋긴 하지만 뭔가를 의식하려면 의도적으로 관심을 기울여야 한다. 즉 어느 정도 에너지가 투입돼야 효과를 발휘한다.

그런 에너지가 있다면 좋다. 하지만 퇴근해서 집에 왔을 때, 혹은 불편한 사람들과 부대끼거나 오후 내내 일이 꼬여서 고생한 후 집에 왔을 때, 기운이 너무 빠져서 억지로 그림을 그리거나 녹음이 우거진 거리를 찾아서 걷자니 전혀 흥이 안 날 수 있고, 심지어는 억지로 했다가 부상을 당할 수도 있다.

그럴 때에는 죄책감을 느끼지 않고 아무것도 하지 않는 시간이 정말로 필요할지도 모른다. 하지만 아무것도 하지 않는 데에도 요령이 있다.

실험 5: 마음 방황을 허락해라

—

"사람들이 눈에 보이는 거미만 죽이기 때문에 사실상 자연 선택의 대리자가 되어 은신 능력과 지능이 좋은 거미만 살아남게 만든다. 우리가 거미를 더 똑똑하게 만들고 있는 셈이다."

"우리가 동일한 대상을 싫어하는 사람에게 얼마나 강한 유대감을 느낄 수 있는지 생각해본다면 싫어요를 기반으로 하는 소개팅 앱이 나오면 크게 성공할 것 같다."

"우정의 진정한 척도는 그 사람을 집에 부를 때 얼마나 깨끗하게 청소를 해야 하느냐다."

모두 내가 인터넷에서 즐겨 찾는 페이지 중 하나인 레딧 r/Showerthoughts 게시판에서 가져온 문장이다. 이 게시판은 몸을 씻다가 문득 떠오른 무척이나 심오하고 별난 생각을 올리는 곳이다.

여기에 글을 올리는 이용자들은 대부분 자각하지 못하겠지만 사실 유명한 신경 과학 이론을 증명 중이다. 당신도 경험해봤을 것이다. 욕실에 들어가서 뜨거운 물줄기 아래에서 향긋한 샴푸와 비누 냄새를 맡으면 몸과 마음이 느슨하게 풀린다. 그러다 갑자기 눈이 번쩍 뜨이며 고민 중이던 문제의 해결책이 기적처럼 명징하게 떠오른다! 예를 들면 상사에게 보낼 메일의 구체적인 내용이 생각나거나 자동차 열쇠를 둔 곳이 기억난다. '샤워의 법칙'은 레딧 이용자들의 망상이 아니다. 원래 뇌가 충분히 이완되면 창조적 해법이 나온다.

그 기저에는 무의식적 재충전법의 한 종류인 마음 방황mind-wandering의 힘이 존재한다. 신경 과학계의 최신 연구 결과에 따르면 우리가 '아무것도 안 할 때'조차도 우리 뇌는 쉬지 않는다. 뇌에는 '기본 모드 네트워크Default Mode Network,DMN'라고 해서 우리가 멍하니 있을 때 정신이 누비는 이상한 장소들을 관장하는 영역이 있다. DMN은 우리가 기억을 되살리고 공상하고 미래를 상상하도록 돕는다.[7] 그리고 우리가 정신력을 소모하는 일에 덜 열중할수록 DMN이 더 활성화된다.

현대인의 문제는 DMN을 활성화할 시간과 장소를 잘 허락하지 않는다는 데 있다. 오히려 마음 방황이 오명을 쓰고 걸핏하면 시간 낭비와 동일하게 취급된다. 우리가 공상 중에 무슨 생각을 했는지 잘 기억하지 못하니까 거기서 뭐라도 유익한 결과가 나올 수 있다는 생각을 잘 못한다. 오산이다. 우리는 아무것도 안 할 때 놀라울 만큼 생산적일 수 있다.

그렇다면 이 '무위'의 시간을 어떻게 우리 삶에 접목할 수 있을까? 가장 간단한 방법은 의도적으로 주간 일정에 '아무것도 안 하기' 시간을 배정하는 것이다. 매일 저녁 나가서 산책하거나 그림을 그릴 필요가 없다. 가끔은 그저 멍하게 저녁을 보낼 필요가 있다. 아예 일정표에 기록하자. 다음 주 중 하루 저녁은 망연의 시간으로 정하자.

아니면 주중에 설거지, 빨래 널기, 장보기 등 잡일을 할 때 헤드폰으로 아무것도 듣지 않기로 정해도 좋다. 생산성 집착자들로서는 무슨 말도 안 되는 소리냐 싶을 테고, 그래서 나도 보통은 헤드폰을 쓰고 싶은 충동을 억눌러야 한다. 하지만 정말 효과가 있다.

이게 비생산적인 행동으로 느껴질 수 있다. 그러나 가끔은 그렇게 뇌가 정처 없이 방황할 시간이 필요하다. 그럴 때 스스로 인지하지 못했던 관점에서 문제의 해법이 보인다.

실험 6: 땡땡이 법칙
—

마음 방황을 위한 시간을 정하는 것도 따지고 보면 뭔가를 하는 것이다. 이때도 우리는 여전히 생산성 모드다. 다만 생산성을 발휘하기 위해 되도록 아무것도 안 할 뿐이다.

하지만 살다 보면 그것조차 벅찰 때가 있다. 예전에 내가 풀타임 수련의로 일하면서 사업도 키우려고 애썼던 시절을 생각해보면 퇴근 후에도 에너지가 넘쳐서 어서 영상을 촬영하고 편집하고 싶을 때가 없진 않았다. 그러나 병원에서 고단한 하루를 보내고 저녁이면 완전히 녹초가 돼서 얼른 소파에 누워 아무 생각 없이 넷플릭스로 도망치기를 내 존재 전체가 갈망하는 날도 있었다.

그런 날은 바로 소파에 달려들었다. 머리로는 '영상 찍어야 하는데… 30분 후에 일어나자'라고 생각했다. 하지만 30분이 지나면 더더욱 영상을 촬영하고 싶지 않았다.

가끔 하우스메이트인 몰리(역시 의사였다)가 개입을 썼다.

"알리, 피곤하면 그냥 저녁에 땡땡이치고 쉬지 그래?"

그 말이 내 마음에 씨앗을 심었다. 만일 몰리의 말이 옳다면? 그냥 저녁에 땡땡이치고 진짜로 쉬면 안 될 이유가 있나? 이런 내적 갈등으로 고민하던 나는 마침내 내가 새로 찾은 관점을 완벽하게 표현하는 용어를 발견했다. 이름하여 '땡땡이 법칙Reitoff principle'.

땡땡이 법칙은 뭔가를 성취하려는 행위를 일부러 중단하고 땡땡이치는 날을 자신에게 허락하자는 것이다. 많은 사람이 뭔가를 해야 한다는 생각을 못 버려서 제대로 쉬지 못한다. 우리는 자제, 끈기, 인내를 중시하도록 훈련됐다. 휴식은 나태, 나약, 실패와 동일시된다.

땡땡이 법칙을 받아들이려면 가끔은 아무것도 안 하는 게 필요함을 인정해야 한다. 샤워 중에 깊은 생각에 잠기는 것조차, 조용히 산책하는 것조차 삼가는 시간.

요즘 나는 땡땡이 법칙 덕분에 휴가를 낼 때 죄책감을 덜 느낀다. 너무 지치고 힘들어서 뭐든 지속할 에너지를 내기 어려울 때 스스로에게 그냥 오늘 하루는 접고 죄책감 없이 다른 것을 하자고, 예를 들면 게임을 하고 음식을 시켜 먹자고 말한다. 이 단기적 '비생산성'에서 나를 리셋하고 재충전할 시간이 나온다고 나 자신에게 말한다.

○ 오늘 덜 함으로써
   내일 중요한 일을 더 많이 할 수 있다.

땡땡이 법칙을 써보면 내가 매일 땡땡이를 원하진 않는다는 사실을 알게 된다. 가끔 멈춤 버튼을 누르고 지속적 압박에서 벗어나면 성장과 창조를 위한 여백이 생긴다. 오늘 덜 함으로써 내일 중요한 일을 더 많이 할 수 있다.

- 번아웃의 두 번째 유형은 휴식 시간과 관련이 있다. 고갈 번아웃은 자신에게 진정으로 재충전하기 위한 시간이나 공간을 충분히 허락하지 않기 때문에 발생한다. 해결책은 어떻게 쉴 때 에너지가 보충되는지 아는 것이다.

- 가장 좋은 휴식 방법은 평온을 느끼는 것이다. 이때는 캄이 필요하다. 유능함, 자율성, 해방감, 편안함이 느껴지는 취미나 프로젝트를 찾자.

- 두 번째 방법은 자연 속에서 혹은 자연과 함께 시간을 보내는 것이다. 푸른 자연을 아주 조금만 접해도 크나큰 효과가 있다. 그러니까 잠시라도 산책하자. 그리고 실내 식물을 키우거나 새소리를 듣는 등 자연을 실내로 들이자.

- 하지만 항상 전략적으로 휴식해야 하는 건 아니다. 때로는 아무것도 안할 때 가장 많은 에너지가 보충된다. 오늘 덜 함으로써 내일 기분이 더 좋아진다.

9장

일치시켜라

퍼시픽 크레스트 트레일Pacific Crest Trail, PCT은 겁쟁이를 위한 코스가 아니다. PCT는 멕시코 국경의 사막부터 워싱턴주 북부의 산맥까지 미국 서부를 종단하는 장장 4265킬로미터의 산길이다. 미국에서 가장 험준한, 그리고 일부 구간은 가장 위험한, 하이킹 코스로 알려져 있다.

매년 봄이면 겁 없는 도보 여행자 수천 명이 최소 5개월은 걸어야 캐나다 국경에 이를 것을 알면서도 슬슬 시동을 걸다가 여름이 돼서야 본격적으로 PCT를 걷기 시작한다. 웬만한 사람에게는 어지간한 인내심으로는 완주할 수 없는 지옥의 코스로 느껴진다. 하지만 미주리대학교의 케넌 셸던Kennon Sheldon 교수에게는 PCT가 심리학 실험을 위한 최적의 코스로 느껴졌다.

셸던은 인간의 동기에 관한 최근의 연구 흐름을 주도하는 거물이다. 21세기가 시작될 무렵에 많은 사람이 동기에 관한 중요한 질문은 모두 해결됐다고 생각했다. 1부에서 살펴봤듯이 1970년대부터 과학자들은 동기가 내적 동기와 외적 동기로 나뉜다고 봤다. 내적 동기는 어떤 일이 그 자체로 재미있어서 하는 것이다. 외적 동기는 돈이나 상 같은 외적 보상 때문에 하는 것이다. 이 두 유형의 동기에 관한 이론이 정립된 후 수많은 연구를 통해 내적 동기가 있을 때 더 좋은 성과를 내고 더 강한 에너지를 느끼는 반면 외적 동기는 장기적으로 어떤 일을 그 자체로 즐기는 마음을 약화할 수 있다는 사실이 입증됐다. 즉 내적 동기는 좋고 외적 동기는 나쁜 것으로 깔끔히 정리됐다.

하지만 셸던은 왠지 현실이 그처럼 단순하지 않을 것 같았다. 1990년대부터 그는 학계가 동기의 과학에서 뭔가 중요한 것을 놓치고 있진 않은가 하는 의문을 품었다. 물론 표면적으로는 외적 동기가 내적 동기보다 '열등하다'는 증거가 명확했다. 그러나 또 한편으로 우리가 살면서 분명히 외적 보상 때문에 동기가, 그것도 강한 동기가 생기는 경우도 수없이 많았다.

어떤 학생(편의상 캣니스라 부르자)이 시험 공부를 하고 있다고 치자. 캣니스는 공부 자체를 즐기진 않으므로 내적 동기를 느끼지 않는다. 지금 공부를 하는 동기는 공부와 학습의 재미가 아닌 다른 무언가에 있다.

캣니스는 무엇 때문에 동기를 느끼고 있을까? 몇 가지 안이 있다.

- **A안** 나는 부모님이 억지로 시켜서 공부하고 있다. 이 과목이 싫지만 합격을 못 하면 한 달 동안 외출 금지다. 그렇게 끔찍한 벌을 받지 않으려면 공부해야 한다.

- **B안** 나는 죄책감 때문에 공부하고 있다. 이 과목이 싫지만 부모님이 열심히 일해서 내 학비를 대주신다는 것과 대학에 가려면 좋은 성적을 거둘 기회를 놓쳐서는 안 된다는 것을 안다. 공부를 안 하면 불안하고 죄책감이 들어서 매일 저녁에 몇 시간씩 시험 공부를 하고 있다.
- **C안** 나는 진심으로 좋은 성적을 거두고 싶어서 공부하고 있다. 이 과목이 싫지만 이번 시험에 합격해야 내년에 듣고 싶은 수업들을 들을 자격이 생긴다. 그 수업들에서 좋은 성적을 거두고 싶다. 그래야 대학에 가서 내 삶의 지평을 넓힐 수 있고 잘하면 의대에 지원할 수도 있기 때문이다. 부모님이 그런 것들을 강요하시는 건 아니다. 물론 내가 불합격하면 실망하시겠지만 부모님 때문에 공부하는 건 아니다. 나를 위해서 공부한다.

위의 세 가지 안은 모두 '외적 동기'의 범주에 들어갈 것이다. 어떤 경우에도 캣니스는 그 자체로 재미있어서 공부하고 있진 않다. 어디까지나 외적 결과(처벌 피하기, 죄책감 없애기, 원하는 수업 듣기)를 위해 공부한다. 하지만 세 가지 안에서 드러나는 공부와 인생에 대한 태도는 분명히 큰 차이가 있다. 특히 C안은 꽤 건전한 유형의 동기라고 할 수 있다. 과정이 본질적으로 재미있진 않아도 자신이 중요시하는 목표를 달성하기 위해 노력하게 만들기 때문이다.

캣니스의 사례에서 보듯이 사실은 모든 외적 동기가 본질적으로 '나쁜 것'은 아니다. 캣니스가 싫어하는 과목을 공부하듯이 누구나 즐겁지 않은 일을 억지로 해야 할 때가 있다. 게다가 아무리 즐겁게 시작한 일이라고 해도 너무 오래 하다 보면 어김없이 힘들어지는 시점이 온다. 그럴 때에는 그 시간을 버티기 위해 좀 더 그 일을 즐기라는 말을 들어봤자 별로 도움이 안 된다.

○ 모든 외적 동기가
본질적으로 '나쁜 것'은 아니다.

이제 우리는 다시 셸던과 PCT 이야기로 돌아온다. 셸던은 PCT 종주를 시작한 사람들이 언젠가는 내적 동기가 무너질 가능성이 매우 클 것이라고 봤다. 그럴 때 무엇을 통해 계속 나아갈 동기를 얻을지 궁금했다.

그래서 검증해보기로 했다. 2018년에 셸던은 PCT 하이킹에 관심 있는 사람들을 모집했다.[1] 그들은 저마다 능력이 달랐다. 단 한 번도 백패킹을 해본 적 없는 사람이 일곱 명, '몇 번' 해본 사람이 서른일곱 명, '제법 많이' 해본 사람이 마흔여섯 명, 평생 해온 사람이 네 명이었다. 셸던은 하이킹을 시작하기 전에 참가자들의 동기를 측정하기 위해 다음과 같이 각각 다른 유형의 동기를 설명하는 문장에 얼마나 동의하는지 점수로 매기게 했다.

"내가 PCT를 하이킹하는 이유는…"

- PCT 하이킹이 재미있을 것이기 때문이다.
- PCT 하이킹이 개인적으로 중요하기 때문이다.
- 자긍심을 느끼고 싶어서다.
- PCT를 하이킹하지 않으면 내가 실패자로 느껴질 것 같기 때문이다.
- PCT를 완주하면 중요한 사람들이 나를 더 좋아할 것이기 때문이다.
- 솔직히 내가 왜 PCT를 하이킹하는지 모르겠다.

셸던이 데이터를 보니 초장거리 하이킹을 하는 동안 사실상 모든 하이커의 내적 동기가 약해졌다. 어찌 보면 당연했다. 무려 5개월간 매섭게 추운 길을 4265킬로미터나 걷는데 매 순간을 진심으로 즐기긴 어려울 것이다.

셸던의 주된 관심사는 내적 동기가 필연적으로 약해졌을 때 하이커가 의지하는 외적 동기의 유형이었다. 이미 많은 과학자가 앞서 살펴본 캣니스의 시험 공부 사례처럼 순수한 내적 동기 외에 외적 동기에도 서로 다른 세 가지 유형이 존재하리란 의견을 내놨다. 그래서 2017년에 '상대적 자율성 연속체relative autonomy continuum, RAC'라는 스펙트럼을 바탕으로 다음과 같이 동기를 분류하기에 이르렀다.[2]

- **외부적 동기** External Motivation "내가 이 일을 하는 이유는 그럴 때 중요한 사람들이 나를 더 좋아하고 더 존중할 것이기 때문이다." 이 문장에 높은 점수를 매긴 사람은 외부적 동기가 강하다.

- **내사적 동기** Introjected Motivation "내가 이 일을 하는 이유는 하지 않으면 죄책감이나 자괴감을 느낄 것이기 때문이다." 이 문장에 높은 점수를 매긴 사람은 내사적 동기가 강하다. (내사는 무의식중에 타인의 생각과 신념을 내면에 흡수하는 정신 작용을 뜻하는 심리학 용어다.—옮긴이)

- **동일시 동기** Identified Motivation "내가 이 일을 하는 이유는 이 일을 통해 한 걸음 더 다가가게 될 목표를 진심으로 가치 있게 여기기 때문이다." 이 문장에 높은 점수를 매긴 사람은 동일시 동기가 강하다.

- **내적 동기** "내가 이 일을 하는 이유는 그 과정 자체를 하나의 목표로서 좋아하기 때문이다." 이 문장에 높은 점수를 매긴 사람은 내적 동기가 강하다.

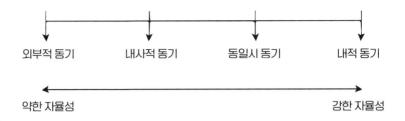

우리는 이 네 유형을 자율성의 강도를 기준으로 하는 스펙트럼 위에 표시할 수 있다.

외부적 동기는 외적 동기 중에서도 가장 자율성이 약하다. 어떤 내부 요인으로도 동기가 발생하지 않고 타인이 제시하는 의견, 규칙, 보상에 좌우되는 상태다. 스펙트럼상에서 더 오른쪽에 있는 동일시 동기는 외적 동기 중에서 가장 자율성이 강하다. 설령 어떤 일을 그와 관련된 외부의 보상 때문에 하더라도 그 보상이나 최종 목표를 가치 있게 여기는 상태이며 무엇보다 그 가치는 타인이 주입하지 않고 스스로 결정한 것이다.

셸던은 이 틀을 토대로 PCT 하이커들에게서 흥미로운 점을 포착했다. 그들의 성과를 가장 정확히 예측하는 지표는 내적 동기가 약해졌을 때 의지하는 외적 동기의 유형이었다. 셸던은 하이커들의 동기, 심신의 건강, 하이킹 성과에 대한 데이터를 이용해 내사적 동기나 동일시 동기가 강한 사람들이 훨씬 높은 완주율을 보였음을 증명했다. 그들은 이 두 유형의 외적 동기에 의존해 고단할 때에도 계속 나아갈 힘을 발휘할 수 있었다.

한편으로 셸던은 주관적 안녕감subjective well-being을 평가하는 일련의 정형화된 검사를 통해 각 하이커에게 하이킹 중의 기분을 물었다. 주관적 안녕감은 '행복'을 뜻하는 심리학 용어다. 여기서 두 번째로 흥미로운 현상이 발견됐다. 외적 동기 중에서 더 강한 행복감과 결부된 유형은 동일시 동기가 유일했다. 다시 말해 진심으로 가치 있게 여기는 것과 행동을 일치시킴으로써 동기를 유발한 사람들이 PCT를 완주한 것은 물론이고 마지막에 가장 강한 행복감을 느꼈다. 셸던이 사용한 용어는 아니지만 우리는 이 하이커들이 기분 좋은 생산성을 경험하고 있었다고 말할 수 있을 것이다.

이 연구에서 번아웃의 위험성을 감소시키기 위한 마지막 방법의 힌트를 얻을 수 있다. 지금까지 우리는 내가 말하는 과부하 번아웃, 즉 일을 너무 많이 맡아서 생기는 번아웃과 고갈 번아웃, 즉 일을 너무 열심히 해서 생기는 번아웃을 피하는 방법을 알아봤다. 하지만 번아웃에는 한 가지 유형이 더 있다. 나는 이를 불일치 번아웃이라고 부른다.

불일치 번아웃은 목표가 자아상에 부합하지 않을 때 생기는 부정적 감정에서 비롯된다. 진정성 있게 행동하지 않으면 기분이 나빠지고, 따라서 성취도가 떨어진다. 그럴 때에는 외부의 힘이 우리의 행동을 추동한다. 우리의 정체성과 현재 행위가 더 깊은 차원에서 일치하지 않는다. 그 일치 상태는 내적 동기와 동일시 동기를 통해서만 형성된다.

그렇다면 해법은? 자신에게 정말로 중요한 게 무엇인지 파악하고 행동을 일치시키는 것이다.

이 기법은 큰 변화를 일으킨다. 근본적인 삶의 만족도가 훨씬 높아진다. 이미 알아본 대로 누구나 하기 싫은 일과 남들이 기대하는 일을 해야 할 때가 있다. 나는 카센터 방문, 화장실 청소, 세금 신고서 작성을 특히 싫어한다. 그럴 때 우리는 즐겁지 않고 에너지가 소모되는 일을 해야 한다. 하지만 현재의 행동을 더 깊은 차원의 자아상과 일치시킴으로써 기분 좋은 생산성을 유지할 수 있다.

장기적 지평

행동과 가치관을 일치시키려면 장기적으로 생각하는 게 도움이 될 수 있다. 그것도 아주 장기적으로.

1994년 로스앤젤레스 지진을 예로 들어보겠다. 1994년 1월 17일에 진도 6.7의 지진이 로스앤젤레스를 강타해 쉰일곱 명이 사망하고 수천 명이 부상을 당했다. 지진 생존자 중에는 진원지에서 단 2킬로미터 떨어진 세풀베다 보훈 병원Sepulveda Veterans Affairs Medical Center 직원들이 있었다. 병원 건물이 심하게 파괴되고 직원들의 집도 상당수가 파손됐다.

켄터키대학교 에밀리 라이킨스Emily Lykins 교수를 위시한 연구진은 이 참담한 경험에서 단순한 관념을 검증해보기로 했다.[3] 바로 죽음을 생각하면 인생이 더 명확히 보인다는 것이었다.

○ 죽음을 생각하면
   인생이 더 명확히 보인다.

연구자들은 세풀베다 병원 직원 일흔네 명에게 두 가지 설문지를 통해 사건 전과 후를 기준으로 다양한 인생 목표의 중요도를 물었다. 나열된 목표들은 내적 목표(예: 돈독한 친구 관계, 성장)와 외적 목표(예: 출세, 물질적 부)로 나뉘었다. 이와 함께 연구진은 "지진 당시 죽을 수도 있다고 생각한 적이 있습니까?" 같은 질문으로 개개인이 '사망 가능성'을 얼마나 강하게 느꼈는지 측정했다.

취합된 데이터에서 분명한 패턴이 드러났다. 직원들은 지진을 겪은 후 외적 목표보다 내적 목표를 중시한다고 보고했다. 더욱이 사망 가능성을 강하게 느낀 사람일수록 내적 목표를 지향하는 변화가 강하게 일어났다. 일례로 어떤 직원은 오로지 출세와 물질적 부만 바라보고 달려왔지만 이제는 가족 및 친구와 돈독한 관계를 유지하는 데 더 많은 시간과 에너지를 쏟고 있다고 했다. 또 다른 직원은 원래 타인의 칭찬을 통해 인정받고 싶은 욕구가 강했지만 이제 창작과 성장을 그 자체로 의미 있게 여기며 추구한다고 밝혔다.

이들은 인생의 끝이라는 가장 장기적인 지평을 생각하는 게 왜 유익한지 잘 보여준다. 우리는 목표와 행동을 의미 있는 삶에 대한 생각과 결부할 때 동일시 동기가 생긴다. 문제는 쉰 명에게 "당신에게 의미 있는 삶이란 무엇입니까?"라고 물었을 때 확실히 답할 수 있는 사람이 두 명만 있어도 다행이란 점이다. 그만큼 어려운 질문이다.

그래서 로스앤젤레스에서 연구자들이 규명한 기법이 필요하다. 인생의 끝을 생각해보자. 그리고 그것을 토대로 지금 여기서 중요한 게 무엇인지 재평가하자.

실험 1: 추도사 기법
—

다행히도 마지막을 염두에 두고 인생을 살기 위해 꼭 참혹한 지진을 겪어야 하는 것은 아니다. 리 펜Leigh Penn의 부고 기사가 그 증거다.

"위기 청소년의 대모 리 펜 사망. 향년 90세. 고인은 기회 격차를 좁히기 위해 헌신했다."[4] 기사는 불우한 청소년에게 교육 기회를 제공하는 혁신적 자선 단체를 운영하고 미 해군이 미국 각처의 낙후 지역에 교육 프로그램을 제공하도록 돕는 등 펜이 평생 숭고한 뜻을 품고 펼친 활동 중 일부를 생생히 소개한다. 펜은 그처럼 왕성하게 활동하는 와중에도 관계를 소홀히 여기지 않았다. "고인은 MBA와 CEO보다 엄마라는 지위를 더 중요하게 여겼다."

비범하고 '영향력 있는' 삶이었다. 몇 가지 문제만 빼면. 첫째, 펜은 실제로 기사에 망라된 업적 중 무엇도 이루지 못했다. 둘째, 펜은 실제로 90세까지 장수하지 않았다. 셋째, 펜은 실제로 죽지 않았다.

사실 펜은 스탠퍼드 경영대학원에서 '가치 있는 인생Lives of Consequence'이라는 유명한 강의를 듣는 수강생이었다.[5] 로드 크레이머Rod Kramer 교수는 정기적으로 수강생들에게 자신이 이상적인 삶, 즉 자신이 상상하는 최고의 삶을 끝까지 살았다고 가정하고 직접 부고 기사를 쓰는 과제를 낸다.

강의 소개에는 "본 강의의 목적은 자신의 인생과 그것이 세상에 미칠 영향을 새롭게 인식하는 것"이라고 적혀 있다. 펜을 포함해 많은 사람이 이 강의를 듣고 큰 변화를 경험했다. 펜은 "내가 사랑하는 사람들에게 충분한 시간을 쓰고 있는지, 아니면 치열한 출세 경쟁에만 열중해 있는지 잠시 멈춰서 물어볼 기회가 됐다"라고 썼다. 죽음을 생각하면 어떻게 살아야 할지 밝게 보인다.

나도 비슷한 기법을 자주 사용한다. 그것을 '추도사 기법'이라고 부른다. 그리고 부고 기사 대신 장례식에 초점을 맞춘다. 자신에게 한번 이렇게 물어보자. "다른 사람이 내 장례식 추도사에서 무슨 말을 해주면 좋을까?" 가족, 가까운 친구, 먼 친척, 동료가 장례식 때 무슨 말을 해줬으면 좋겠는지 생각해보자.

그러면 "나는 무엇을 가치 있게 여기는가?"라는 질문을 타인의 관점에서 조명할 수 있다. 아무리 직장 동료라고 해도 장례식장에서 "고인 덕분에 수백만 달러 규모의 거래를 많이 성사할 수 있었습니다"라고 말하진 않을 것이다. 그 대신 인간관계, 성품, 취미 등을 언급하며 생전에 당신이 어떤 사람이었는지 이야기할 것이다. 그리고 당신이 회사에 얼마를 벌어다 줬는지가 아니라 세상에 어떤 긍정적 영향을 끼쳤는지 말할 것이다.

이제 거기서 배운 것을 현재의 삶에 적용하자. 수십 년 후 다른 사람들에게 기억되고 싶은 삶을 기준으로 볼 때 지금 어떤 삶을 일궈야겠는가?

이렇게 참 신나는 지점에서 시작한 고민을 이번에는 현재로 조금 더 가까이 끌고 와보자.

실험 2: 오디세이 계획
—

빌 버넷Bill Burnett은 1990년대 초에 수년간 애플에서 일했다.[6] 많은 사람이 그를 최초의 애플 마우스를 디자인하는 데 공헌한 사람으로 기억한다. 하지만 사실 버넷은 수십 가지 프로젝트에 참여했고, 곧 디자인 팀에 없어서는 안 될 존재가 됐다. 그때부터 좋은 디자인과 인간의 필요가 만나는 접점을 살피는 예리한 안목이 생겼다.

어느 날, 버넷은 재미있는 생각이 떠올랐다. 지금까지 세계 최고의 하드웨어를 디자인하기 위해 썼던 도구들을 혹시 인간의 삶에 접목할 수 있진 않을까?

이후로 몇 년에 걸쳐 버넷은 더 행복하고 더 보람 있는 인생을 사는 방법을 새로이 만들었고, 거기에 '인생 디자인하기designing your life'라는 명칭을 붙였다. 디자이너의 사고법을 개인의 성장에 적용하면 사람들이 더 진실되고 더 진정성 있게 살 수 있으리라 생각했고, 이 발상은 훗날 스탠퍼드대학교에서 '인생 디자인하기' 강의를 개설하는 초석이 됐다.

인생 디자인하기 기법을 처음 접했을 때 나는 마치 계시를 받은 기분이었다. 당시 나는 2년 차 수련의가 된 후 몇 개월간 산부인과에서 일하고 있었는데 다소 막막함을 느끼고 있었다. 내가 어떤 사람인지는 잘 알았다. 내가 의사 일을 좋아하고, 의대생들을 가르치는 것을 좋아하고, 많진 않지만 가까운 친구들이 있고, 토요일 아침마다 케임브리지 도심의 단골 카페에서 시간 보내기를 좋아한다는 것은 잘 알았다. 하지만 내가 인생에서 원하는 게 뭔지는 아리송했다.

그때 친구가 '인생 디자인하기' 강의 내용을 담은 책《디자인 유어 라이프》에 나오는 기법을 하나 가르쳐줬다. 내가 원하는 것에 대한 막연한 생각을 증거로 뒷받침되는 명확한 그림으로 바꿔주는 기법이었다. 이름하여 '오디세이 계획odyssey plan'.

그 중심에는 간단한 질문이 있었다. 5년 후에 인생이 어땠으면 좋겠는가? 처음에는 뭐 대단할 것도 없다고 생각했다. 표준적인 채용 면접을 본 사람이라면 누구나 생각해봤을 질문이었다. 하지만 버넷은 디자이너의 사고법을 토대로 이 질문에 답하는 특이한 방법을 제시한다. 다음과 같이 생각해보라는 것이다.

- **현재 경로** 계속 현재 경로로 간다면 5년 후에 어떤 인생을 살고 있을지 상세히 적자.
- **대안 경로** 완전히 다른 경로로 간다면 5년 후에 어떤 인생을 살고 있을지 상세히 적자.
- **비약 경로** 완전히 다를 뿐만 아니라 돈, 사회적 의무, 타인의 생각이 중요시되지 않는 경로로 간다면 5년 후 어떤 인생을 살고 있을지 상세히 적자.

오디세이 계획의 취지는 이 세 가지 미래 중 하나를 '구체적 계획'으로 삼는 게 아니다(애초에 인생을 계획할 때 구체성은 낄 자리가 없다). 단지 그처럼 가능성 있는 미래들에 눈을 뜨자는 것이다.

어떤 사람에게는 첫 번째 경로가 진정으로, 진심으로 가고 싶은 길일 것이다. 만일 그렇다면 축하한다. 이미 미래의 자신과 일치된 삶을 살고 있다. 하지만 많은 사람이 이 기법을 통해 지금 가고 있는 경로가 자신이 진짜로 원하는 경로가 아님을 깨달을 것이다.

내 경우에는 오디세이 계획을 작성하면서 내가 살고 있던 인생, 그러니까 풀타임 의사의 인생이 더는 신나지 않는다는 사실을 깨달았다. 나의 현재 경로에는 '영국에서 마취학 수련하기' 같은 이정표가 늘어서 있었다. 자세히 써놓고 보니 내가 수년 전에 그 길을 시작했지만 그사이 내면에서 뭔가가 바뀌어 이제는 그런 미래가 활기차게 느껴지지 않는다는 것을 알 수 있었다.

그래서 경로를 바꿨다. 오디세이 계획 덕분에 전문의가 되는 경로를 지속하지 말고 사업 확장에 주력해야겠다는 결심이 섰다. 지금도 나는 갈림길에 설 때마다 똑같은 기법을 쓴다. 자기 앞에 어떤 길들

오디세이 계획

| 현재 경로 | 대안 경로 | 비약 경로 |

이 나 있는지 적어보면 자신이 진정으로 원하는 길을 알 수 있다.

중기적 지평

장기적 지평을 생각하면 자신이 가치 있게 여기는 것을 추상적으로 이해하기에 좋다. 하지만 그 정도로는 다소 모호하게 느껴질 수 있다. 특히 지금 20~30대인 사람이라면 족히 50년 후의 일이 될(부디 그러길) 추도사가 멀게 느껴질지 모른다. 이 추상적 인생 계획을 더 가까운 시기, 말하자면 앞으로 1년을 살기 위한 체계적 전략으로 전환하려면 어떻게 해야 할까?

그 답은 과학자들이 '가치 확인 개입values affirmation intervention'이라고 부르는 간단한 기법에서 찾을 수 있다. 말이 어려워서 그렇지 지금 자신의 가치관에서 핵심이 무엇인지 파악하고 계속 그에 관해 생각해보는 것을 뜻한다. 앞에서 우리는 이상적인 인생 계획 몇 가지를 적어봤다. 여기에 가치 확인이 더해지면 앞으로 1년을 어떻게 계획해야 할지 구체적으로 가닥이 잡힌다.

이 기법은 특히 장기적으로 이루고자 하는 것을 실제로 이룰 능력에 대한 자신감이 부족할 때 강력한 효과를 발휘한다. 과학 저널 〈사이언스〉에 실린 논문에 따르면 일단의 심리학자가 가치 확인 개입을 이용해 다분히 남성 우세적 학문인 물리학에서 성별에 따른 성취도 격차를 줄였다.[7] 아키라 미야케Akira Miyake를 위시한 연구진은 물리학 수업 수강생 400명을 모집했다. 그들의 성적을 보면 대체로 남학생이 우세했다. 더욱이 여학생들은 남자가 여자보다 물리학에 유리하다고 믿고 있었다.

미야케가 쓴 방법은 전형적인 가치 확인 개입이었다. 연구진은 모든 학생에게 다음과 같이 그들이 가치 있게 여길 만한 항목 열두 개가 나열된 목록을 제시했다.

1. 예술 능력
2. 창의성
3. 가족과 친구 관계
4. 정부 혹은 정치
5. 독립
6. 학습과 지식 습득
7. 운동 능력
8. 사회 집단(지역 사회, 인종 집단, 학교 동아리 등)에 소속되는 것
9. 음악
10. 직업
11. 영적 혹은 종교적 덕목
12. 유머 감각

학생 중 절반은 그중에서 가장 중요하게 여기는 항목 세 개를 고르고 그 이유를 적으라는 지시를 받았다. 나머지 절반은 가장 중요하지 않게 여기는 항목 세 개를 고르고 그 항목들이 다른 사람에게는 중요할 수도 있는 이유를 적어야 했다. 이렇게 간단한 글쓰기가 중간고사에 엄청난 영향을 미쳤다. 이 개입으로 시험 성적의 성별 격차가 크게 감소하며 여학생들의 성적이 향상됐다. 특히 남자가 여자보다 물리학을 잘한다는 고정 관념에 매여 있던 여학생들에게 그 효과가 컸다.

왜 그랬을까? 한 가지 가능한 해석은 이 여학생들이 자신의 가치관을 확인함으로써 자신에게 가장 중요한 게 무엇인지 알고 시험 기간 내내 기억할 수 있었기 때문이란 것이다.

○ 가치 확인은
우리의 가장 추상적인 이상을 현실로 바꾼다.
그리고 그 과정에서 자신감을 향상한다.

따라서 가치 확인은 우리의 가장 추상적인 이상을 현실로 바꾼다. 그리고 그 과정에서 자신감을 향상한다. 그렇다면 관건은 가치관을 어떻게 파악하느냐, 그리고 어떻게 활용하느냐다.

실험 3: 인생의 수레바퀴

나는 의대 5학년 때 처음으로 가치 확인에 대해 생각했다(저자가 졸업한 케임브리지 의대는 6년제다—옮긴이). 푹푹 찌는 어느 여름날, 한증막

같은 계단식 대형 강의실에 다닥다닥 붙어 앉아서 짜증을 삭이던 때가 기억난다. 원래는 축하해야 할 때였다. 5학년 시험이 끝났고 강의실에 앉아 있는 모든 학생이 '선택 실습medical elective'을 위해 외국으로 떠날 예정이었다. 선택 실습이란 세계 각지에서 2개월 동안 의료를 실습하는 과정이다. 나는 그다음 주에 친구 벤, 올리비아와 함께 캄보디아 프놈펜의 어린이 수술 병원Children's Surgical Centre에 가기로 되어 있었다.

하지만 그 전에 우리는 일주일 동안 귀찮은 강의 몇 개를 추가로 들어야 했고 그중 하나가 '의사로 성공하는 법How to become a successful doctor'이었다. 이건 좀 심하다 싶었다. 아니, 우리가 지난 5년간 배운 게 그거 아닌가? 그러니 강의를 맡은 릴리크랩 박사Dr Lillicrap가 그 시간에는 병원 행정의 즐거움이 아니라 스스로 '성공'을 정의하는 법을 배운다고 말했을 때 내가 얼마나 놀랐을지 상상이 갈 것이다.

릴리크랩 박사는 대다수의 의대생이 '성공'이라고 하면 당연하다는 듯이 좋은 학벌과 좋은 직업을 떠올린다고 말했다. 하지만 성공의 의미는 그보다 훨씬 폭넓다고 역설했다. 그러면서 '인생의 수레바퀴'라는 간단한 활동을 위한 유인물을 나눠 줬다.

릴리크랩 박사는 인생의 수레바퀴가 스스로 성공을 정의할 수 있게 하는 코칭 도구라고 설명했다. 먼저 동그란 원을 그리고 그것을 아홉 칸으로 나눈다. 그렇게 만들어진 수레바퀴의 각 바큇살 가장자리에 인생에서 중요한 영역들을 적는다. 245쪽 그림은 릴리크랩 박사가 처음 하는 사람들을 위해 추천한 항목이지만 원하는 대로 바꿔도 좋다. 우리에게 주어진 것은 건강 세 항목(육체, 정신, 영혼), 일 세 항목(사명, 돈, 성장), 관계 세 항목(가족, 로맨스, 친구)이었다.

인생의 수레바퀴

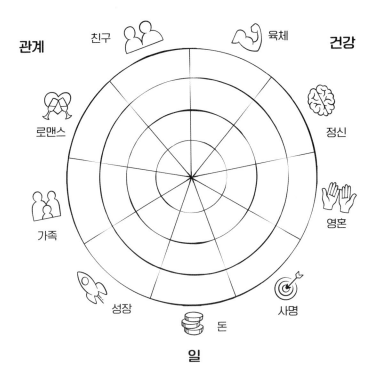

다음으로 각 영역에서 자신이 느끼는 일치감을 평가한다. 자신에게 "현재 내 행동이 나의 가치관과 얼마나 일치됐다고 느끼는가?"라고 물어보자. 그리고 그 답에 맞춰 칸을 색칠하자. 완전한 일치감을 느낀다면 전부 칠하고 전혀 일치감을 못 느낀다면 비워놓으면 된다.

나는 인생의 수레바퀴를 통해 몇 가지 흥미로운 깨달음을 얻었다. 내가 진정으로 인생에서 원하는 것을 조금이라도 체계적인 방법으로 생각해보긴 처음이었다. 그때까지는 의사가 되고 부업으로 IT 쪽 일을 하겠다는 막연한 목표밖에 없었지만 인생의 수레바퀴를 그린

후 더 전략적으로 인생을 생각할 수 있는 어휘가 생겼다. 내가 일치감을 가장 약하게 느끼는 세 가지 영역은 로맨스(관계의 일부), 육체(건강의 일부), 사명(일의 일부)이었다. 그래서 행동에 나섰다. 연애를 시작했다. 운동을 시작했다. 그리고 진지하게 창업을 고려했다. 실제로 내가 유튜브에 최초로 올린 영상들은 캄보디아 파견 당시 촬영한 것이다. 인생의 수레바퀴 덕분에 단 몇 분 만에 내가 무엇을 가장 가치 있게 여기는지 명확히 알 수 있었다.

실험 4: 12개월 축하하기

—

인생의 수레바퀴는 가치관을 체계적 목표들로 바꾸는 데 어느 정도 도움이 된다. 나는 인생의 수레바퀴를 그리고 난 후 첫 영상을 올렸다. 그리고 당시 수강생 중 최소 두 명은 인생의 수레바퀴를 그린 후 의대를 자퇴했다(아마 릴리크랩 박사의 의도는 아니었을 것이다).

그래도 여전히 먼 느낌이다. 아직도 우리는 구체적 실천 방안이 아니라 추상적 가치관을 이야기하고 있다. 바로 그래서 다음 기법인 '12개월 축하하기'가 필요하다. 꿈을 행동으로 바꾸는 방법 중에서 내가 가장 좋아하는 것이다. 그 내용은 간단하다. 지금부터 12개월 후에 가장 친한 친구와 저녁을 먹고 있다고 상상해보자. 당신은 인생에서 가장 중요한 영역들에서 지난 1년간 거둔 진전을 축하하는 중이다.

인생의 수레바퀴에 적은 항목들을 다시 보자. 이제 가장 친한 친구에게 각 항목에서 어떤 진전이 있었다고 말하고 싶은지 적어보자.

12개월 축하하기는 4장에서 알아본 수정 구슬 기법(128쪽)을 긍정

범주	축하 내용
건강	육　체 : 지난 12개월 동안 내 생활 방식과 취향에 잘 맞는 운동 루틴을 찾아서 7킬로그램을 감량했다.
	정　신 : 지난 12개월 동안 정신 건강에 우선순위를 두고 상담을 받기 시작했다. 그래서 나를 더 잘 알고 스트레스를 더 잘 관리할 수 있게 됐다.
	영　혼 : 지난 12개월 동안 매일 명상을 했고 영성 수련회에도 한 번 참석했다.
일	사　명 : 지난 12개월 동안 내 강점을 잘 살릴 수 있는 직업으로 바꿔서 일이 더 즐겁고 보람 있어졌다.
	돈　　: 지난 12개월 동안 학자금 대출을 많이 갚고 내 집 마련 자금을 저축하기 시작했다.
	성　장 : 지난 12개월 동안 온라인 강의로 새로운 기술을 익혀서 취업에 더 유리해졌다.
관계	가　족 : 지난 12개월 동안 정기적으로 가족과 만나고 통화함으로써 가족과 더 많은 시간을 보냈다.
	로맨스 : 지난 12개월 동안 더 솔직한 대화로 파트너와 관계가 더욱 돈독해졌다.
	친　구 : 지난 12개월 동안 오랜 친구들에게 자주 연락하는 한편으로 새로운 친구도 사귀려고 노력해서 더 폭넓고 더 든든한 인간관계가 형성됐다.

적으로 바꾼 거라고 보면 된다. 수정 구슬 기법은 모든 게 잘못되는 과정에 초점을 맞춘다. 반면 12개월 축하하기는 모든 게 잘되는 과정에 집중한다. 생각해보자. '12개월 축하하기를 현실로 만들려면 앞으로 1년 동안 무엇을 해야 할까? 그리고 그 첫 번째 행동 단계는 무엇일까? 집 앞 헬스장 등록하기? 이력서 수정하기? 일정표에 매주 엄마와 통화하는 시간 넣기?'

이렇게 순식간에 당신의 가치관은 더 이상 먼 미래에 실현해야 하는 것이 아니게 됐다. 당장 몇 달간 밟아야 할 행동 단계들이 생겼다.

단기적 지평

어떤 사람에게는 이렇게 목표와 인생을 일치시키기 위한 행동 단계들조차 여전히 멀게 느껴질 수 있다. 내년의 자신조차 아득하게 느껴질 수 있다. 그렇다면 바로 오늘 행동을 일치시킬 방법을 찾아야 한다.

이제부터 우리가 할 일은 매일같이 마음 가장 깊은 곳에 간직한 자아상과 일치된 결정을 내리는 것이다. 그러면 마음이 편해지는 효과만 있는 게 아니다. 이것은 기분 좋은 생산성을 일으키는 가장 강력한 방법 중 하나이기도 하다. 뉴질랜드 와이카토대학교University of Waikato의 애나 서턴Anna Sutton이 매일 진정성 있게 사는 것과 전반적 안녕감의 관계를 알아보기 위해 쉰한 편의 논문을 취합, 총 3만 6000건 이상의 데이터 포인트를 포함하는 연구 결과들을 검토했다.[8] 그러자 진정성과 안녕감의 긍정적 관계뿐 아니라 진정성과 그녀가 말하는 '몰입도engagement'의 긍정적 관계가 드러났다. 정말로 놀라운 발견이었다. 우리는 가치관 및 자아상과 일치하는 결정을 내릴 때 더 행복해질 뿐 아니라 해야 할 일에 더 몰입한다.

그래서 일치의 마지막 구성 요소는 마음가짐의 변화다. 일생과 세월이란 차원에서만 가치관을 생각하지 않고 매일의 선택이란 차원에서 생각하는 것이다.

248

문제는 어떻게 하느냐다. 우리는 매일 가치관과 동떨어진 결정을 내린다. 자유를 중시하는 사람이 사사건건 간섭하는 직장에 계속 다니면서 스톡옵션을 행사할 수 있을 때가 되기만 기다린다. 친밀한 관계를 중시하는 사람이 일하느라 바빠서 가족 및 친구와 보내는 시간은 뒷전이다. 이런 식으로 우리는 매일 가장 열망하는 것과 불일치하는 결정을 내린다.

○   **적절한 도구가 있다면**
    우리는 절묘하게 가장 중요한 것에
    다시 초점을 맞출 수 있다.

하지만 적절한 도구가 있다면 우리는 절묘하게 가장 중요한 것에 다시 초점을 맞추고, 그에 따라 더 오랫동안 생산성(그리고 살맛 나는 삶)을 유지할 수 있다.

실험 5: 3대 일치 지향적 퀘스트

—

장기적 가치관을 매일의 결정에 접목하기 위해 내가 주로 쓰는 방법은 단기 목표가 장기 목표보다 훨씬 쉽게 느껴진다는 간단한 사실에서 출발한다.

심리학계에서는 이미 수십 년 전부터 알려진 현상이다. 유명한 연구에서 연구진은 수학 성적이 좋지 않은 7~10세 아이들에게 며칠간의 학습 목표를 설정하게 했다.[9] 아이들은 두 집단으로 나뉘어 서로 조금 다른 지시 사항을 받았다. 첫 번째 집단은 앞으로 총 7회의 공부 시간이 주어질 텐데 매번 수학 문제집 여섯 쪽 푸는 것을 목표로 하라는 지시를 받았다. 두 번째 집단에게는 그냥 총 7회에 걸쳐 문제집 마흔두 쪽 푸는 것을 목표로 하라고 지시했다.

물론 말만 다를 뿐 두 집단의 목표는 사실상 동일했다. 두 집단 모두 총 마흔두 쪽을 풀어야 했다. 하지만 먼 목표에 집중했을 때와 가까운 목표에 집중했을 때의 결과가 놀랍게 차이 났다. '근시적' 목표를 설정한 아이들이 그냥 더 좋은 성적이 아니라 두 배 더 좋은 성적을 거뒀다. 그들은 정답률이 80퍼센트였던 반면 다른 집단은 정답률이 40퍼센트에 그쳤다. 더군다나 그들은 자신감도 더 강하게 느꼈다. 자신감은 좋은 기분을 만드는 가장 중요한 요인 중 하나다. 조직심리학자 타샤 유리크Tasha Eurich는 "근시적 목표가 이 아이들의 문제 해결을 도왔을 뿐 아니라 수학을 대하는 자세까지 바꿔놓았다"라고 그 결과를 요약했다.

이 현상이 가치관에 맞게 사는 것과 대체 무슨 관련이 있을까? 지금 우리가 있는 곳과 우리가 있고 싶은 곳의 간극을 좁히는 데 도움이 된다.

12개월 축하하기가 조금 벅차게 느껴질 수 있다. 나는 1년은커녕 단 하루도 가치관에 맞게 살기가 어렵게 느껴질 때가 많다. 그래서 이 어린이 수학자들을 본받아야 한다. 방법은 간단하다. 아침마다 1년 후에 자신이 있고 싶은 곳에 오늘 딱 한 걸음 더 가까이 다가가게 해줄 행동을 세 가지만 정해서 하루 동안 실천하기로 하자.

나는 12개월 축하하기 목록을 구글 문서로 저장하고 컴퓨터의 웹 브라우저에 즐겨찾기로 등록해놓았다. 그래서 일을 시작하려고 앉을 때마다 일단 그 구글 문서를 열고 12개월 축하하기의 내용을 훑

어본다. 그리고 건강, 일, 관계에서 각각 그날 집중할 하위 범주를 하나씩 선택한다. 다음은 오늘 아침에 내가 정한 3대 일치 지향적 퀘스트다.

- 건강 – 헬스 15:30~16:30
- 일 – 9장 계속 쓰기
- 관계 – 나니(할머니)에게 전화하기

이 방법이 나 같은 운동 중독자/작가/할머니 껌딱지에게만 통하는 건 아니다. 지금 당신이 성적을 올리고, 건강을 유지하고, 더 깊은 우정을 쌓고 싶은 대학생이라고 해보자. 그러면 아래와 같이 오늘의 3대 일치 지향적 퀘스트를 설정할 수 있을 것이다.

- 건강 – 수업 후 30분 달리기
- 일 – 내일 시험에 대비해서 한 시간 더 공부하기
- 관계 – 공부 마치고 카페에서 캐서린 만나기

혹은 당신이 일하는 부모로 직장, 건강, 가족 사이에서 최대한 균형을 잡고 싶다면 이렇게 일치 지향적 퀘스트를 설정할 수 있을 것이다.

- 건강 – 점심시간에 15분 걷기
- 일 – 점심때까지 기획서 초안 완성하기
- 관계 – 가족을 위해 건강한 저녁을 준비하고 좋은 시간 함께 보내기

이 방법은 12개월 목표라는 너무 거대해서 겁이 나는 목표의 규모를 축소할 수 있다는 장점이 있다. 1년 후의 목표가 아니라 당장 지금 해야 할 단기적 행동에 초점을 맞추면 가치관대로 사는 게 당장 지금 해야 하는 것 그리고 성취할 수 있는 것이 된다.

실험 6: 일치 실험
—

10년 전에 처음으로 기분 좋은 생산성을 탐구하기 시작했을 때 가장 강력한 도약의 계기가 된 것은 어떤 연구 결과나 아이디어가 아니었다. 그 계기는 방법론이었다. 나의 생산성 탐구에 본격적 진전이 생긴 것은 당시 의대에서 배우고 있던 과학적 사고법을 행복, 성취감, 생산성에 관한 질문에 접목하기 시작했을 때였다.

그래서 우리가 마지막으로 해볼 활동은 원점으로 돌아가 과학자처럼 생산성에 대해 생각하는 법을 배우는 것이다. 다시 말해 우리는 실험을 통해 무엇이 자신에게 의미가 있는지 검증해야 한다. 그리고 그 실험 결과를 토대로 매 순간 결정을 내려야 한다.

'일치 실험'을 통해 우리는 매일의 의사 결정에서 일치의 경지에 더 가까워지게 해줄 것으로 예상되는 요소가 실제로 그런 효과를 내는지 검증할 수 있다. 그 과정은 3단계로 나뉜다.

첫째, 자신의 행동에서 별로 성취감이 느껴지지 않는 인생의 영역을 찾자. 이미 추도사 기법, 오디세이 계획, 인생의 수레바퀴를 통해 그런 영역을 발견했을 수도 있겠다. 하지만 아직 그 기법들을 쓰지 않았어도 직업이 됐든, 관계가 됐든, 취미가 됐든 하나 이상의 영역에서 불일치감이 느껴질 수 있다. 생각해보자. 뭔가 잘 안 풀리는 것처럼 느껴지는 영역이 있는가?

예를 들어 수년간 회사에서 승진을 거듭했지만 문득 생각해보니 오랜 근무 시간과 스트레스를 많이 받는 업무 환경 때문에 사생활이 망가지고 있음을 깨달은 변호사가 있다고 해보자. 이 경우에는 자신의 가치관과 더 일치하는 근무 조건을 탐색하는 게 일치 실험이 될 수 있다. 또 다른 예로 정말로 관심이 있어서가 아니라 가족의 압력 같은 외부의 기대 때문에 전공을 선택한 대학생을 생각해보자. 이 학생은 수업에 집중하기가 어렵고 진로에 대한 고민이 많을 것이다. 그렇다면 다른 학습 경로를 탐색하는 게 일치 실험이 될 수 있다.

둘째, 가설을 세우자. 지금 우리는 과학자처럼 생각하고 있으므로 실험자의 마음가짐이 필요하다. 모든 과학 실험에는 그 영향력을 확인하기 위해 실험자가 의도적으로 변화시키는 '독립 변수'가 존재한다. 만일 당신의 인생에서 한 가지, 딱 한 가지 독립 변수를 바꾼다면 무엇을 바꾸고 싶은가? 그리고 그 변수가 당신의 상황에 어떤 영향을 미칠 것이라 생각하는가?

이게 당신의 가설이다. 앞서 근로 의욕을 상실한 변호사는 "근무 시간을 조정하면 일과 생활의 균형이 더 잘 잡힐 것이다"라고 가설을 세울 수 있다. 스트레스로 지친 대학생의 가설은 "내 관심사와 가치관에 부합하는 강의를 들으면 대학 생활에서 더 큰 만족감과 의욕을 느낄 것이다"가 될 수 있다.

제일 중요한 것은 3단계, 실행하기다. 실제로 변화를 주자. 그러면서 당신의 상황에, 그리고 당신이 느끼는 일치감에 어떤 영향이 나타나는지 보자.

실험이 제대로 진행되려면 반드시 변화가 국소적이어야 한다. 인생 전반에 극적인 변화를 주면 무엇이 기분과 일치감을 변화시키고 있는지 알 수 없다. 그러니까 일단 작게 시작하자. 예를 들어 우리의 변호사는 당장 퇴직하는 게 아니라 3개월간 파트타임으로 일하는 방향으로 근무 조건을 조율하거나 기운 빠지는 일은 하급자들에게 맡기고 기운 나는 일에 집중하는 방안을 생각해볼 수 있다. 대학생의 경우에는 바로 전공을 바꾸려 하지 말고 다른 전공의 강의를 들어보는 쪽을 택할 수 있다.

그리고 변화를 줬으면 꾸준히 그 영향을 추적해야 한다. 자신이 어떤 어려움을 겪거나 무엇에 성공했거나 무엇을 깨달았는지 꾸준히 일지나 일기로 기록하자. 이런 실험을 통해 다른 길을 탐색할 기회가 생긴다. 그 길을 장기적 진로로 결정하지 않고 일단 체험해볼 수 있다. 장기적 진로로 결정하는 것은 나중에 생각해볼 문제다.

이 작은 실험에 임할 때 우리는 일치로 가는 여정에 명확한 최종 목표가 없음을 알아야 한다. 그것은 끝나지 않는 과정이다. 인생이라는 실험실에서 우리는 기꺼이 실험을 수용해야 한다. 그렇게 계속 배우며 걸어가야 한다.

요약

★ 불일치 번아웃은 자아상에 부합하지 않는 목표에 시간을 쓸 때 발생한다. 불일치를 극복하는 것은 평생의 과제다. 자신에게 무엇이 정말로 중요한지 알기 위해, 그리고 그에 맞춰 행동을 변화시키기 위해 꾸준히 노력해야 한다.

★ 지금 자신에게 무엇이 중요한지는 놀라울 만큼 간단한 방법으로 알아낼 수 있다. 먼저 장기적 미래를 보자. 자신의 임종을 상상하자. 꺼림칙하게 들리겠지만 바로 지금 자신이 인생에서 원하는 게 무엇인지 더 명확히 알기 위한 최고의 방법이다.

★ 다음으로, 중기적 미래를 생각하자. 1년 후에 어떤 성취를 축하하고 싶은지 생각해보자. 그리고 스스로에게 묻자. 12개월 후에 그 일을 축하하려면 이번 주에 어떤 행동을 해야 하는가?

★ 끝으로, 단기적 미래를 생각할 준비가 되어 있어야 한다. 왜냐하면 다행히도 바로 지금 일치를 향한 걸음을 뗄 수 있기 때문이다. 오늘 할 수 있는 행동 중에서 1년 후 원하는 삶에 조금이나마 더 가까이 다가가게 해줄 만한 행동 세 가지는 무엇인가?

맺는말
생산성 과학자처럼 생각해라

내가 사는 아파트는 런던에서 가장 큰 병원에서 걸어서 10분 거리에 있다.

가끔 원하는 만큼 집중이 안 될 때에는 집을 나와 가볍게 동쪽으로 걷는다. 옥스퍼드 거리 상점가의 붐비는 인파를 헤치고 빅토리아 시대에 지어진 거대한 테라스 하우스terraced house(동일한 형태의 주택들이 벽을 공유하며 결합된 집합 건물—옮긴이)들이 늘어선 메릴본을 지나면 현대식으로 만들어진 널찍한 병원 로비에 이른다. 접수 창구 옆에서 커피를 사서 잠시 바쁘게 돌아다니는 의사들을 구경한다. 그러면서 그 운명의 크리스마스 당직일, 그러니까 내가 의료용품 트레이를 떨어트렸던 날 이후로 얼마나 많은 게 변했는지 생각한다.

내 기억에 비해 놀라울 만큼 스트레스를 덜 받는 얼굴을 하고 있는 수술복 차림의 의사들을 보며 나는 그날 이후로 얼마나 많은 것을 배웠는지 돌아본다. 병동에서 처음으로 휴일 당직을 섰던 그 재

256

난 상황 같았던 오후를 떠올리면 당시 내 실수가 생산성에 관해 무엇을 생각하느냐에 있지 않았음을 알 수 있다. 문제는 생산성에 관해 어떻게 생각하느냐였다.

그때 나는 기본 전술을 완전히 오해하고 있었다. 생산성을 생각할 때 좋은 기분이 아니라 극기에 초점을 맞췄다. 즉 더 많은 것을 하기 위해 얼마나 많은 압박을 버틸 수 있느냐의 문제로 여겼다. 병동을 돌며 환자를 진찰할 때 놀이, 힘, 사람이 주는 에너지를 활용하려 하지 않고 권태감, 무력감, 고독감 위에서 파국적 생각을 하고 있었다. 그리고 곧 해야 할 수지 배변 유도에서 즐거움을 찾으려 하지 않고 그게 얼마나 끔찍한 일이 될지 한참 생각을 곱씹었다. (솔직한 소감을 말하자면 정말 끔찍한 경험이었다.)

그날 이후로 내 삶은 전적으로 달라졌다. 지금은 생산성의 핵심이 극기가 아니라 내게 더 큰 행복감과 에너지를 주면서 스트레스는 줄여주는 행위를 더 많이 하는 것임을 안다. 그리고 미루기와 번아웃을 탈출하는 유일한 길은 현재 상황에서 즐거움을 찾는 것임을, 그 상황이 약병 136개를 쏟아서 옷 위에 찐득한 용액을 잔뜩 뒤집어쓴 사태라 해도 예외가 아님을 잘 안다.

그러나 나의 진짜 문제는 생산성과 관련된 전술에 있지 않았다. 종합적 전략이 제일 큰 문제였다. 나는 그저 생산성을 키우는 요령을 모두 습득하고 인터넷 블로그를 모두 섭렵하면 열망하는 경지에 이를 줄 알았다. 하지만 진짜로 필요한 건 정반대였다. 나는 생산성 과학자처럼 생각하는 법을 배워야 했다.

그래서 이 책에서 일치성 실험을 마지막 도구로 제시하고 싶었다. 장기적으로 볼 때 기분 좋은 생산성의 비밀들을 깨달으려면 실험자의 안목을 기르는 게 유일하게 기댈 수 있는 해법이기 때문이다. 이 책에서 나는 내게 도움이 됐던 몇십 가지 실험을 소개했다. 그중 일부는 당신에게도 도움이 될 것이다. 또 일부는 그렇지 않을 것이다. 그래도 괜찮다.

이 책은 할 일 목록이 아님을 기억하기 바란다. 이 책은 철학을 제시한다. 다시 말해 스스로 생산성을 증진하는 도구들을 확보하는 방법을 알려준다. 그 도구들을 통해 좋은 기분이 주는 온갖 놀라운 보상을 매일, 그리고 장기적으로 누리게 될 것이다. 그리고 그 도구들을 통해 그날그날 해야 하는 크고 작은 일에 실험 정신으로 임하게 될 것이다.

그래서 당부한다. 되도록 많은 것을 시도하며 효과가 있는 것은 선택하고 나머지는 버리자. 새로운 기법을 시도할 때마다 생각해보자. 이것이 내 기분에 어떤 영향을 미치는가? 내 에너지에는? 내 생산성에는? 기분 좋은 생산성을 발휘하는 방법을 무작정 암기하려고 하면 안 된다. 직접 실험해서 자기만의 방법을 찾아야 한다.

그럴 수밖에 없는 것이 장기적으로 더 기분 좋게 사는 법을 터득하려면 어떤 기법이 자신에게 통하는지 꾸준히 평가해보는 수밖에 없다. 생산성은 계속 진화하는 분야이고 당신도 계속 진화한다. 아직 발견해야 할 것이 잔뜩 남았다. 그래도 내가 제시한 원칙들을 삶에 적용하면 자신에게 가장 잘 맞는 아이디어, 전략, 기법을 발굴할 수 있을 것이다. 그것들은 당신 안에서 나왔으니 아마도 내가 소개한 것들보다 더 유용할 것이다.

○   기분 좋은 생산성을 발휘하는 방법을
       무작정 암기하려고 하면 안 된다.
       직접 실험해서
       자기만의 방법을 찾아야 한다.

그러니까 그 과정을 즐기자. 그리고 그 과정에서 완벽을 추구할 필요가 없음을 명심하자. 의도적으로 실패를 무릅쓰고 여러 시도를 통해 자신에게 맞는 것을 찾아야 한다. 실패에서 배우고 성공을 기뻐하자. 자신이 하는 일이 에너지 고갈의 주범에서 에너지의 원천이 되게 하자.

그런 마음가짐을 기르기가 쉽진 않다. 하지만 일단 기르고 나면 모든 게 달라진다. 무엇이 자신을 충만한 에너지로 약동하게 만드는지 알고 활용할 수 있으면 어디든 갈 수 있다. 그리고 그 여정 자체를 즐길 수 있다.

당신의 모험에서 다음 경유지는 어디가 될지 몹시도 궁금하다.

이 여정의 다음 단계는…

이 책을 끝까지 읽어주신 것에 감사한 마음으로
기분 좋은 생산성에 이르는 여정의 다음 단계에서
도움이 될 만한 선물을 준비했습니다 ♥

www.feelgoodproductivity.com/gift

감사의 말 |

먼저 이 책을 선택해준 독자 여러분에게 진심으로 감사드린다. 혹시 2017년부터 내가 올린 콘텐츠를 한 번이라도 클릭하거나 시청하거나 듣거나 읽었다면, 한 번이라도 좋아요를 누르거나 댓글을 달았다면, 혹은 구독을 했다면, 아니면 그냥 조용히 지켜보기만 했더라도 그 모든 행위가 내게는 값진 선물이다. 내가 세상에 내놓은 것에 여러분이 관심을 보였다는 사실만으로 비할 데 없이 기쁘고, 그 관심 덕분에 내가 좋아하는 일로, 그러니까 멋진 것을 배우고 그것을 세상에 나누는 일로 생계를 걱정하지 않고 살 수 있다.

이제부터 감사해야 할 이들의 명단이 길다. 인생에서 좋은 것이 다 그렇듯이 책도 협력의 산물이다. 보통은 표지에 단 한 사람의 이름만 적히지만 모든 책에는 숨은 주조연들이 존재한다. 이 책을 함께 만든 이들이 탁월함의 화신이었다고 말할 수 있어 기쁘다.

가장 먼저 거명할 사람은 펭귄 랜덤 하우스 산하 코너스톤 출판사의 편집자 로언 보셔스다. 로언의 첫 메일이 이 모험에 불을 지핀 도화선이 됐다. 지난 3년여간 그는 편집력, 실행력, 문학적 조예, 무엇보다 사람의 마음을 움직이는 수완을 십분 발휘해 흔들리지 않는 버팀목으로서 이 책의 탄생에 공헌했다.

다음은 맥밀런 출판사의 자회사인 셀러던 출판사의 편집자 라이언 도허티다. 라이언은 이 책의 가능성을 믿고 북미 출간을 주도했다. 그의 추진력이 없었다면 이 책이 이만큼 많은 독자에게 닿지 못했을 것이다.

또 한 명의 뛰어난 편집자인 레이철 젭슨도 다년간의 경험을 살려 나를 이끌어줬다. 작가로 사는 법에 관해 많이 배웠는데 어떻게 다 감사해야 할지 모르겠다. 레이철의 다정한 간섭 덕분에 내 책임을 다할 수 있었고 종종 들은 따끔하면서도 애정 어린 충고 역시 큰 도움이 됐다. "이 책을 쓰는 게 정말 알리에게 중요한 일이에요? 일정표를 보면 안 그런 것 같은데…"라던 물음에서 시작된 대화가 아직도 생생히 기억난다. 사업으로 정신없는 와중에도 레이철의 열렬한 개입이 있었기에 집필에 탄력이 유지됐다. 그리고 레이철이 참여한 덕분에 이 책의 완성도가 훨씬 높아졌다.

나의 탁월한 에이전트 케이트 에번스를 잊으면 섭섭할 것이다. 케이트의 응원과 비평이 내게 등불이 됐다. 특히 내 배터리가 닳기 시작할 때마다 케이트와 대화하면 다시 충전됐다.

다음은 우리 팀의 주축인 이네스 리다. 이네스는 케임브리지대학교 연구원으로, 이후 요크대학교 조교수로 일하는 와중에 이 책의 조사 책임자로서 매우 큰 도움을 줬다. 막대한 분량의 과학적 증거를 종합하는 이네스의 분석력은 가히 놀라운 수준이었다. 그처럼 탁월한 능력으로 이 책뿐 아니라 우리의 영상과 팟캐스트에도 기여하고 있으니 나는 언제나 감탄을 금할 수 없다.

또한 잭 에드워즈는 집필 초기 단계에서 조사자로서 중요한 역할을 했다. 잭이 그 시점에 자신의 저서를 쓰고 번창하는 사업과 폭발적으로 성장 중인 SNS 제국을 운영 중이었다는 점을 생각하면 그 노고에 더욱 감사하다. 그의 도움으로 이 책의 윤곽이 잡혀 이후 과정의 초석이 됐다.

그리고 어떻게 로런 라자비를 잊을 수 있을까? 우연히 트위터 쪽지로 시작된 관계가 이 책에 지대한 영향을 미쳤다. 로런은 이 여정의 처음부터 끝까지 글쓰기에 대해 조언했을 뿐 아니라 나를 케이트 에번스와 레이철 젭슨에게 소개해줬다. 우리의 의도치 않은 만남에서 이 책의 궤도가 형성됐다고 해도 과언이 아니다.

글쓰기 코치 아줄 테로네즈의 한마디 한마디가 초기 집필 과정에서 내게 생명줄과 같았다. "병 안에서는 라벨을 읽을 수 없다" 같은 말 덕분에 일찌감치 가면 증후군에서 벗어나 책 쓰기라는 여정을 받아들일 수 있었다. 잊을 수 없는 아줄의 명언이 또 있다. "권위자가 아니라 안내인만 돼도 괜찮다." (이 책에서 인용한 말이기도 하다.)

데이비드 몰대워의 따끔한 애정은 기획 단계에서 꼭 필요한 것이었다. 기획서 초안을 두고 그에게 신랄한 비평을 들은 덕분에 이 책의 핵심 메시지가 명확해졌다. 친구이자 동료 작가인 하산 쿠바에게도 수차례 브레인스토밍에 동참해 중요한 아이디어를 제공하고 이 책의 큰 줄기를 잡을 수 있게 도와준 데 감사한 마음을 전한다. 그리고 멋진 그림과 도표를 만들어준 탁월한 일러스트레이터 슈테판 쿤츠를 언급하지 않을 수 없다. 슈테판의 미적 감각이 더해져 이 책의 시각 자료가 충분히 살아났다.

드러나지 않는 곳에서 지침 없이 이 프로젝트에 공헌한 코너스톤과 셀러던의 직원 여러분에게도 심심한 감사를 드린다. 먼저 코너스톤의 앨리스 듀잉, 에티 이스트우드, 새러 리들리, 마거리타 선트제바, 아누스카 레비, 로즈 와딜러브, 에비언 이걸 외 막후에서 힘써준 분들에게 깊이 감사드린다.

마찬가지로 셀러던의 데브 퍼터, 레이철 추, 제니퍼 잭슨, 제이미 노번, 애나 벨 힌든랭, 크리스틴 미키티신, 라이자 불, 페이스 톰린, 에린 케이힐, 앤 투미, 레베카 리치에게도 진심으로 감사드린다. 이들의 끈기와 노고가 아니었다면 이 책이 지금 같은 모습으로 나오지 못했을 것이다. 끝으로 멋지게 표지를 디자인해준 해리 헤이던에게 감사드린다.

그리고 경쾌한 느낌의 오디오 북을 제작할 수 있게 도와준 런던 ID 오디오의 실력과 오디오 프로듀서 앨릭스 레이먼트와 레슬리 우드에게 고맙다.

몇 해 동안 이 책을 쓰면서 작가들의 세계가 얼마나 아름답고 건전한 공동체인지 알게 됐고 이 책도 그 구성원들에게 큰 혜택을 입었다. 동료 작가, 창작자, 사업가이자 놀랍게 다정한 이들인 매슈 딕스, 데릭 시버스, 라이언 홀리데이, 칼 뉴포트, 제임스 클리어, 마크 맨슨, 줄리 스미스, 티아고 포르테, 노아 케이건, 존 제라츠키, 로런스 여, 찰리 후퍼트, 니컬러스 콜, 스콧 영, 니르 이얄, 앤-로어 르 컨프, 팻 플린, 케이 하이, 오거스트 브래들리에게 각별한 마음으로 고개를 숙인다. 책의 개요, 원고 비평, 마케팅 전략, 줌 대화, 혹은 전통적인 응원의 형태로 전해진 그들의 지혜가 값을 매기지 못할 만큼

264

귀했다. 내 안에서 무언가를 보고 눈코 뜰 새 없이 바쁜 와중에도 시간을 내서 도와준 데 감사드린다.

그리고 물론 우리 팀을 빠트릴 수 없다. 그들은 매일같이 나와 함께 일하며 우리의 독자, 시청자, 청취자가 흡족한 삶을 일굴 수 있도록 고무적이고 교육적인 콘텐츠를 만들기 위해 노력한다.

먼저 앵거스 파커 팀장은 내가 사업 운영을 믿고 맡기는 사람이다. 내가 나만의 동굴에 들어가 읽고 쓸 때 앵거스가 사업의 톱니바퀴를 기름칠하고 원활히 굴린다. 앵거스가 매일의 운영을 책임지지 않았다면 내가 집필에 전념할 여유가 없었을 것이다.

바브 샤르마와 댄 앤더턴은 수시로 비서 역할을 하며 내 개인적 삶과 직업적 삶이 어지러워질 때 질서를 잡아줬다. 그들의 수고 덕분에 그 사이에서 균형을 잡기가 훨씬 수월했다.

그리고 헌신적인 팀원인 틴틴, 베키, 앰버, 개러스, 야쿱, 앨리슨, 아디, 사프에게, 아울러 우리를 도와주는 유능한 프리랜서 모두에게 진심으로 감사드린다. 그들의 노고와 독창성이 없었다면 우리의 영향력이 지금에 훨씬 못 미쳤을 것이다. 초기 단계에서 귀중한 피드백을 준 캘럼 워슬리, 폴 턴, 신 구립, 아메드 자디, 파블로 심코, 엘리자베스 필립스, 코리 월크스에게도 진정으로 감사드린다.

이 여정의 거의 모든 순간에 나의 정서적 버팀목이었던 이지 실리를 빠트릴 수 없다. 이지는 글쓰기를 꾸준히 독려하고 항상 내 감정을 다독였으며 유독 쓰기 어려운 챕터가 있을 때마다 함께 브레인스토밍하는 없어서는 안 될 존재였다. 이지의 이성적인 조언과 고무적인 응원이 아니었다면 부지런히 책을 쓰지 못했을 것이다.

동생 타이무르 압달과 제수 루시아 콜터에게 특별히 감사한 마음을 전한다. 두 사람은 내가 만드는 무질서와 나의 정신없는 에너지를 잘 참아줬고, 특히 집필 기간 중 마지막 1년을 같이 사는 동안 뚝심 있게 버텨줬다. 그들의 인내심은 가족의 의무 이상이었다. 그것은 집필의 막바지 단계에서 나를 살리는 구원의 손길이었다.

당연한 말이지만 이 모든 일은 가족의 사랑과 지원이 없었다면 이루어질 수 없었다. 나의 할머니 나니는 내게 영어를 가르치고 배움에 대한 열의를 심어준 분이니 특별히 언급해야만 한다. 할머니의 영감, 사랑, 끊임없는 응원은 내 삶을 떠받치는 기둥이다.

마지막으로 어머니 미미에게 감사드린다. 어머니는 싱글 맘으로 우리 형제에게 월등한 교육 기회를 제공하기 위해 몇 번이나 살던 곳을 떠났다. 어머니의 희생, 근면, 무한한 사랑이 내가 하는 모든 일의 기저에 흐르고 있다.

머리말

1. Isen, A. M., Daubman, K. A. and Nowicki, G. P. (1987). Positive affect fa-
cilitates creative problem solving. *Journal of Personality and Social Psy-
chology, 52*(6), 1122 – 1131.

2. 예를 들면 Fredrickson, B. L. and Branigan, C. (2005). Positive emotions
broaden the scope of attention and thought-action repertoires. *Cogni-
tion & Emotion, 19*(3), 313 – 332.

3. 네 가지 기분 좋은 호르몬에 관한 대략적 설명은 다음의 블로그 게시물
을 참고. Sethi, C. and Anchal, S. (2021). Happy chemicals and how to
hack them. https://classicfitnessgroup.com/blog/happy-chemicals-
and-how-to-hack-them

4. 부정적 감정의 생물학적 작용을 설명하는 초기 논문 중 하나는 셸리 테
일러가 발표한 다음의 논문이다. Taylor, S. E. (1991). Asymmetrical
effects of positive and negative events: the mobilization-minimization

hypothesis. *Psychological Bulletin, 110*(1), 67–85.

5. Lyubomirsky, S., King, L. and Diener, E. (2005). The benefits of frequent positive affect: does happiness lead to success? *Psychological Bulletin, 131*(6), 803–855.

1장

1. Feynman, R. P. (Vintage, 1992). *Surely You're Joking, Mr Feynman! Adventures of a Curious Character*에 실린 이야기를 참고했다. (한국어판: 김희봉 옮김,《파인만 씨, 농담도 잘하시네!》, 사이언스북스, 2000)

2. Maurois, A. (Jonathan Cape, 1959). *The Life of Sir Alexander Fleming.*

3. Andre Geim and Konstantin Novoselov, quoted in Bateson, P. and Martin, P. (Cambridge University Press, 2013). *Play, Playfulness, Creativity and Innovation.*

4. Petelczyc, C. A., Capezio, A., Wang, L., Restubog, S. L. D., and Aquino, K. (2018). Play at Work: An Integrative Review and Agenda for Future Research. *Journal of Management, 44*(1), 161–190.

5. Heller, A. S., Shi, T. C., Ezie, C. E. C., Reneau, T. R., Baez, L. M., Gibbons, C. J. and Hartley, C. A. (2020). Association between real-world experiential diversity and positive affect relates to hippocampal-striatal functional connectivity. *Nature Neuroscience, 23*(7), 800–804.

6. Brown, S. L. (Penguin, 2009). *Play: How it Shapes the Brain, Opens the Imagination, and Invigorates the Soul.* (한국어판: 윤철희 옮김,《놀이, 즐거움의 발견》, 연암서가, 2021)

7. www.nifplay.org/what-is-play/play-personalities/ 참고.

8. Gruber, M. J., Gelman, B. D. and Ranganath, C. (2014). States of curiosi-

ty modulate hippocampus-dependent learning via the dopaminergic circuit. *Neuron, 84*(2), 486-496.

9. Isaacson, W. (2017). *Leonardo da Vinci*. (한국어판: 신봉아 옮김, 《레오나르도 다 빈치》, 아르테, 2019)

10. Zaborney, M. (2017년 4월 20일). Jaak Panksepp: 1943-2017. *The Blade.* 온라인판: https://www.toledoblade.com/Deaths/2017/04/20/Jaak-Panksepp-1943-2017-BGSU-researcher-recognized-for-work-with-emotions-brain.html

11. https://www.health.harvard.edu/mind-and-mood/dopamine-the-pathway-to-pleasure#:~:text=Dopamine20can20provide20an20intense,or20a2022dopamine20rush.%22 참고.

12. Klein, Z. A., Padow, V. A. and Romeo, R. D. (2010). The effects of stress on play and home cage behaviors in adolescent male rats. *Developmental Psychobiology, 52*(1), 62-70.

13. Tegano, D. W., Sawyers, J. K. and Moran, J. D. (1989). Problem-finding and solving in play: the teacher's role. *Childhood Education, 66*(2), 92-97.

14. Mukerjee, J. and Metiu, A. (2021). Play and psychological safety: an ethnography of innovative work. *Journal of Product Innovation Management, 39*(3), 394-418.

15. 마크 로버의 테드TED 명강연 '슈퍼 마리오 효과The Super Mario Effect'는 https://www.youtube.com/watch?v=mClJBTz9I6U에서 볼 수 있다.

2장

1. Hastings, R. and Meyer, E. (Penguin, 2020). *No Rules Rules: Netflix and the*

Culture of Reinvention (한국어판: 이경남 옮김, 《규칙 없음》, 알에이치코리아, 2020) 및 Randolph, M. (Endeavour, 2019). *That Will Never Work: The Birth of Netflix and the Amazing Life of an Idea.* (한국어판: 이선주 옮김, 《절대 성공하지 못할 거야》, 덴스토리, 2020)

2. McCord, P. (2018). *Powerful: Building a Culture of Freedom and Responsibility.* (한국어판: 허란, 추가영 옮김, 《파워풀》, 한국경제신문, 2020)

3. Hu, L., Motl, R. W., McAuley, E. and Konopack, J. F. (2007). Effects of self-efficacy on physical activity enjoyment in college-aged women. *International Journal of Behavioral Medicine, 14*(2), 92 – 96.

4. Bandura, A. (1978). Self-efficacy: toward a unifying theory of behavioral change. *Advances in Behavior Research and Therapy, 1*(4), 139 – 161.

5. Stajkovic, A. D. and Luthans, F. (1998). Self-efficacy and work-related performance: a meta-analysis. *Psychological Bulletin, 124*(2), 240 – 261.

6. Blanchfield, A. W., Hardy, J., De Morree, H. M., Staiano, W. and Marcora, S. M. (2014). Talking yourself out of exhaustion: the effects of self-talk on endurance performance. *Medicine Science in Sports Exercise, 46*(5), 998 – 1007.

7. Harrison, M. B. and McGuire, F. A. (2008). An investigation of the influence of vicarious experience on perceived self-efficacy. *American Journal of Recreation Therapy, 7*(1), 10 – 16.

8. Bandura, A., Adams, N. E. and Beyer, J. (1977). Cognitive processes mediating behavioral change. *Journal of Personality and Social Psychology, 35*(3), 25 – 139.

9. Chase, C. C., Chin, D. B., Oppezzo, M. A. and Schwartz, D. L. (2009). Teachable agents and the protégé effect: increasing the effort towards learning. *Journal of Science Education and Technology, 18*, 334 – 352.

10. 프로테제 효과는 '가르침을 통한 배움Learning by Teaching'이라고도 알려져 있다. 1980년대에 장-폴 마르탱Jean-Pol Martin이 이론을 정립했다. Stollhans, S. Learning by teaching: developing transferable skills in Corradini, E., Borthwick, K. and Gallagher-Brett, A. (eds) (Research-publishing.net, 2016). *Employability for Languages*, 161 – 164 참고.

11. Kristensen, P. and Bjerkedal, T. (2007). Explaining the relation between birth order and intelligence. *Science, 316*(5832), 1717.

12. 자기 결정 이론은 인간의 동기를 폭넓게 다루는 이론이다. 심리학자 에드워드 데시와 리처드 라이언이 1985년에 출간된《인간 행동에서 내적 동기와 자기 결정Intrinsic Motivation and Self-Determination in Human Behavior》에서 주창하여 학계에 큰 영향을 미쳤다.

13. Leah Stephens (2016년 6월 8일). Reddit user claims he automated his job for 6 years, finally is fired, forgets how to code. *Interesting Engineering*. 온라인판: http:// interestingengineering.com/culture/programmer-automates-job-6-years-boss-fires-finds

14. Nanakdewa, K., Madan, S., Savani, K. and Markus, H. R. (2021). The salience of choice fuels independence: implications for self-perception, cognition, and behavior. *Proceedings of the National Academy of Sciences, 118*(30), e2021727118.

3장

1. https://oxford-review.com/oxford-review-encyclopaedia-terms/relational-energy-what-it-is-and-why-it-matters-to-organisations/ 참고.

2. Cross, R., Baker, W. and Parker A. (2003). What creates energy in organizations? *MIT Sloan Management Review, 44*(4), 51 – 56.

3. Carr, P. B. and Walton, G. M. (2014). Cues of working together fuel intrinsic motivation. *Journal of Experimental Social Psychology, 53*, 169 – 184.

4. Good, A., Choma, B. and Russo, F. A. (2017). Movement synchrony influences intergroup relations in a minimal groups paradigm. *Basic and Applied Social Psychology, 39*(4), 231 – 238.

5. Luks, A. and Payne, P. (iUniverse, 2001). *The Healing Power of Doing Good.*

6. https://www.ushistory.org/franklin/autobiography/page48.htm 참고.

7. Flynn, F. J. and Lake, V. K. B. (2008). If you need help, just ask: underestimating compliance with direct requests for help. *Journal of Personality and Social Psychology, 95*(1), 128 – 143.

8. Roghanizad M. M. and Bohns V. K. (2017). Ask in person: you're less persuasive than you think over email. *Journal of Experimental Social Psychology, 69*, 223 – 226.

9. Gable, S. L. and Reis, H. T. (2010). Good news! Capitalizing on positive events in an interpersonal context. *Advances in Experimental Social Psychology, 42*, 195 – 257.

10. Gable, S. L., Gonzaga, G. C. and Strachman, A. (2006). Will you be there for me when things go right? Supportive responses to positive event disclosures. *Journal of Personality and Social Psychology, 91*(5), 904 – 917.

11. Feldman, R. S., Forrest, J. A. and Happ, B. R. (2002). Self-presentation and verbal deception: do self-presenters lie more? *Basic and Applied Social Psychology, 24*(2), 163 – 170.

12. Scott, K. (St. Martin's Press, 2019). *Radical Candor: Be a Kick-Ass Boss Without Losing Your Humanity.* (한국어판: 박세연 옮김, 《실리콘밸리의 팀

장들》, 청림출판, 2019)

4장

1. www.youtube.com/watch?v=lsSC2vx7zFQt=14sab_channel=MattHowell 에서 영상을 볼 수 있다.

2. Blaschka, A. (2022년 11월 9일). You're not lazy; you're scared: how to finally stop procrastinating. *Forbes*. 온라인판: https://www.forbes.com/ sites/amyblaschka/2021/04/03/youre-not-lazy-youre-scared-how-to-finally-stop-procrastinating/?sh=2753ed526dab

3. 불확실성 인내력 검사에 대한 자세한 설명은 www.psychologytools. com/resource/intolerance-of-uncertainty/#:~:text=Intolerance20of20uncertainty20involves20the,about20what20will20happen20next 참고.

4. Grupe, D. W. and Nitschke, J. B. (2013). Uncertainty and anticipation in anxiety: an integrated neurobiological and psychological perspective. *Nature Reviews Neuroscience, 14*, 488 - 501.

5. 아우프트락슈탁티크에 대한 자세한 설명은 smallwarsjournal.com/jrnl/ art/how-germans-defined-auftragstaktik-what-mission-command-and-not 참고.

6. Storlie, C. (2010년 11월 3일). Manage uncertainty with commander's intent. *Harvard Business Review*.

7. Höpfner, J. and Keith, N. (2021). Goal missed, self hit: goal-setting, goal-failure, and their affective, motivational, and behavioral consequences. *Frontiers in Psychology, 12*, 704970.

8. Ordóñez, L. D., Schweitzer, M. E., Galinsky, A. D. and Bazerman, M. H.

(2009). Goals gone wild: the systematic side effects of over-prescribing goal setting. *Academy of Management Perspectives, 23*(1), 6–16.

9. Klein, G. (2007). Performing a project premortem. *Harvard Business Review, 85*(9), 18–19.

10. Burkeman, O. (Vintage, 2022). *Four Thousand Weeks.* (한국어판: 이윤진 옮김, 《4000주》, 21세기북스, 2022)

11. Robinson, S. A., Bisson, A. N., Hughes, M. L., Ebert, J. and Lachman, M. E. (2019). Time for change: using implementation intentions to promote physical activity in a randomised pilot trial. *Psychology & Health, 34*(2), 232–254.

12. Gollwitzer, P. M. and Sheeran, P. (2006). Implementation intentions and goal achievement: a meta-analysis of effects and processes. *Advances in Experimental Social Psychology, 38*, 69–119.

5장

1. Kircanski, K., Lieberman, M. D. and Craske, M. G. (2012). Feelings into words: contributions of language to exposure therapy. *Psychological Science, 23*(10), 1086–1091.

2. 낙인 이론에 관한 자세한 설명은 https://www.simplypsychology.org/labeling-theory.html 참고.

3. 피터 딜레오를 소개하는 〈LA 타임스〉 기사 참고. https://www.latimes.com/archives/la-xpm-1994-12-10-me-7204-story.html

4. www.bps.org.uk/psychologist/survival-psychology-wont-live 참고.

5. McRae, K., Ciesielski, B. and Gross, J. J. (2012). Unpacking cognitive reappraisal: goals, tactics, and outcomes. *Emotion, 12*(2), 250–255.

6. www.mirror.co.uk/3am/celebrity-news/beyonc-create-alter-ego-sa-sha-27894824 참고.

7. adele.fandom.com/wiki/Sasha_Carter 참고.

8. 조명 효과는 사회 심리학자 토머스 길로비치, 빅토리아 허스티드 메드 벡Victoria Husted Medvec, 케네스 사비츠키Kenneth Savitsky가 발견한 현상 이다. 그들은 1990년대 말과 2000년대 초에 일련의 실험을 통해 사 람들이 자신의 행동이나 외모를 타인이 얼마나 주목하고 평가한다 고 믿는지 조사했다. 일례로 참가자들에게 튀거나 부끄러울 수 있는 티셔츠를 입히고 무리 중 몇 명이 그 티셔츠를 주목할지 예상해보라 고 했다. 그 결과로 참가자들이 주목자의 수를 과대평가하는 경향이 일관되게 나타났다. Gilovich, T., Medvec, V. H. and Savitsky, K. (2000). The spotlight effect in social judgment: an egocentric bias in estimates of the salience of one's own actions and appearance. *Journal of Personality and Social Psychology, 78*(2), 211 – 222 참고.

9. White, R. E., Prager, E. O., Schaefer, C., Kross, E., Duck- worth, A. L. and Carlson, S. M. (2017). The 'Batman Effect': improving persever-ance in young children. *Child Development, 88*(5), 1563 – 1571.

6장

1. Huitink, M., Poelman, M. P., van den Eynde, E., Seidell, J. C. and Dijks-tra, S. C. (2020). Social norm nudges in shopping trolleys to promote vegetable purchases: a quasi-experimental study in a supermarket in a deprived urban area in the Netherlands. *Appetite, 151*, 104655.

2. 맷 모커리와 팀 페리스의 인터뷰 녹취록은 tim.blog/2023/03/03/matt-mochary-transcript/에서 볼 수 있다.

3. 2022년에 내가 진행하는 팟캐스트 〈딥 다이브 Deep Dive〉에서 피칠 박사를 인터뷰했다. 인터뷰 영상은 aliabdaal.com/podcast/tim-pychyl/에서 볼 수 있다.

4. 샌더슨의 작품 목록은 en.wikipedia.org/wiki/Brandon_Sanderson_bibliography에서 볼 수 있다.

5. 브랜던 샌더슨은 faq.brandonsanderson.com/knowledge-base/what-is-your-daily-wordcount-time-goal/에서 집필 목표치를 설명한다.

6. Harkin, B., Webb, T. L., Chang, B. P. I., Prestwich, A., Conner, M., Kellar, I., Benn, Y. and Sheeran, P. (2016). Does monitoring goal progress promote goal attainment? A meta-analysis of the experimental evidence. *Psychological Bulletin, 142*(2), 198-229.

7. Wohl, M. J. A., Pychyl, T. A. and Bennett, S. H. (2010). I forgive myself, now I can study: how self-forgiveness for procrastinating can reduce future procrastination. *Personality and Individual Differences, 48*(7), 803-808.

7장

1. www.who.int/news/item/28-05-2019-burn-out-an-occupational-phenomenon-international-classification-of-diseases 참고.

2. https://www.youtube.com/watch?v=H8eP99neOVs&ab_channel=Erin27Folletto 27Casali에서 잡스가 답변하는 영상을 볼 수 있다.

3. https://sive.rs/n에서 데릭 시버스의 책에 대한 설명을 볼 수 있다.

4. Funt, J. (Harper Business, 2021). *A Minute to Think: Reclaim Creativity, Conquer Busyness, and Do Your Best Work*. (한국어판: 안기순 옮김, 《화이트 스페이스》, 알키, 2023)

5. Adler, R. F. and Benbunan-Fich, R. (2012). Juggling on a high wire: multitasking effects on performance. *International Journal of Human-Computer Studies, 70*(2), 156–168.

6. Lengel, D. (2018년 3월 31일). I've decided to reclaim my life – by using an old Nokia phone. *Guardian.* 온라인판: www.theguardian.com/life-andstyle/2018/mar/31/nokia-3310-t9-phone-smartphone-iphone-reclaim-life

7. https://mindingourway.com/failing-with-abandon/에서 시원하게 망치기라는 개념에 대한 네이트 소러스의 설명을 읽을 수 있다.

8. Tyler, J. M. and Burns, K. C. (2008). After depletion: the replenishment of the self's regulatory resources. *Self and Identity, 7*(3), 305–321.

9. 자기 조절은 개인적 목표를 달성하기 위해 생각, 느낌, 행동을 다스리는 과정을 의미한다. 여기에는 충동 억제, 만족 지연, 감정 반응 관리, 집중력 유지 등 다양한 능력이 포함된다. https://positivepsychology.com/self-regulation/ 참고.

8장

1. languages.oup.com/word-of-the-year/2020/에서 《OED》 보고서를 내려받을 수 있다.

2. Eschleman, K. J., Madsen, J., Alarcon, G. and Barelka, A. (2014). Benefiting from creative activity: the positive relationships between creative activity, recovery experiences, and performance-related outcomes. *Journal of Occupational and Organizational Psychology, 87*(3), 579–598.

3. Ulrich, R. S. (1984). View through a window may influence recovery from

surgery. *Science, 224*(4647), 420 – 421.

4. Lee, K. E., Williams, K. J. H., Sargent, L. D., Williams, N. S. G. and Johnson, K. A. (2015). 40-second green roof views sustain attention: the role of micro-breaks in attention restoration. *Journal of Environmental Psychology, 42*, 182 – 189.

5. Sona, B., Dietl, E. and Steidle, A. (2019). Recovery in sensory-enriched break environments: integrating vision, sound and scent into simulated indoor and outdoor environments. *Ergonomics, 62*(4), 521 – 536.

6. Johansson, M., Hartig, T. and Staats, H. (2011). Psychological benefits of walking: moderation by company and outdoor environment. *Applied Psychology: Health and Well-Being, 3*(3), 261 – 280.

7. DMN에 관한 선구적 연구 결과는 Raichle, M. E., MacLeod, A. M., Snyder, A. Z., Powers, W. J., Gusnard, D. A. and Shulman, G. L. (2001). A default mode of brain function. *Proceedings of the National Academy of Sciences, 98*(2), 676 – 682 참고.

9장

1. Sheldon, K. M. (2020). Going the distance on the Pacific Crest Trail: the vital role of identified motivation. *Motivation Science,6*(2), 177 – 181.

2. Sheldon, K. M., Osin, E. N., Gordeeva, T. O., Suchkov, D. D. and Sychev, O. A. (2017). Evaluating the dimensionality of self-determination theory's relative autonomy continuum. *Personality and Social Psychology Bulletin, 43*(9), 1215 – 1238.

3. Lykins, E. L. B., Segerstrom, S. C., Averill, A. J., Evans, D. R. and Kemeny, M. E. (2007). Goal shifts following reminders of mortality: rec-

onciling posttraumatic growth and terror management theory. *Personality and Social Psychology Bulletin, 33*(8), 1088 – 1099.

4. 리 펜의 아름다운 이야기는 medium.com/inspired-writer/the-most-powerful-writing-exercise-i-did-at-stanford-c59ba6a6fa93에서 읽을 수 있다.

5. https://law.stanford.edu/nl-course/lives-of-consequence-how-individuals-create-happy-meaningful-and-successful-lives/에서 강의 소개를 읽을 수 있다.

6. Burnett, B. and Evans, D. (Vintage Digital, 2016). *Designing Your Life: How to Build a Well-Lived, Joyful Life.* (한국어판: 김정혜 옮김,《디자인 유어 라이프》, 와이즈베리, 2017)

7. Miyake, A., Kost-Smith, L. E., Finkelstein, N. D., Pollock, S. J., Cohen, G. L. and Ito, T. A. (2010). Reducing the gender achievement gap in college science: a classroom study of values affirmation. *Science, 330*(6008), 1234 – 1237.

8. Sutton, A. (2020). Living the good life: a meta-analysis of authenticity, well-being and engagement. *Personality and Individual Differences, 153*, 109645.

9. https://www.entrepreneur.com/growing-a-business/the-science-behind-baby-steps-how-to-tackle-goals-big-and/245767에서 이 연구에 대해 더 자세한 설명을 읽을 수 있다.

모든 성공은 좋은 기분에서 시작된다

기분 리셋

초판 1쇄 발행 2024년 12월 4일
초판 2쇄 발행 2024년 12월 31일

지은이 알리 압달
옮긴이 김고명
펴낸이 최순영

출판2 본부장 박태근
경제경영 팀장 류혜정
편집 남은경
디자인 김태수

펴낸곳 ㈜위즈덤하우스   **출판등록** 2000년 5월 23일 제13-1071호
주소 서울특별시 마포구 양화로 19 합정오피스빌딩 17층
전화 02) 2179-5600   **홈페이지** www.wisdomhouse.co.kr

ISBN 979-11-7171-318-9 03190